O JUÍZO DE ADMISSIBILIDADE NA AÇÃO DE MANDADO DE SEGURANÇA

Arlete Inês Aurelli

O JUÍZO DE ADMISSIBILIDADE NA AÇÃO DE MANDADO DE SEGURANÇA

MALHEIROS EDITORES

*O JUÍZO DE ADMISSIBILIDADE NA AÇÃO
DE MANDADO DE SEGURANÇA*
© Arlete Inês Aurelli

ISBN 85-7420-764-0

Direitos reservados desta edição por
MALHEIROS EDITORES LTDA.
Rua Paes de Araújo, 29, conjunto 171
CEP 04531-940 — São Paulo — SP
Tel.: (0xx11) 3078-7205 Fax: (0xx11) 3168-5495
URL: www.malheiroseditores.com.br
e-mail: malheiroseditores@terra.com.br

Composição
PC Editorial Ltda.

Capa:
Criação: Vânia Lúcia Amato
Arte: PC Editorial Ltda.

Impresso no Brasil
Printed in Brazil
10.2006

*Dedico este trabalho aos meus filhos,
Luiz Guilherme,
Ana Carolina e José Lucas,
razão da minha vida.*

*Agradeço à minha orientadora
Doutora Teresa Arruda Alvim Wambier,
por quem tenho muito apreço e admiração,
pelo muito que me ensinou, pelo incentivo e paciência.*

*Homenageio também o Professor Doutor Donaldo Armelin,
a quem agradeço as excelentes aulas sobre mandado de segurança,
as quais muito me ajudaram na elaboração deste trabalho,
bem como o Professor Doutor Nelson Nery Jr.,
pelo incentivo na carreira acadêmica.*

Agradeço ao Chead, por tudo.

SUMÁRIO

Introdução 9

*Capítulo I – Noções Gerais – Mandado de Segurança:
Conceito e Natureza Jurídica* 11

1. **Mandado de segurança como garantia constitucional** 11
2. **Mandado de segurança como ação** 17
   2.1 Natureza jurídica da ação de mandado de segurança 19
         2.1.1 Classificação das ações em geral 20
         2.1.2 Natureza mandamental da ação de mandado de
                 segurança 25
   2.2 Elementos da ação de mandado de segurança
         2.2.1 Partes 31
         2.2.2 Objeto 32
         2.2.3 Causa de pedir 34
   2.3 Sumariedade do rito da ação de mandado de segurança 40
   2.4 Aplicação dos conceitos da Teoria Geral do Processo na
         ação de mandado de segurança 42

*Capítulo II – A Ação de Mandado de Segurança e sua Admissibilidade:
Pressupostos Processuais e Condições da Ação*

1. **A admissibilidade da ação e do processo** 69
2. **Pressupostos processuais** 73
3. **Condições da ação** 106
   3.1 Legitimidade "ad causam" 111
   3.2 Legitimidade "ad causam" no mandado de segurança
         3.2.1 Legitimidade ativa 116
         3.2.2 Legitimidade ativa no mandado de segurança
                 coletivo 126
         3.2.3 Legitimidade passiva 133

	3.2.4	Legitimidade passiva no mandado de segurança contra ato judicial 150
	3.2.5	Legitimidade passiva no mandado de segurança coletivo 153
3.3	Interesse processual 153
3.4	Interesse processual no mandado de segurança 157
	3.4.1	Omissão/ameaça 158
	3.4.2	Ato de que caiba recurso administrativo com efeito suspensivo 160
	3.4.3	Atos judiciais 162
	3.4.4	Mandado de segurança contra lei em tese 180
	3.4.5	Mandado de segurança enquanto pende pedido de antecipação de tutela 182
3.5	Possibilidade jurídica do pedido 183
3.6	Impossibilidade jurídica do pedido no mandado de segurança 186
	3.6.1	Atos praticados por pessoas físicas ou jurídicas que não se enquadrem na definição de autoridade pública 186
	3.6.2	Atos passíveis de serem atacados por *habeas corpus* ou *habeas data* 187
	3.6.3	Objeto proibido pelo art. 5º da Lei 1.533/1951 188
		3.6.3.1 Ato de que caiba recurso administrativo com efeito suspensivo e sem exigência de caução 188
		3.6.3.2 Despacho ou decisão judicial pendente de recurso ou correição 189
		3.6.3.3 Ato disciplinar/ato discricionário 190
	3.6.4	Lei em tese 196
3.7	Condições da ação específicas para o mandado de segurança 197
	3.7.1	Direito líquido e certo como condição específica para a ação de mandado de segurança 199
	3.7.2	Justo receio como condição específica para o mandado de segurança preventivo 214
3.8	Ilegalidade e abuso de poder: questão de mérito 225

Capítulo III – Notas Conclusivas 227

Bibliografia 255

INTRODUÇÃO

O tema escolhido para a presente monografia é bastante instigante. Na verdade, o mandado de segurança é instituto que somente nos últimos anos passou a ser estudado por processualistas e ser visto como ação, que verdadeiramente é, e não simplesmente como garantia constitucional, que não deixa de ser. A partir dessa visão de processualista, o mandado de segurança vem ganhando importância nos últimos anos, e o tema referente à sua admissibilidade é um dos mais tormentosos. Por isso, tratar das condições da ação e pressupostos processuais no mandado de segurança é tema não só interessante, mas também necessário. Teresa Arruda Alvim Wambier ensina que o doutrinador não deve apenas criar teoria, mas acima de tudo deve criar teoria útil.[1] E a doutrina a respeito da admissibilidade do mandado de segurança é útil, sem dúvida. Útil para os profissionais do direito, advogados, juízes, promotores etc., os quais necessitam lidar com esse instituto na defesa dos direitos individuais e coletivos. Entender as questões mais intrincadas a respeito da admissibilidade do mandado de segurança, certamente, fará com que se consiga tornar mais efetiva a prestação desse tipo de tutela jurisdicional.

Antes de adentrarmos o tema específico da admissibilidade no mandado de segurança, é necessário analisarmos algumas noções gerais acerca do instituto, principalmente sob a ótica processual, a fim de que possamos entender, de modo mais fácil, essa intrincada questão.

---

1. Cf. Teresa Arruda Alvim Wambier, *Medida Cautelar, Mandado de Segurança e Ato Judicial*, p. 12.

Capítulo 1
NOÇÕES GERAIS – MANDADO DE SEGURANÇA: CONCEITO E NATUREZA JURÍDICA

1. Mandado de segurança como garantia constitucional. 2. Mandado de segurança como ação: 2.1 Natureza jurídica da ação de mandado de segurança: 2.1.1 Classificação das ações em geral; 2.1.2 Natureza mandamental da ação de mandado de segurança; 2.2 Elementos da ação de mandado de segurança: 2.2.1 Partes; 2.2.2 Objeto; 2.2.3 Causa de pedir; 2.3 Sumariedade do rito da ação de mandado de segurança; 2.4 Aplicação dos conceitos da Teoria Geral do Processo na ação de mandado de segurança.

O conceito e a natureza jurídica do mandado de segurança envolvem três aspectos que não podem ser separados, no momento de estudar esse importante meio de defesa de direitos individuais e coletivos contra a ilegalidade e o abuso de direito praticados pelo Poder Público. São três facetas do mesmo instituto, que devem ser unidas para compor a definição e também a sua natureza jurídica. Portanto, é pela análise de cada um desses enfoques que começaremos o estudo do juízo de admissibilidade da ação e do processo de mandado de segurança.

1. Mandado de segurança como garantia constitucional

A garantia constitucional é decorrência do Estado de Direito. Neste, o poder dos governantes deve ser contido e limitado, a fim de se evitarem abusos por parte daqueles e de se protegerem os governados. Assim, para conter o Poder Estatal, evitando os referidos abusos, foi necessária a criação de fórmulas para a limitação desse poder, bem como para garantir os direitos dos governados. Portanto, garantia constitucional nada mais é que um meio ou um instrumento para assegurar o respeito e a efetividade dos direitos disciplinados na Constituição, principalmente no seu art. 5º.

A Constituição Federal, no art. 5º, destaca os direitos e garantias fundamentais, tornando-os juridicamente relevantes, porquanto o fato de constarem da Constituição faz com que se sobreponham ao legislador ordinário e ao administrador público.

Conforme Vicente Greco Filho, os direitos e garantias constitucionais são de três ordens: a) a primeira se refere aos direitos materiais, os quais são diretamente outorgados pela Constituição Federal, como o direito à livre manifestação do pensamento, ao livre exercício de qualquer trabalho, liberdade de consciência, sigilo de correspondência etc.; b) as garantias formais, que são aquelas que, sem definir o conteúdo do direito, asseguram a ordem jurídica, os princípios da juricidade, evitando o arbítrio, balizando a distribuição dos direitos em geral, como o princípio da legalidade, o da isonomia, da ampla defesa etc.; c) garantias instrumentais ou processuais que visam a assegurar a efetividade dos direitos materiais e das garantias formais, como o mandado de segurança, o *habeas data* e *habeas corpus*.[1]

Os direitos subjetivos constitucionais servem de fundamento lógico e jurídico para outros direitos que não estão previstos expressamente na Constituição. De fato, o princípio da legalidade e o do direito adquirido servem de base e fundamento para todos os demais direitos. Por isso, é evidente que não se pode permitir, porque seria um contra-senso, que os direitos subjetivos, não constitucionalmente garantidos, fossem violados. As garantias constitucionais, formais e instrumentais, então, servem de proteção também para esses direitos, que têm sua efetividade garantida pelos instrumentos previstos na Constituição.

Portanto, as garantias fundamentais se constituem de meios hábeis a tornar efetivos os direitos previstos, tanto na Constituição como na lei ordinária.

O art. 5º, LXIX, da Constituição Federal assegura justamente um meio, um instrumento para tornar efetivos os direitos fundamentais previstos tanto na Constituição Federal como na legislação ordinária.

O mandado de segurança é uma garantia fundamental instrumental que vem proteger o tutelado contra qualquer ameaça ou violação de seus

---

1. *Tutela Constitucional das Liberdades*, pp. 39-40.

direitos pelo Poder Estatal, desde que esse direito não seja amparado por *habeas corpus* ou *habeas data*. É a própria manifestação do Estado de direito.

O mandado de segurança, como garantia constitucional, não se presta apenas a tutelar direito material. Na verdade, o mandado de segurança visa a proteger contra qualquer ameaça ou violação de direitos, seja de que natureza for. Portanto, normas de caráter processual também podem ser objeto de mandado de segurança.

O mandado de segurança, embora seja uma garantia constitucional, pode ter o seu modo de exercício regulamentado por lei ordinária. Esta pode prever o rito a ser utilizado para o instituto em questão e o modo pelo qual essa garantia constitucional será exercida. Entretanto, não pode retirar a legitimidade do jurisdicionado para impetrar o mandado de segurança. Somente a ampliação dessa legitimidade pode ser feita pela lei ordinária.

Analisando a evolução do mandado de segurança nas constituições federais, verifica-se que sempre houve uma carência muito grande de meios de defesa contra o Poder Público. Deste modo, com a Constituição de 1891 nasceu o *habeas corpus*, visto não apenas como instrumento para proteção da liberdade de locomoção, mas também para socorrer a outras situações em que o particular se visse ameaçado ou lesado em direito seu, por ato de autoridade pública. Ou seja, o *habeas corpus* regulava também o que hoje é protegido pelo mandado de segurança. Em 1926, restringiu-se o instrumento do *habeas corpus* apenas contra violação de liberdade de locomoção. De tal modo, subsistiu a lacuna em relação aos meios de defesa contra atos do Poder Público. Somente a Carta de 1934 é que passou a fazer previsão do mandado de segurança como instituto para garantia contra violação de direitos por atos do Poder Público.[2]

Nesse caso, podemos dizer que tanto o mandado de segurança como o *habeas corpus* resultam da mesma necessidade de se proteger o tutelado contra ato violador do Poder Público. A diferença entre eles reside apenas no objeto, ou seja, o *habeas corpus* se limita a proteger contra a violação de direitos que se enquadrem na pura tutela de liberdade de locomoção, enquanto o mandado de segurança cuida de proteger contra outros tipos de violações de direito pelo Poder Público, violações essas diferentes daquelas protegidas pelo *habeas corpus*.

2. José Carlos Barbosa Moreira, "Mandado de Segurança, uma apresentação", p. 76.

Além disso, o *habeas corpus* somente pode ser impetrado por pessoa física, enquanto o mandado de segurança pode ser impetrado também pela pessoa jurídica. O *habeas corpus* pode ser impetrado pelo próprio interessado, enquanto o mandado de segurança, quanto à legitimidade ativa, exige a capacidade postulatória.

O mandado de segurança também não se confunde com o mandado de injunção. Este se destina a definir o modo de exercer direitos previstos na Constituição, que não tiveram sua forma de exercício regulamentada. Com efeito, Nelson Nery Jr. e Rosa Nery explicam que "o mandado de injunção se presta a fazer com que, na prática, possa ser exercido direito previsto na CF, cuja forma de exercício não se encontra regulamentada por lei infraconstitucional. O impetrante tem o direito, mas não sabe como exercê-lo. Cabe ao juiz determinar o *modus faciendi* a fim de que o impetrante não fique privado de seu direito constitucionalmente garantido, a pretexto de que não há ainda norma inferior que o regulamente. O Judiciário não edita lei geral, nem profere sentença normativa, tampouco determina ao Legislativo a elaboração de lei: estabelece, no caso concreto, como deve ser exercido o direito garantido pela CF. A decisão tem eficácia apenas ao caso concreto".[3]

Ressalte-se que existe o mandado de injunção visando a sanar inconstitucionalidade por omissão. Essa medida, conforme esclarecem Nelson Nery Jr. e Rosa Nery, "funciona como uma espécie de controle político do Judiciário sobre a função legislativa em sentido lato, e tem a finalidade de obter-se do Poder Judiciário a declaração de que há omissão inconstitucional para que seja cientificado o órgão ou poder omisso, a fim de que tome as providências necessárias para sanar a mora legislativa. A eficácia da decisão judicial se limita à *recomendação* ao sujeito passivo, para que edite a norma infraconstitucional reclamada".[4]

O *habeas data*, por sua vez, também se diferencia do mandado de segurança, já que é uma medida destinada a obter dados e informações a respeito da pessoa do impetrante, que constem de bancos de dados de entidades governamentais ou de órgãos do Poder Público, bem como para que sejam corrigidos os dados incorretos que constem de tais cadastros. O Código de Defesa do Consumidor, em função dessa garantia constitucional, equiparou os Serviços de Proteção ao Crédito e congêneres, entidades particulares, a órgãos de caráter público, de sorte que podem ser sujeitos passivos de *habeas data*.[5]

3.*CPC Comentado*, p. 82.
4. Idem, ibidem.
5. Idem, ibidem.

Assim sendo, o *habeas data*, a exemplo do mandado de segurança, também é garantia constitucional instrumental, ou seja, é um instrumento do exercício de direitos consagrados na Constituição. Tanto é assim que o *habeas data*, enquanto não tinha regulamentação definida em lei, deveria ser impetrado conforme as regras do mandado de segurança.[6] Entretanto, cessam aí as imbricações, porquanto o *habeas data* tem destinação totalmente diferente do mandado de segurança. O *habeas data* é medida específica para assegurar o conhecimento de informações constantes de bancos de dados de entidades governamentais ou de caráter público, ou para retificação desses dados, isto é, para proteger direitos garantidos constitucionalmente como a honra, a tranqüilidade, o patrimônio e a privacidade. O mandado de segurança, pelo contrário, possui destinação mais ampla, protegendo contra qualquer violação de direito, que não seja protegida por *habeas corpus* ou *habeas data*. Deste modo, contra a violação de direitos definidos para o *habeas data*, somente cabe a utilização do mesmo e não o mandado de segurança.

O mandado de segurança pode ser impetrado contra violação, ou ameaça de violação de direitos causados por uma lei que se pretende inconstitucional. De tal modo, a inconstitucionalidade da lei será utilizada como causa de pedir da segurança pleiteada (controle concreto). Esse é o único ponto de contato do mandado de segurança e da ação direta de declaração de inconstitucionalidade, isto é, a causa de pedir dessa ação também é a inconstitucionalidade da lei. Entretanto, o pedido, nessa ação, é a obtenção da decretação da inconstitucionalidade da lei, cujos efeitos serão *erga omnes*, retirando a eficácia da lei em todo o território nacional (controle abstrato). Já no mandado de segurança, os efeitos da decisão que declarou a inconstitucionalidade dar-se-ão apenas entre as partes. Nesse caso, se a inconstitucionalidade for declarada pelo STF, este enviará cópia do acórdão para o Senado Federal, que *poderá ou não* emitir resolução suspendendo a execução da lei no País. É por isso que não se pode utilizar o mandado de segurança para o fim de declaração da inconstitucionalidade da lei, já que o *writ* possibilitará, apenas, impedir que a ameaça, ou a violação do direito causado pela lei inconstitucional, se concretize. Entretanto, ainda que a sentença declare essa inconstitucionalidade, os efeitos dar-se-ão apenas entre as partes e não poderão proteger a coletividade contra referida lei, que continuará vigorando, se o Senado resolver não emitir a referida resolução.

Maria Helena Diniz leciona, a propósito, que "no caso concreto a declaração de inconstitucionalidade surte efeitos *ex tunc*, fulminando a

---

6. O *habeas data* foi regulamentado pela Lei 9.507/1997.

relação jurídica *sub judice*, fundada na norma inconstitucional, desde o seu nascimento. Mas a lei inconstitucional permanecerá eficaz até que o Senado Federal suspenda sua executoriedade". Portanto, a declaração de inconstitucionalidade pelo Judiciário, feita em vista do caso concreto, não anula nem revoga a lei, seus efeitos se produzem entre as partes. A norma inconstitucional será vigente e eficaz, até sua suspensão pelo Senado Federal, depois da decisão definitiva do Supremo Tribunal Federal.[7]

Ao depois, o mandado de segurança não pode ser utilizado contra lei em tese. Mesmo quando se trata de mandado de segurança preventivo, não basta o simples risco de lesão ou o julgamento subjetivo do impetrante, mas, sim, é preciso que a ameaça ao direito se concretize por atos da autoridade ou, pelo menos, que existam indícios de que a ação ou omissão venham atingir o patrimônio jurídico do interessado.[8] Portanto, é evidente que o mandado de segurança não pode ser utilizado para o controle abstrato da norma inconstitucional.

Por outro lado, o mandado de segurança não pode ser utilizado como ação popular. Ocorre que a ação popular também é garantia constitucional, mas com a finalidade específica de proteger contra atos do Poder Estatal que sejam lesivos à moralidade administrativa, ao meio ambiente, e ao patrimônio histórico e cultural. Assim, havendo previsão constitucional expressa, contra esses atos lesivos específicos somente cabe ação popular. Ademais, o mandado de segurança coletivo pode ser impetrado por partido político, organização sindical, entidade de classe ou associação, legalmente constituída e em funcionamento há pelo menos um ano, enquanto a ação popular pode ser proposta por qualquer cidadão.

Enfim, o mandado de segurança, como toda garantia constitucional, necessita da obtenção de tutela jurisdicional que seja diferenciada, possibilitando um processo mais célere e efetivo, capaz de proporcionar a plenitude dessa tutela, e a eficácia dessa garantia.

Sob esse aspecto, o mandado de segurança tem a função de ser o instrumento por meio do qual se assegura a efetivação dos direitos fundamentais previstos na Constituição Federal e na legislação ordinária, havendo a possibilidade de se obter a tutela efetiva, assegurando a plenitude do direito pretendido. Destarte, como garantia constitucional, é preciso que se proporcione o acesso aos meios que possibilitem a efetividade dessa garantia. Adiante, trataremos especificamente sobre essa questão.

7. *Norma Constitucional e seus Efeitos*, p. 132.
8. Conforme Nelson Nery Jr. e Rosa Nery, *CPC Comentado*, p. 1.803.

Por fim, resta mencionar que o mandado de segurança, visto como garantia constitucional, constitui cláusula pétrea, conforme o art. 60, § 4º, da Constituição Federal, ou seja, não pode ser objeto de alteração por meio de emendas à Constituição.

Conseqüentemente, verifica-se que o mandado de segurança é garantia constitucional, mas não pode ser visto unicamente sob esse aspecto. É certo que o mandado de segurança está previsto na Constituição Federal como instrumento de efetividade das garantias fundamentais ali inseridas. Nesse sentido, também é garantia constitucional. Entretanto, o mandado de segurança, no dizer de Vicente Greco Filho, é ação e deve ser estudado dentro da Teoria Geral do Processo.[9]

Vamos analisar, então, outro enfoque que deve ser dado ao mandado de segurança, o qual deve ser visto não só como garantia constitucional, mas também, e principalmente, como ação.

2. Mandado de segurança como ação

Para chegarmos à conclusão de que o mandado de segurança é ação é preciso, antes, fazer um breve estudo do tema da ação.

Sabemos que a jurisdição é inerte e não pode atuar sem provocação dos interessados, razão pela qual cabe ao titular da pretensão resistida invocar a função jurisdicional a fim de que esta se exerça, diante do caso concreto (CPC, art. 2º). Assim, quando o sujeito do direito provoca a atuação jurisdicional, está exercendo o direito de ação, para cuja satisfação o Estado deve dar a prestação jurisdicional.[10]

Existem várias teorias a respeito da natureza do direito de ação.[11]

A doutrina dominante no Brasil é a teoria eclética, criada por Liebman, que define a ação como direito subjetivo instrumental, sendo mais que um direito, um poder ao qual não corresponde a obrigação do Estado, igualmente interessado na distribuição da Justiça. Dá por exercida a função jurisdicional apenas quando o juiz pronuncia uma sentença sobre o mérito, de cunho favorável ou desfavorável. Desse modo, não importa o conteúdo da decisão de mérito, para que tenha se exercido o direito de

---

9. *Tutela Constitucional...*, cit., p. 154.
10. Nesse sentido, Ada P. Grinover, Araújo Cintra e Cândido R. Dinamarco, *Teoria Geral do Processo*, pp. 266-267.
11. O estudo das diversas teorias teve por base os ensinamentos de Moacyr Amaral Santos, *Primeiras Linhas de Direito Processual Civil*, vol. 1, 1998, pp. 147 e ss.

ação. Ainda que julgue a ação improcedente, o Estado terá prestado a devida tutela jurisdicional. Ele entende, ainda, que para ser exercido o direito de ação é necessário o implemento de três condições: a possibilidade jurídica do pedido; o interesse de agir e a legitimidade da parte. Essas condições seriam requisitos de existência da ação, pelo que deveriam ser objeto de investigação antes do exame do mérito. Somente se estiverem presentes é que haveria necessidade de o juiz julgar o mérito.[12] Sobre tais condições, especificamente, falaremos adiante.

Logo, essa teoria não aceita a abstração plena. A ação não compete a qualquer um e não possui sentido genérico. Refere-se a uma *fattispecie* normativa que será objeto da sentença do juiz, o qual formulará regra jurídica especial que será lei entre as partes. Além disso, Liebman entendia que existe um direito de ação constitucional incondicionado, que é pressuposto do direito de ação processual, este, sim, limitado pelas condições da ação.

Podemos, com base nessa teoria, considerar *ação* como o direito público, abstrato e subjetivo, de obter do Poder Estatal providência jurisdicional, constituída de uma sentença de mérito, de qualquer conteúdo.

Nesse sentido, firma-se a definição de Donaldo Armelin, que afirma que a ação é "o direito abstrato a uma decisão sobre o mérito, ou seja, sobre o pedido formulado pelo autor, qualquer que seja essa decisão, favorável ou desfavorável. Destarte, a ação, sem embargo de valiosas opiniões em contrário, será o direito subjetivo público abstrato assegurado ao indivíduo em face do Estado, que lhe garante a atuação da jurisdição para apreciação do objeto do processo, que, como já foi dito *supra*, é o pedido formulado pelo autor".[13]

Da mesma forma, Arruda Alvim define ação como "direito constante da lei processual civil, cujo nascimento depende da manifestação de nossa vontade. Tem por escopo a obtenção da prestação jurisdicional do Estado, diante da hipótese fático-jurídica nela formulada, à aplicação da lei (material)".[14]

Diante do conceito de ação como direito de pleitear e obter prestação da tutela jurisdicional de mérito, pelo Estado, seja de que conteúdo for, é fácil ver que o mandado de segurança é verdadeira ação, porquanto também, nesse instituto, há o direito de pleitear do Poder Judiciário

---

12. Enrico Túlio Liebman, *Manual de Direito Processual Civil*, vol. 1, pp. 201 e ss.
13. *Legitimidade para Agir no Direito Processual Civil*, p. 35.
14. *Manual de Direito Processual Civil*, pp. 367-368.

um tipo de tutela jurisdicional visando a proteger direito líquido e certo ameaçado de lesão ou violado por ato de autoridade. Esse é o entendimento dominante na doutrina,[15] embora ainda se encontrem posições contrárias, no sentido de entender que o mandado de segurança seria apenas um remédio constitucional, possuindo apenas natureza administrativa.[16]

A tutela jurisdicional exercida no mandado de segurança é uma tutela especial, no dizer de Flávio L. Yarshell,[17] mas de qualquer forma é ação. Como veremos, essa tutela é especial no sentido de que é célere, contém cognição sumária e dispõe de todos os meios necessários para fazer com que a decisão a ser proferida pelo juiz seja, de fato, cumprida pela autoridade coatora, entregando-se ao impetrante o direito pleiteado *in natura*.

Por outro lado, tendo em vista que o mandado de segurança é verdadeira ação, não pode ser visto apenas como mera tutela de segurança. Na verdade, essa ação tem a tarefa, especial e importantíssima, de ser o meio mais eficaz para a correção de atos lesivos praticados com ilegalidade e abuso de poder pelo representante do Poder Público contra o particular. O mandado de segurança possui, portanto, aspectos especiais que alteram as regras gerais, mas isso não lhe tira a característica de ser ação. É uma ação destinada a proteger contra violação de direitos pelo Poder Público, mas é ação, e não mera tutela de segurança.[18]

2.1 Natureza jurídica da ação de mandado de segurança

Já sabemos que mandado de segurança é ação. Resta saber de que tipo de ação se trata. É o que vamos verificar a seguir.

15. Este é o entendimento, por exemplo, de Celso Agrícola Barbi, *Do Mandado de Segurança*, p. 66; Teresa Arruda Alvim Wambier, *Medida Cautelar...*, cit., p. 11; Flávio Luiz Yarshell, *Tutela Jurisdicional*, p. 88; Eduardo Arruda Alvim, *Mandado de Segurança no Direito Tributário*, p. 258; Vicente Greco Filho, *Tutela Constitucional...*, cit., p. 154.

16. Nesse sentido, por exemplo, a opinião de José Ignácio Botelho de Mesquita, o qual entende que o mandado de segurança não é ação, mas sim "ato de intervenção fundado em um princípio hierárquico que submete ao controle do Poder Judiciário todos os atos estatais, inclusive (obedecida a hierarquia), os do próprio Poder Judiciário e nesse caso o mandado tem natureza administrativa e seu fim é político" ("O mandado de segurança", *RePro* 66/125).

17. *Tutela Jurisdicional*, p. 90.

18. *Tutela Constitucional...*, cit., p. 162.

2.1.1 Classificação das ações em geral

A classificação dominante na doutrina leva em consideração, com observa Kazuo Watanabe, também a cognição e não apenas a natureza do provimento ou da tutela reclamada.[19] Assim, os seguidores dessa corrente, entre eles Moacyr Amaral Santos, afirmam que a tutela jurisdicional pode se manifestar por meio de decisão, por meio de atos de execução ou por meio de medidas cautelares ou preventivas. A tutela jurisdicional por meio de decisão pressupõe um processo de conhecimento; a de execução reclama atos executórios que realizem praticamente o título extrajudicial; a tutela cautelar visa a acautelar interesses das partes em perigo pela demora na providência jurisdicional de conhecimento ou de execução.[20]

Desse modo, de acordo com essa classificação, as ações dividem-se em ações de conhecimento, de execução ou cautelares.

As ações de conhecimento têm por objetivo fazer com que o poder jurisdicional, com segurança, venha conhecer não só da pretensão do autor como também da resistência feita pelo réu.

As ações de conhecimento, conforme doutrina clássica, podem se classificar, de acordo com a providência ou a tutela jurisdicional pleiteada, em declaratória, constitutiva e condenatória.

Na ação declaratória, o autor pretende simplesmente uma declaração, reconhecendo a existência ou não da relação jurídica (CPC, art. 4º). A sentença que acolhe tal pedido será basicamente declaratória. O conflito entre as partes reside na incerteza da relação jurídica que a ação visa a desfazer, tornando certo aquilo que é incerto, desfazendo a dúvida em que se encontram as partes quanto à relação jurídica. Essa ação busca geralmente a declaração de existência ou não de uma relação jurídica. Raramente se pleiteia a declaração de um fato. Um exemplo seria a ação de investigação de paternidade ou a declaração de autenticidade ou falsidade de um documento. Assim, a ação declaratória objetiva, em regra, a certeza a respeito da relação jurídica.

Na ação constitutiva, além de se obter a declaração da existência ou não da relação jurídica, visa-se à modificação de uma situação jurídica anterior criando uma nova. O autor quer que o juiz crie ou desfaça uma situação ou relação jurídica. Então, por meio da ação constitutiva propõe-se a verificação e declaração da existência das condições segundo as quais a lei permite a modificação de uma relação ou situação jurídica. Para que

---

19. *Da Cognição no Processo Civil*, pp. 36-37.
20. *Primeiras Linhas...*, cit., vol. 1, p. 174.

MANDADO DE SEGURANÇA: CONCEITO E NATUREZA JURÍDICA

a sentença crie, modifique ou extinga uma relação ou situação jurídica entre as partes, deverá, primeiro, declarar se ocorrem as condições legais que autorizem a isso e, em seguida, no caso afirmativo, criar, modificar ou extinguir a relação ou situação jurídica. É o caso, por exemplo, da ação de separação judicial ou da renovatória de locação.

A ação condenatória é aquela em que se objetiva uma sentença que, além da declaração, contenha uma sanção para o caso de descumprimento do comando judicial. Pressupõe a existência de um direito subjetivo violado. A condenação implica a possibilidade de se promover execução forçada, na hipótese de não cumprimento espontâneo da obrigação pelo réu.

Portanto, toda ação de condenação visa a uma sentença de condenação do réu, a qual impõe ao réu uma prestação de pagar, dar, entregar coisa certa ou incerta, fazer, ou não fazer. A sentença vai valer como título executivo contra o réu. Este está sujeito, no caso de descumprimento, a uma ação executiva proposta pelo autor. É o caso da cobrança de dívida e indenização por perdas e danos.

Esses são os três tipos de ações conforme classificação básica da doutrina.[21]

Entretanto, Pontes de Miranda[22] classificou as ações conforme a carga de eficácia, salientando que poderiam ser divididas de acordo com cinco pretensões, de direito material, diferentes, quais sejam, tutela de condenação, de declaração, de constituição, de execução *lato sensu* e de mandamento.[23] Referido Autor classificou as ações de acordo com a carga de eficácia, de modo que determinada sentença pode ter mais de uma eficácia, embora sempre algumas eficácias sejam preponderantes.

Assim, embora a doutrina majoritária seja resistente à idéia de incluir no rol de classificação das ações de conhecimento as ações mandamentais e executivas *lato sensu*, concordamos integralmente com o pensamento de Pontes de Miranda.

De fato, todas as ações de conhecimento têm um cunho declaratório. A ação declaratória propriamente dita tem como eficácia preponderante

---

21. Idem, ibidem.
22. *Comentários ao Código de Processo Civil*, t. I, pp. 139-141.
23. Arruda Alvim nos dá conta de que esta modalidade de ação/sentença, denominada mandamental, foi idealizada por Kutner, em obra de 1914, intitulada *Efeitos da Sentença fora do Direito Processual Civil*, idéia que foi retomada por James Goldschmidt (*Tratado de Direito Processual Civil*, vol. I, p. 315). Entre nós, no entanto, a idéia foi adotada por Pontes de Miranda.

a declaratória, mas contém pequena carga condenatória, quando, por exemplo, condena nas verbas de sucumbência. As demais ações, ainda que de forma reduzida, contêm também alguma eficácia declaratória. As sentenças de improcedência são sempre declaratórias. Na ação condenatória, por exemplo, a sentença de procedência, além de condenar, que é a eficácia preponderante nesse tipo de ação, contém pequena carga declaratória, pois o órgão julgador também declara a existência do direito material pleiteado, transformando a sentença em título executivo judicial. Deste modo, visa-se à declaração quanto à relação jurídica controvertida, cuja carga de eficácia é menor, bem como à aplicação da sanção ao réu por desobediência à condenação, que tem eficácia preponderante.

Na verdade, na mesma sentença podem coexistir várias eficácias. Na ação de despejo, por exemplo, há pequena carga declaratória, pois o juiz, quando julga a ação procedente, declara a existência do direito material. Há, também, relativa carga desconstitutiva, eis que será decretada a rescisão do contrato de locação e, além disso, há, como eficácia preponderante, a executiva *lato sensu*, pois, como se verá abaixo, nesse tipo de ação não há a instauração de processo executivo. A sentença se auto-executa com o trânsito em julgado, bastando apenas um ato para efetivar o cumprimento da obrigação, no caso, a expedição de mandado de desocupação do imóvel.

Assim sendo, no processo de conhecimento, as sentenças podem ter mais de uma eficácia, das quais algumas serão preponderantes. Nesse sentido se encontra a opinião de Ovídio Batista da Silva, embasado nos ensinamentos de Pontes de Miranda, a respeito da carga ou eficácia das sentenças.[24]

Vejamos, pois, como se caracterizam as ações executivas *lato sensu* e as ações mandamentais.

Nas executivas *lato sensu*, pede-se ao juiz uma sentença que colocará o réu em estado de sujeição. Nesse caso, não há execução *ex intervallo*, mas sim mero ato de execução. Não se cria título executivo, nem há necessidade de execução da sentença. Em contrapartida, também não se abre ensejo à propositura de embargos à execução pelo executado. Exemplos: despejo, reintegração de posse etc.[25]

---

24. *Curso de Processo Civil*, vol. 2, p. 309.
25. Luiz Rodrigues Wambier, Flávio R. C. de Almeida e Eduardo Talamini exemplificam a ação executiva *lato sensu* da seguinte forma: "A move contra B ação condenatória e obtém sentença de procedência do pedido. Se se tratar de sentença líquida (ver, oportunamente, liquidação de sentença), ajuizará processo de execução de

Teresa Arruda Alvim Wambier, baseada em lição de Ernane Fidélis dos Santos, explica com clareza a caracterização desse tipo especial de ações e sentenças, quando diz que "as sentenças executivas *lato sensu* contêm algo mais além da condenação. Há uma condenação, sim. Mas, além desta, é necessário observar-se que esta espécie de sentença, para que haja alteração no mundo empírico, no mundo real, na esfera dos fatos, não reclama a existência de posterior execução. Ao contrário, ela, por si mesma é apta a levar à efetiva satisfação do credor, prescindindo-se do processo de execução propriamente dito".[26]

Nas executivas *lato sensu*, portanto, a própria sentença se auto-executará, independentemente da instauração da fase de execução. Como diz Kazuo Watanabe, essas sentenças são exeqüíveis no próprio processo em que são proferidas.[27]

De tal modo, as ações executivas *lato sensu* contêm um *plus* em relação às ações condenatórias, porquanto a produção de efeitos, no mundo empírico, independe de posterior processo de execução. No dizer de Cláudia Simardi, "as sentenças auto-executáveis são hábeis, por si só, a provocar a atividade jurisdicional a realizar o restabelecimento da ordem jurídica, atuando concretamente na transformação da realidade fática".

Quanto às ações mandamentais, Pontes de Miranda, que foi o grande teórico que tratou de caracterizá-las como categoria diferenciada das demais ações, assim se expressava: "Na ação mandamental, pede-se que o juiz mande, não só que declare (pensamento, enunciado de existência), nem que condene (enunciado de fato e valor); tampouco se espera que o juiz por tal maneira fusione o seu pensamento e o seu ato que dessa fusão nasça a eficácia constitutiva. Por isso mesmo, não se pode pedir que dispense o 'mandado'. Na ação executiva, quer-se mais: quer-se o ato do juiz, fazendo, não o que deveria ter feito. No mandado, o ato é ato que só o juiz pode praticar por sua estatalidade. Na execução, há mandados – no correr do processo; mas a solução final é ato da parte (solver o débito). Ou o juiz forçando".[28]

---

sentença, para conseguir a efetiva satisfação de seu crédito. Movendo ação *executiva lato sensu*, o autor – A – independerá do processo de execução para obter a pretendida alteração no mundo dos fatos, porque este tipo de ação não se destina a constituir título executivo (como ocorre com as ações condenatórias), sendo sua sentença exeqüível no mesmo processo em que foi proferida" (*Curso Avançado de Direito Processual Civil*, p. 142).

26. *Nulidades do Processo e da Sentença*, pp. 77-78.
27. "Tutela antecipatória e tutela específica das obrigações de fazer e não fazer", p. 24.
28. *Comentários ao CPC*, t. V, pp. 63-64.

Logo, nas ações mandamentais, o juiz profere uma ordem a ser observada pelo demandado, ou seja, o juiz "não condena, mas apenas ordena".[29] Se o destinatário da ordem não a cumprir, caracterizar-se-á o crime de desobediência e abuso de autoridade, além de sanções disciplinares.

Nas ações mandamentais o juiz não se limita a "dizer o direito", aplicando, para o cumprimento da sentença, medidas sub-rogatórias da vontade do obrigado, que havia se recusado a cumprir a obrigação, como ocorre nas condenatórias e executivas *lato sensu*. O juiz faz mais do que isso, ele determina a prática de ato que somente o réu poderia cumprir e ninguém mais. O réu fica sujeito à estatalidade do juiz, não podendo se recusar a obedecer. Se o fizer, estará sujeito a sanções disciplinares e penais.

Portanto, a característica primordial da sentença mandamental é que o comando nela contido somente pode ser realizado pelo próprio réu, inexistindo substitutividade do juiz em relação ao cumprimento da determinação.

Com efeito, como observa Araken de Assis, a eficácia mandamental se caracteriza "pela ordem emanada do órgão judiciário, em ato que só o juiz pode praticar, por sua estatalidade. Enquanto no projeto de adequação do mundo, imposto pela condenação, o juiz irá sub-rogar o que o obrigado não cumpriu, embora pudesse fazê-lo, na execução do mandado se alterará o mundo em área que só o réu, e ninguém mais, poderia agir eficazmente".[30]

Ovídio Baptista da Silva, para explicar a natureza das ações mandamentais, esclarece que a resistência dos doutrinadores em negar existência a esse tipo de ações advém do fato de as mesmas descenderem diretamente dos interditos romanos, os quais não eram ações. Eram, na verdade, remédios de que o pretor se valia para proteger interesses, especialmente de natureza pública. Assim, os interditos eram da competência exclusiva do pretor, que ordenava, diferentemente do juiz privado que tinha competência para as *actiones*, que apenas poderia dizer qual o direito a ser aplicado ao caso concreto e condenar, mas jamais poderia ordenar. Assevera referido Autor, citando Merryman, que o juiz do sistema europeu continental e da América Latina, em função disso, é tratado como um mero aplicador do direito, sem qualquer poder criativo, ou seja, meros servidores públicos, que não podem, por conseqüência, ter poder

---

29. Expressão de autoria de Ovídio A. Baptista da Silva, *Curso...*, cit., vol. 2, p. 334.

30. "Teoria geral do processo de execução", in *Processo de Execução e Assuntos Afins*, pp. 29-30.

de império, como ocorre nas ações mandamentais. Daí a resistência injustificada em admitir existência a esse tipo de ação.[31]

Entretanto, as ações mandamentais existem, não havendo como deixar de se fazer essa constatação, sob pena de ser muito difícil explicar a natureza jurídica de determinadas ações, como, por exemplo, a nunciação de obra nova. Assim, existe categoria diferenciada de ações, em que o juiz não substitui a vontade das partes, mas sim realiza o que somente ele, como representante do Estado, pelo seu poder de império, poderia realizar.

Outra característica da sentença mandamental, além de que somente o próprio réu poderá praticar o ato ordenado pelo juiz, é a circunstância de que, independentemente de processo de execução, a ordem emanada da sentença será realizada coercitivamente no plano empírico, sem que se possa oferecer qualquer resistência.[32]

É justamente essa característica, esse elemento eficacial, que é aferido no plano empírico, qual seja, possibilitar a concessão *in natura* do pedido pleiteado, aliado ao fato de que somente o réu poderá praticar o ato ordenado que diferencia a ação mandamental das outras e, principalmente, da executiva *lato sensu* ou até mesmo das ações constitutivas. De fato, tendo em vista que a característica básica das ações executivas *lato sensu* é possibilitar a execução do julgado por meio de um único ato, o que ocorre com o próprio trânsito em julgado da decisão, sem necessitar de um processo de execução para tanto, tal como ocorre na ação mandamental, que é executada através de um simples ofício, não fosse pela característica acima, ficaria difícil diferenciar ambas as ações.

Vale a pena ressaltar que pouco importa, para caracterizar a ação como mandamental, que o destinatário da ordem seja autoridade, como bem lembra Teresa Arruda Alvim Wambier, citando como exemplo a ação de nunciação de obra nova.[33]

Vejamos, então, dentro da classificação acima exposta, como poderemos encaixar a ação de mandado de segurança.

2.1.2 Natureza mandamental da ação de mandado de segurança

Entendemos que o mandado de segurança tem natureza jurídica de ação mandamental. A natureza jurídica da ação de mandado de segurança

---

31. *Curso...*, cit., vol. 2, pp. 334 a 338.
32. Nesse sentido é o entendimento de Eduardo Arruda Alvim, *Mandado de Segurança...*, cit., p. 262.
33. *Nulidades do Processo...*, cit., p. 78.

é mandamental porque a sentença proferida nessa ação é uma ordem a ser observada pela autoridade coatora.

Conforme Kazuo Watanabe, a sentença proferida no mandado de segurança ordena, manda, não se limitando a condenar.[34] Assim sendo, no mandado de segurança existe uma ordem categórica do juiz emitida contra a autoridade pública. Somente a autoridade coatora poderá cumprir a determinação judicial, inexistindo a possibilidade de aplicação de medidas sub-rogatórias. Por isso, no mandado de segurança não existe a necessidade de um processo de execução, bastando ao juiz oficiar a autoridade impetrada, transmitindo-lhe a ordem de fazer ou não fazer. Caso a autoridade impetrada descumpra tal ordem, cometerá crime de desobediência e/ou de responsabilidade.[35]

Além disso, no mandado de segurança proporciona-se, ao impetrante, a garantia *in natura* do direito pleiteado. Nesse caso, não há possibilidade de substituir o direito pela indenização por perdas e danos. Logo, não se abre à Administração outra alternativa que não a de dar estrito cumprimento à ordem emanada da sentença concessiva da segurança, sob pena de infração penal.[36] Veja-se que o cumprimento da ordem é ato que somente a autoridade coatora pode praticar. Não há como obter o resultado prático equivalente.

É justamente essa característica – proporcionar a garantia *in natura* do direito pleiteado – que caracteriza o mandado de segurança como ação mandamental e não como executiva *lato sensu*, como poderia parecer à primeira vista.[37]

Conforme Kazuo Watanabe, "há, sem dúvida alguma, uma grande diferença entre ordenar e condenar. Fosse simples provimento condenatório, o comando judicial contido na sentença concessiva de segurança, teríamos unicamente um título executivo que possibilitaria o acesso à nova ação, a de execução, e sabemos que não é isso o que ocorre com a sentença concessiva de mandado de segurança. O mandado a ela corres-

---

34. "Tutela Antecipatória...", cit., p. 24.

35. O crime de desobediência é ação penal pública e em princípio punido com pena de detenção de quinze dias a seis meses e multa (CP, art. 330). O juiz da ação de mandado de segurança não poderá decretar a prisão diretamente como execução indireta. Somente com a instauração de processo criminal é que poderá ser decretada a prisão.

36. Ver, nesse sentido, Eduardo Arruda Alvim, *Mandado de Segurança...*, cit., pp. 257-258.

37. Ver, a propósito, a lição de Teresa Arruda Alvim Wambier, *Nulidades do Processo...*, cit., p. 79.

pondente reclama o cumprimento específico da ordem do juiz, sob pena de configuração do crime de desobediência e até mesmo, dependendo do nível de autoridade pública a quem ela é dirigida, do crime de responsabilidade".[38]

Ademais, no mandado de segurança não há como converter o não cumprimento da ordem emanada pelo juiz em perdas e danos, o que poderia ser feito pela vias ordinárias. A classificação da ação de mandado de segurança como mandamental advém, essencialmente, do fato de que somente a autoridade coatora poderá praticar o ato determinado, aliado à circunstância de que não se poderá converter o não cumprimento da ordem em perdas e danos, por se conceder apenas a garantia *in natura*, ou seja, objetiva-se conceder o próprio pedido, a própria obrigação, o que significa que não haverá necessidade de uma ação de execução para executar a ordem. Basta um simples ofício.[39]

É preciso ressaltar, no entanto, que, embora inexista a possibilidade de substituição da vontade das partes pela do Estado-juiz, isto não significa que não se possa utilizar, na execução do mandado, de medidas sub-rogatórias, próprias da execução de obrigações de fazer e não fazer, previstas no art. 461 do CPC, como são a cominação de multa e a busca e apreensão.[40] Ocorre que, como já salientado, é possível cumular mais de uma eficácia na mesma ação. Assim, é perfeitamente possível aliar à tutela mandamental a eficácia executiva *lato sensu*, a fim de se alcançar a efetividade da ação.[41] A utilização da busca e apreensão, é evidente,

38. "Tutela Antecipatória...", cit., p. 24.
39. Nesse sentido, Eduardo Alvim, explica que "o elemento diferenciador da sentença do mandado de segurança repousa, em última análise, na grandeza constitucional do instituto, pois, enquanto pelas vias ordinárias, pode a obrigação converter-se em perdas e danos, pela via do mandado de segurança, deve-se ensejar ao impetrante a possibilidade de obtenção de garantia pleiteada *in natura*, mesmo liminarmente, quando for o caso. Outra alternativa não se abre à Administração, senão a de dar estrito cumprimento à ordem emanada da sentença concessiva da segurança, sob pena, inclusive, de infração penal" (*Mandado de Segurança...*, cit., p. 258).
40. Não é possível a decretação de prisão civil. Aliás, o art. 461, § 5º, não autoriza a decretação de prisão civil como meio coercitivo, em face da determinação expressa constante do art. 5º, inc. LXVII, da CF, que veda a prisão civil por dívida, salvo alimentos e depositário infiel (nesse último caso, a prisão também é discutível face ao Tratado Internacional do qual o Brasil é signatário, qual seja Pacto de São José da Costa Rica, que permite a prisão somente no caso de alimentos).
41. Sobre o tema assevera Kazuo Watanabe que: "Além das conseqüências decorrentes do não cumprimento do mandado, nada obsta a adoção, pelo juiz, de providências nos limites da lei e das possibilidades práticas, como meios sub-rogatórios compatíveis com o caso, diferentes da mera conversão da obrigação em equivalente

deve ser utilizada por exceção, nas hipóteses em que a autoridade coatora se recuse a cumprir a ordem, apesar da caracterização de crime de desobediência e da aplicação de multa.

Portanto, no mandado de segurança, para se executar a sentença não há necessidade de se promover um processo de execução do julgado, mas apenas de emitir um ofício à autoridade coatora, o que será feito dentro do mesmo processo de mandado de segurança.[42]

Em função dessas peculiaridades, não se pode deixar de caracterizar o mandado de segurança como ação mandamental. Essa a carga preponderante da tutela jurisdicional prestada por meio desse instituto. Porém, entendemos, ainda, que a ação mandamental de mandado de segurança poderá, embora com eficácia menor, veicular pedidos declaratórios, constitutivos ou condenatórios, conforme o tipo de providência pleiteada. Nesse caso, trata-se da eficácia das sentenças, como já se viu. Ora, a eficácia preponderante da sentença de mandado de segurança será sempre mandamental porquanto constitui uma ordem, cujo cumprimento depende apenas da vontade da autoridade coatora, não havendo necessidade de executar a sentença, além de não ser possível converter o não cumprimento em perdas e danos. Entretanto, poderão existir eficácias menores, caracterizadas por pedidos de natureza declaratória, constitutiva e condenatória.

Ressaltamos que o fato de ser possível a veículos de pedidos dessa natureza no mandado de segurança não retira sua caracterização como

pecuniário que o meio sub-rogatório tradicional, além de outras medidas, para o efetivo e específico cumprimento da ordem judicial. A eficácia mandamental vem muitas vezes conjugada à eficácia executiva *lato sensu* ou mesmo à eficácia condenatória" ("Tutela antecipatória...", cit.).

42. A propósito, Flávio Luiz Yarshell explica que: "Diz-se ser o *mandamus* especial. Disso não resta dúvida. Contudo, é preciso definir mais adequadamente esse atributo. Em primeiro lugar, essa especialidade reside no procedimento que, sem dúvida, deve proporcionar uma mais rápida prestação jurisdicional, mediante limitação (em profundidade) da cognição. Em segundo lugar, a especialidade pode ser identificada no provimento ou na respectiva eficácia, da qual se fala ser 'potenciada'. E o que deve significar essa potencialização? Certamente efeitos que se produzam independentemente da instauração de um (novo) processo de execução, isto é, em que a execução se opere 'por ordem do juiz', mediante expedição de simples mandado (sem um intervalo entre fase de cognição e fase de atuação de sanção). Mais ainda: efeitos que impliquem em meios de coerção eficazes, aptos a garantir a autoridade da ordem, o que, de resto, é altamente desejável para todas as modalidades de provimentos e não apenas para o *mandamus*. Fora daí não se pode buscar nessa 'eficácia potenciada' algo que supere a própria garantia (maior, geral e 'atípica') da ação. Seria um contra-senso evidente do sistema" (*Tutela jurisdicional*, p. 90).

mandamental, pois essa é a eficácia preponderante nesse tipo de ação. De fato, no mandado de segurança jamais a atividade do juiz limitar-se-á a declarar, constituir ou condenar. O magistrado sempre fará mais do que isso. Para acolher o pedido formulado pela parte, o juiz deverá proferir provimento que além de declarar, constituir ou condenar, ordenará o cumprimento da determinação judicial, de forma que a autoridade coatora não possa se recusar a cumprir, sob pena de se sujeitar às penas do crime de desobediência. A ordem, portanto, é parte indispensável da sentença. Sem a ordem, a sentença do mandado de segurança será incompleta. De fato, não há como isolar-se sentenças em mandado de segurança exclusivamente declaratórias, constitutivas ou condenatórias, pois nelas agrega-se sempre a ordem emanada, expressa e inequívoca, pelo juiz. Portanto, a sentença no mandado de segurança enquadra-se na categoria das ações mandamentais porque contém o *plus* da ordem.

Assim, o mandado de segurança pode, perfeitamente, veicular apenas pedido declaratório. Não há nada, em nosso sistema, que possa impedir o mandado de segurança de veicular pedido com essa natureza. Nesse caso, o juiz ao conceder a segurança profere ordem para que a autoridade coatora acate a declaração da existência ou inexistência do direito. A sentença terá como carga preponderante a eficácia mandamental, porque constitui uma ordem, mas poderá conter eficácia menor, de cunho declaratório. É o caso de se pleitear apenas a declaração da nulidade do ato praticado pela Administração.

É evidente que a veiculação de pedido meramente declaratório é mais rara, mas é permitida. Seria o caso de a inicial do mandado de segurança restringir-se ao pedido de reconhecimento da nulidade de um determinado ato, como uma promoção ou uma nomeação.[43]

Da mesma forma, admitindo que o mandado de segurança possa veicular um pedido declaratório, estão as opiniões abalizadas de Buzaid[44] e Sérgio Ferraz.[45]

Deve-se ressalvar, no entanto, ser um contra-senso impetrar mandado de segurança apenas para veicular pedido declaratório. Ora, se há urgência na concessão da ordem, é evidente que sempre haverá necessidade

---

43. Conforme o exemplo dado por Celso Agrícola Barbi: "se a inicial restringir-se a pedir o 'reconhecimento da nulidade' de um ato como, *v.g.*, de uma promoção ou nomeação, sem nada mais pleitear, teremos uma sentença apenas 'declaratória'" (*Do Mandado de Segurança*, p. 221).

44. *Do Mandado de Segurança*, vol. 1, p. 202.

45. *Mandado de Segurança*, pp. 175-177.

de se determinar a prática ou a não-prática de determinado ato. Portanto, o impetrante deverá, sempre, para obter efetividade na prestação da tutela jurisdicional que pleiteou, cumular o pedido declaratório com um outro, de índole condenatória, para que o ato seja cumprido ou para que a autoridade cesse a prática do mesmo.

Da mesma forma, entendemos que o mandado de segurança pode veicular pedido meramente condenatório, mas essa eficácia será menos significativa. A eficácia preponderante, no mandado de segurança, será sempre a mandamental.

A classificação das ações em declaratórias, constitutivas e condenatórias funda-se no tipo de pedido formulado, ao passo que o caráter mandamental da sentença proferida no mandado de segurança advém da determinação inescusável à autoridade competente para a prática do ato determinado na sentença. Assim, a par do mandado de segurança veicular garantia *in natura*, pode, também, revestir-se de carga condenatória. É o que ocorre no caso de impetração de mandado de segurança objetivando a prática de determinado ato que a autoridade se recusa a efetuar. Na sentença que determina a prática do ato há carga condenatória. A única diferença é que a simples ordem do Poder Judiciário é suficiente para que a autoridade coatora pratique o ato, sem necessidade de processo de execução.[46]

Assim, o mandado de segurança, ainda que tenha natureza de ação mandamental, pode veicular pedido meramente condenatório.

O que não pode ocorrer é pretender utilizar o mandado de segurança como ação de procedimento comum de cunho condenatório. Primeiro, porque isso retiraria todo o caráter do mandado de segurança como garantia constitucional e tutela diferenciada. Ao depois, o mandado de segurança não poderia veicular somente pedido condenatório justamente porque

---

46. Eduardo Alvim expõe que "como o critério tradicional (que divide as sentenças em declaratórias, constitutivas e condenatórias) baseia-se no tipo de pedido formulado, e a noção de sentença mandamental prende-se não ao tipo de pedido, mas ao fato de o mandado de segurança prestar-se a proporcionar uma garantia *in natura* ao impetrante, o que se tem na ordem prática é que a sentença mandamental pode revestir-se, por exemplo, de uma carga condenatória. Tal sucede, por exemplo, quando se impetra mandado de segurança contra omissão de autoridade, visando à prática do ato. A sentença apresenta, nitidamente, uma carga condenatória. Porém, a simples ordem para que a autoridade coatora pratique o ato será suficiente, sem necessidade de propositura de ação executiva. Mandado de segurança visando à liberação de coisa apreendida ou sustação de cobrança de tributo também visará, em última análise, a uma condenação" (*Mandado de Segurança...*, cit., p. 260).

não haveria, nesse caso, sem a característica da mandamentalidade, como obrigar a autoridade coatora a cumprir ou deixar de cumprir o ato lesivo. Da mesma forma, a ação de mandado de segurança, ao veicular pedido condenatório, com caráter mandamental, não poderia condenar a autoridade coatora, nem esperar que no caso de descumprimento o direito lesado fosse reparado por perdas e danos.[47]

É justamente por isso que o STF editou a Súmula 269 que reza que "o mandado de segurança não é substitutivo de ação de cobrança".

O mandado de segurança também pode veicular pedido de índole constitutiva ou desconstitutiva. É o que ocorre nos mandados de segurança em que se pleiteia a anulação de concurso público ou de lançamento fiscal.

Veja-se que a natureza da sentença que decreta a anulação de concurso público não é somente desconstitutiva. Ela é preponderantemente mandamental porquanto, além de desconstituir o magistrado, ordena que a autoridade coatora suporte ou tolere a desconstituição. Na verdade, o antecedente lógico constitutivo presente na sentença de procedência de mandado de segurança dessa natureza não resolve, por si só, a lide correspondente a esta ação. O que preponderantemente a parte autora quer é o mandado, é a ordem. Não fosse isso, a parte não necessitaria da ação de mandado de segurança, contentando-se com simples ação comum de cunho desconstitutivo.[48] Portanto, há o *plus* da ordem que é o elemento caracterizador da sentença como mandamental.

2.2 Elementos da ação de mandado de segurança

2.2.1 Partes

Em decorrência de ser ação, também no mandado de segurança devem estar presentes os elementos da ação, quais sejam, partes, causa de pedir e pedido. É por meio desses elementos que se pode identificar a ação, diferenciando-a das demais. Vejamos, pois, cada um desses elementos relativamente ao mandado de segurança.

O direito de ação é atribuído ao titular de um interesse em conflito com o interesse de outrem. Assim, na ação, há dois sujeitos que geralmente são os mesmos da lide que se pretende compor, mas que não são, necessariamente, abrangidos pela denominação jurídica de *partes*. O

---

47. Ver, nesse sentido, Kazuo Watanabe, "Tutela Antecipatória...", cit., p. 24.
48. Ver a opinião de Ovídio Baptista da Silva, *Curso...*, vol. 1, cit., p. 355.

termo *partes*, aqui, deve ser considerado no seu sentido processual e não no sentido material. Isso porque as partes ilegítimas também são partes. O substituto processual também é parte.

Na ação de mandado de segurança, a conceituação de quem deve figurar como parte, principalmente no tocante ao pólo passivo, é bastante controvertida na doutrina e na jurisprudência. O nosso entendimento é o de que partes no mandado de segurança são, de um lado, no pólo ativo, o impetrante, e de outro lado, no pólo passivo, o Poder Público.

Quanto ao autor, para aferir sua legitimidade e capacidade de estar em juízo, deve-se adotar as mesmas regras existentes para as ações em geral. O autor, portanto, pode ser qualquer pessoa, que seja titular, ou possível titular, de um direito violado, ou em vias de ser violado, pelo Poder Público.

Já no que tange ao pólo passivo a questão é um pouco mais complexa. De fato, embora a lei se refira à autoridade coatora, é o Poder Público a verdadeira parte passiva na ação de mandado de segurança. Na verdade, a autoridade coatora é citada em juízo apenas como *presentante*[49] do Poder Público. Não se trata de substituição processual, nem de representação da pessoa incapacitada, porque a autoridade coatora somente será parte processual até as informações. Depois não poderá participar do processo. Inclusive se quiser interpor recurso, terá que fazê-lo como terceiro prejudicado.

Voltaremos a esse assunto, tanto em relação à legitimidade ativa como à legitimidade passiva, de forma mais profunda, quando tratarmos das condições da ação.

2.2.2 Objeto

No que tange ao objeto imediato, ou seja, com relação à providência jurisdicional pleiteada, já tratamos, quando falamos da classificação da ação de mandado de segurança como mandamental. Assim, a providência jurisdicional pleiteada é mandamental, mas pode, também, veicular pedidos declaratórios, constitutivos ou condenatórios.

---

49. O termo *presentante*, como veremos no capítulo referente à legitimidade passiva, foi introduzido por Pontes de Miranda e adotado no presente trabalho para explicar a intrincada posição da autoridade coatora na ação de mandado de segurança. O termo presentante não se confunde com a mera representação processual feita aos incapazes. O presentante é mais que o mero representante. Ele faz parte do próprio órgão representado, como a boca, os olhos, os braços são partes do corpo humano. Adiante o assunto será examinado exaustivamente.

MANDADO DE SEGURANÇA: CONCEITO E NATUREZA JURÍDICA

O objeto mediato da ação de mandado de segurança é a eliminação do chamado ato coator, ou seja, ato do Estado, o qual fere direito líquido e certo do impetrante. Assim, podem ser objeto do mandado de segurança tanto os atos da Administração como os do Legislativo e do Judiciário.[50] Inclusive os atos políticos podem ser objeto de mandado de segurança, se forem lesivos ao direito subjetivo de alguém, se ferirem a Constituição Federal ou se tiverem transposto os limites legais, excedendo dos limites discricionários. Cabe à Justiça decidir sobre a legalidade dos atos políticos.[51]

Celso Antônio Bandeira de Mello entende que o objeto do mandado de segurança deve incluir também os comportamentos e não somente os atos da Administração. Com isso, as hipóteses de cabimento do mandado de segurança ficam alargadas e podem abranger atos, fatos, comportamentos omissivos ou comissivos, materiais ou jurídicos, indo, pois, muito além da esfera dos atos administrativos.[52]

Na verdade, os atos omissivos também podem ser objeto do mandado de segurança, quando exista dever legal do Poder Público em praticá-los, como se dá quando a Administração deve fornecer certidões, despachar requerimentos etc., como veremos mais tarde.

Celso Agrícola Barbi ensina que para se determinar o objeto do mandado de segurança deve-se partir de dois pontos de vista: de um lado o direito ameaçado ou lesado, de outro, o ato ameaçador ou lesivo. No tocante ao direito lesado pode ser ele público ou privado, real ou pessoal, o que demonstra que não é a natureza do direito suficiente para caracterizar os casos de cabimento do mandado de segurança. O elemento decisivo para essa caracterização é o ato que ameaça ou lesa aquele direito. O Estado pode agir, no cumprimento de sua finalidade, como Poder Público e também como pessoa privada.[53]

Referido mestre exclui do âmbito do mandado de segurança o ato disciplinar, salvo quando praticado por autoridade incompetente ou sem observância de formalidade essencial.[54] Esse assunto será analisado, de forma mais profunda, quando tratarmos das hipóteses de cabimento do mandado de segurança.

50. Nesse sentido, o entendimento de Teresa Arruda Alvim Wambier, *Medida Cautelar...*, vol. 2, cit., p. 13.
51. Ver, nesse sentido, a posição de José da Silva Pacheco, *O Mandado de Segurança e outras Ações Constitucionais Típicas*, p. 221.
52. *Curso de Mandado de Segurança*, RT, 1986, p. 8.
53. *Do Mandado de Segurança*, pp. 91-92.
54. Idem, ibidem, p. 96.

A lei em tese não é passível de impetração de mandado de segurança, cabendo contra a mesma a ação direta de inconstitucionalidade. Como se verá adiante, a razão é que não haveria interesse processual para a impetração, já que a mesma não lesaria qualquer direito individual. Nesse sentido, inclusive, foi editada a Súmula 266 do STF. Deve-se ressaltar, no entanto, que as leis e decretos que tenham efeitos concretos são passíveis de mandado de segurança. É o caso, por exemplo, de uma lei que decrete a desapropriação de um imóvel ou nomeie determinado indivíduo para um cargo público, ou que conceda isenção fiscal. Sobre a lei em tese também falaremos, especificamente, quando tratarmos do mandado de segurança preventivo.

2.2.3 Causa de pedir

O mandado de segurança tem por finalidade ser instrumento de garantia da preservação dos direitos expostos na Constituição Federal e nas leis ordinárias, tornando-os efetivos. Portanto, a finalidade do mandado de segurança é, antes de tudo, proteger os particulares contra ilegalidades e abusos de direito praticados por atos do Poder Público. É manifestação do Estado de Direito.

Em decorrência, a causa de pedir no mandado de segurança sempre deverá se referir à ilegalidade e ao abuso de poder, praticados pelo Poder Público.

De fato, o mandado de segurança foi criado como fórmula para conter os abusos do Poder Público, de um lado, e garantir direitos, de outro.[55]

Seabra Fagundes salienta que o conceito de ilegalidade compreende todos os vícios administrativos capazes de ensejar o controle jurisdicional, inclusive o abuso de poder. Portanto, abuso de poder seria espécie do gênero ilegalidade. Assim, a distinção entre ambos, para o ponto de vista prático do mandado de segurança, pouco importaria.[56] Entretanto, a doutrina tende a diferenciar a ilegalidade do abuso de poder de acordo com a natureza do ato praticado pela autoridade coatora. Se se tratar de ato vinculado, será caso de ilegalidade; se discricionário, pode haver abuso de poder.[57]

---

55. A propósito, Teresa Arruda Alvim Wambier, *Medida Cautelar...*, vol. 2, cit., p. 12.

56. *O Controle dos Atos Administrativos pelo Poder Judiciário*, p. 329.

57. Ver Eduardo Arruda Alvim, *Mandado de Segurança...*, cit., p. 106. Essa é a classificação feita por Michel Temer, *Elementos do Direito Constitucional*, p. 185.

Eduardo Arruda Alvim esclarece que "a idéia de abuso de poder abrange não apenas aquela do desvio de finalidade, que se dá quando a autoridade, embora competente para praticar o ato, o pratica com fins diversos daqueles colimados pela lei ou pelo interesse público, mas também a noção de excesso de poder, que ocorre quando a autoridade vai além do permitido, exacerbando no uso das faculdades administrativas".[58]

O conceito de legalidade está ligado à idéia de prática de determinado ato conforme a lei. Ilegal seria o ato contrário à lei. E, no caso dos atos administrativos, deve-se incluir aí a contrariedade aos princípios consagrados pelo art. 37 da Constituição Federal, quais sejam, legalidade, impessoalidade, moralidade, publicidade e eficiência.[59] Nesse sentido, o abuso de poder realmente estaria compreendido dentro da idéia de ilegalidade.

De fato, enquanto o particular pode fazer tudo aquilo que a lei não proíbe, o administrador somente pode fazer, estritamente, aquilo que a lei permite.

Entretanto para se ter uma idéia clara do conceito de abuso de poder é preciso ter por base a lição de Celso Antônio Bandeira de Mello sobre a atividade exercida pela Administração. Afirma referido Autor que "é próprio do Estado de Direito que se delineie na regra geral e impessoal, produzida pelo Legislativo, o quadro, o esquema, em cujo interior se moverá a Administração. Esta atuará por meio de agentes cuja qualificação específica, de direito, é a de operadores das disposições legais. (...) A atividade administrativa é marcada pela idéia de função. (...) Existe função, em Direito, quando alguém dispõe de um poder à conta de dever, para satisfazer o interesse de outrem, isto é, interesse alheio. (...) A valia do poder, a utilidade e o sentido dele resumem-se em consistir em instrumento insuprimível, sem o que o agente administrativo não teria como desincumbir-se desse dever posto a seu cargo: dever de concretizar a finalidade legal, isto é, dever de dar satisfação a um interesse de terceiro, a um interesse alheio; no caso o interesse da coletividade".[60]

Teresa Arruda Alvim Wambier, no entanto, também entende que "desbordar o agente os lindes de liberdade ensejados pelo poder discricionário, constitui-se também em ilegalidade" (*Medida Cautelar...*, cit., p. 82), bem como que "o ato abusivo também é ilegal, pois a ilicitude, enquanto mau uso do poder discricionário, é redutível à ilegalidade" (idem, ibidem).

58. *Mandado de Segurança...*, cit., p. 107.
59. Nesse sentido, o entendimento de José da Silva Pacheco, *O Mandado de Segurança...*, cit., p. 116.
60. "Desvio de poder", *RDP* 89/24.

Com base nessas considerações, referido mestre conclui que "entende-se por desvio de poder a utilização de uma competência em desacordo com a finalidade que lhe preside a instituição".[61]

Tanto pode haver desvio de poder porque o agente administrativo, utilizando competência que em abstrato possui, agiu com vício de intenção, querendo praticar o ato em busca de finalidade alheia ao interesse público, como quando esse mesmo agente busca atender finalidade pública que não é aquela própria, específica da competência utilizada. Nesse caso, pode suceder, inclusive, que não tenha agido de má-fé. No primeiro caso, o agente atua para alcançar um fim pessoal, que tanto pode ser de perseguição a alguém como de favoritismo ou até mesmo para atender a um interesse pessoal.

O referido Autor ensina que "se alguém é investido de uns tantos poderes, não o é para atuá-los em quaisquer circunstâncias ou perante quaisquer fins ou segundo quaisquer formas, mas só o é para mobilizar ditos poderes ante determinadas circunstâncias, em vista de específicos fins e através de certas formas. Donde, quem mobilizasse tais poderes fora das circunstâncias estabelecidas, explícita ou implicitamente na lei, ou em desacordo com a finalidade legal ou mediante formas distintas das estabelecidas na regra de direito, estaria, a rigor de verdade, agindo fora da própria competência, isto é, sem competência. (...) O desvio de poder é tipicamente um caso em que o agente, por apartar-se do fim específico inerente ao poder que lhe estava condicionado, viola a regra de direito, alheia-se da fonte que o legitimava". E dá o seguinte exemplo: uso da remoção como forma de sancionar um funcionário descumpridor de seus deveres, quando a finalidade deste instituto é a de preencher claros de lotação e não a de punir servidor faltoso.[62-63]

61. Idem, ibidem.
62. Sobre o conceito de ilegalidade e abuso de poder, Buzaid colheu na jurisprudência os seguintes exemplos, entre outros: 1) Caso do candidato com 45 anos de idade que se inscreveu em concurso que exigia como idade máxima 35 anos. Sua inscrição foi aceita, ele submeteu-se às provas e foi classificado, mas teve a sua inscrição indeferida. Impetrou mandado de segurança, alegando erro da autoridade coatora. O mandado foi denegado por inexistir ilegalidade, constando do acórdão que "o direito adquirido nasce apenas do ato praticado na conformidade da lei e nunca do erro". 2) Certa área de terreno foi desafetada da classe de bens de uso comum do povo e transferida para a classe dos bens dominiais. Prefeitura concedeu direito real de uso ao Lions Clube, para prestação permanente de serviço público. O Prefeito revogou por decreto, sem autorização da Câmara, tal concessão autorizada por lei e outorgada por escritura pública, com o que praticou ato eivado de ilegalidade, pois implicou em juízo de incompetência da autoridade coatora. 3) Ilegalidade do ato do Juiz, que, em

O desvio de poder é caracterizado pela violação ideológica da lei, quando o administrador público colima fins não pretendidos pelo legislador, ou utiliza motivos e meios imorais para a prática do ato, que é aparentemente legal.

O abuso de poder não compreende somente o desvio de poder, mas também o excesso de poder, que se dá quando a autoridade excede o que lhe é permitido quanto ao uso de suas faculdades administrativas.[64] Nesse caso, a autoridade exorbita sua competência legal, agindo fora do que a lei lhe permite, tornando o ato arbitrário. É o que ocorre, por exemplo, quando, em determinado processo de licitação, for classificado e habilitado um licitante que não reunia os requisitos para ser o vencedor do certame, apenas para atender a interesses pessoais, ou ainda quando a Administração apreende livros e documentos para apuração de sonegação fiscal, mas se estende além do tempo necessário.[65]

A omissão também pode ser considerada viciada por ilegalidade ou abuso de poder. Como afirma Afonso Rodrigues Queiró, citado por Bandeira de Mello: "não agir é também agir (não autorizar é decidir não autorizar)".[66]

ação reintegratória, proíbe o impetrante de se defender enquanto não repuser no seu estado primitivo os terrenos ocupados mediante liminar que foi revogada. 4) Não há ilegalidade no ato do juiz que defere requisição de força policial pleiteada por depositário público para manter íntegra a área seqüestrada. 5) A competência do Presidente da República para promover juiz por antiguidade se restringe ao ato de nomear o juiz indicado como mais antigo pelo Tribunal a que está subordinado, não podendo, pois, o Chefe do Executivo, por entender que a nomeação é ilegal, promover outro juiz que se lhe afigure mais antigo que o indicado. 6) Concurso público para remoção e promoção de escrivão para cartório de notas somente pode ser feito após o decurso de quatro anos da aposentadoria definitiva por invalidez temporária do titular. Se o prazo não for respeitado há ilegalidade (*Do Mandado de Segurança*, pp. 110-113). No mesmo sentido, está o parecer de Arruda Alvim, sobre cabimento do mandado de segurança contra decreto expropriatório, quando não tiver sido iniciada a execução, *RDA* 129/293.

63. Outro exemplo seria o do afastamento de funcionário público sem a observância da forma e sem motivação, como ocorre na hipótese inserta na *RSTJ* 71/83.

64. Conforme Eduardo Arruda Alvim, *Mandado de Segurança...*, cit., p. 107.

65. Nesse sentido há acórdão do TJMT, em que foi relator o Des. Orlando de Almeida Perri, julgado em 17.3.1997 e publicado na *RT* 749/370, cuja ementa oficial diz: "Ao fisco se reserva o direito de apreender livros, documentos, impressos e papéis, desde que tenha por finalidade comprovar infração à legislação tributária. Entretanto, se ele se estende além do tempo necessário ao levantamento da sonegação fiscal que se busca averiguar, o ato fiscalizador ganha foro de ilegalidade, sanável pela via augusta do mandado de segurança".

66. "Desvio de poder", *RDP* 89/24.

Desse modo, também haverá ilegalidade ou desvio de poder quando o agente administrativo, em desacordo com a competência que em abstrato possui, deixa de praticar um ato que deveria expedir para atender determinada finalidade pública.[67] E, nesse caso, cabe o mandado de segurança, conforme a Súmula 429, editada pelo STF, que reza: "A existência de recurso administrativo com efeito suspensivo não impede o uso do mandado de segurança contra omissão de autoridade".

Enfim o ato administrativo, seja vinculado ou discricionário, há que ser praticado com estrita observância da lei. Se for praticado com inobservância da forma ou sendo formalmente perfeito, não obedecer ao conteúdo, ou obedecendo aos dois, não cumprir a finalidade para o qual se destina, será sempre inválido, sendo passível de ser atacado por mandado de segurança.

O controle dos atos administrativos vinculados é mais fácil de ser realizado que o dos atos discricionários, tendo em vista que o Judiciário não pode praticar qualquer ingerência com relação ao mérito dos mesmos, já que tal prática importaria em reavaliação dos critérios de conveniência e oportunidade, o que feriria o princípio da separação dos Poderes.[68] Mas o Poder Judiciário poderá sempre apreciar a legalidade dos atos praticados pela Administração, os quais, em qualquer hipótese, mesmo no tocante aos atos discricionários, devem sempre obediência aos ditames da lei.

---

67. Bandeira de Mello dá o seguinte exemplo de desvio de poder por omissão: "Dado Prefeito firmou contrato de prestação de serviço com certa empresa. Nele se estipulou que o contrato se prorrogaria automaticamente por igual período se a Prefeitura, ao cabo do prazo contratual, deixasse de declará-lo findo. Vencido o prazo, o Prefeito – que à época já estava à beira da conclusão de seu mandato – omitiu-se em dar por encerrado o contrato, propiciando destarte sua prorrogação. Quinze dias depois, às vésperas de deixar o cargo, rescindiu o contrato sob mera alegação de conveniência administrativa, com o que ensejou a operatividade de cláusula contratual que previa indenização ao contratante por todo o período remanescente (28 meses) tornado frustro, em caso de rescisão unilateral. Em rigor, foram dois comportamentos administrativos (um omissivo e um comissivo) que geraram o benefício para o contratado. Porém, note-se, o desvio de poder residiu no primeiro comportamento: o omissivo. Manifestamente – como resulta da seqüência dos fatos – não havia interesse na continuidade do vínculo contratual. O segundo ato, a rescisão unilateral, era necessário para benefício do contratante e valeu como demonstração de que o comportamento anterior (a omissão em dar por extinto o contrato) é que ocorrera em desacordo com o interesse público. A extinção do contrato já era conveniente ao termo do vínculo precedente. Esta conjugação de uma omissão e de um ato, compondo um quadro de favoritismo, não prosperou, porque o Tribunal de Justiça do Estado denegou a indenização postulada pelo contratado, fundando-se na teoria do desvio de poder" (idem, ibidem).

68. Conforme Eduardo Arruda Alvim, *Mandado de Segurança...*, cit., pp. 107-108.

A jurisprudência realmente demonstra que esse é o entendimento dos tribunais,[69] como se pode observar da decisão contida no acórdão prolatado no MS 21.176, cujo relator foi o Min. Aldir Passarinho, julgado em 19.12.1990.[70] Trata-se de mandado de segurança impetrado por candidato a concurso público para Procurador da República, alegando haver violação a preceito constitucional, além de ser injusta sua inabilitação, não só pelo critério de atribuição de notas, como, ainda, porque foram consideradas erradas questões que, no seu modo de ver, haviam sido respondidas com acerto. O acórdão, corretamente, entendeu que "incabível, em mandado de segurança, discutir-se o critério fixado pela Banca Examinadora para a habilitação dos candidatos". E explica: "Não é possível que o Judiciário venha a deferir a segurança, baseado apenas na justiça ou injustiça do critério adotado para atribuição de pontos. Também não pode o Judiciário pretender avaliar o teor das respostas dadas pelo candidato, se certas ou erradas, porquanto 'não pode o judiciário substituir-se à banca examinadora na valorização das respostas, em termos a discutir com os próprios examinadores'. Isso conduziria, se admissível, a abrir-se exceção, inclusive quanto à forma de julgar certas questões da prova, tão-somente em relação ao candidato-autor, o que constituiria quebra ao princípio da igualdade de todos os candidatos".

A decisão em comento está correta porque se trata de ato discricionário da Administração, tanto com relação à forma de realização de provas em concurso público como em relação à correção das mesmas. É ato que depende de critérios de oportunidade e conveniência, não podendo o Poder Judiciário proceder a qualquer avaliação da justiça ou injustiça da classificação ou não do candidato. Outra coisa seria se a Administração tivesse preterido o candidato, violando o princípio da igualdade, por exemplo, ao adotar um critério de correção para um candidato e outro critério para outro, ou se tivesse estipulado limite de idade para a admissão no concurso, o que é vedado pela Constituição Federal.[71] Mas não foi isso o que ocorreu, nem foi o alegado pelo impetrante.

69. Ver, acórdão publicado na *RT* 446/213, o qual decidiu que o Judiciário não pode apreciar a conveniência ou oportunidade da prática de ato administrativo, mas pode, sim, examinar sua conformidade com a lei. Nesse caso, concedeu a segurança por não terem sido obedecidos requisitos formais com relação ao processo de cassação de determinado prefeito.
70. Acórdão publicado na *RDA* 187/176.
71. Conforme o acórdão publicado na *RT* 455/51, bem como o acórdão prolatado, pelo STJ, no RMS 302-0-RJ, em que foi relator o Min. César Rocha, *DJU* 1º.3.1993, constante da obra intitulada *O Mandado de Segurança nos Tribunais*, pp. 512 a 515, de autoria de Hélio Apoliano Cardoso. Igualmente está o entendimento

Por outro lado, conforme Bandeira de Mello, o desvio de poder não se refere somente aos atos administrativos. Também pode ocorrer com relação a atos legislativos e jurisdicionais. Basta, para tanto, que exista a utilização de uma competência fora da finalidade para a qual foi instituída: "O descompasso teleológico entre as finalidades da regra de competência – qualquer que seja ela – e as finalidades do comportamento expedido a título de cumpri-la macula a conduta do agente, viciando-a com o desvio de poder".[72]

Enfim, conforme resume José da Silva Pacheco, "a ilegalidade se configura pela prática de ato ou omissão de praticá-lo, quando: a) haja lei que impeça a sua prática ou a determine; b) não haja lei que atribua a competência para praticá-lo ou haja dever de praticá-lo; c) contrariar lei expressa, regulamento, ou princípio de direito público; d) não observar princípios e normas do art. 37 da CF/1988 e outros estabelecidos na Constituição e no direito (lei, costume, princípios gerais do direito); e) não se incluir nas atribuições legais do agente ou se incluir e houver omissão; f) houver usurpação de funções, abuso de funções ou invasão de funções; g) houver vício de competência, de forma, de objeto, motivo ou finalidade; h) for desconforme com a norma legal ou conforme com a norma ilegal ou inconstitucional".[73]

2.3 Sumariedade do rito da ação de mandado de segurança

Já vimos que o mandado de segurança é uma ação de conhecimento, classificada como mandamental. Entretanto, o rito é especial,[74] porque, embora no mandado de segurança seja necessária fase de cognição, esta é realizada de forma sumária, ou seja, breve.

---

constante do acórdão proferido na AC 3.240/91, pelo TJRJ, em que foi relator o Des. Menezes Direito, o qual manteve a decisão de primeira instância que havia concedido a segurança pleiteada por aluno que teve sua matrícula impedida de renovação, por determinada instituição de ensino, sob a alegação de ter sido reprovado. É que no caso houve violação ao princípio da igualdade, pois ficou comprovado que, para outros alunos, também reprovados, a matrícula foi renovada.

72. "Desvio de poder", *RDP* 89/34. Bandeira de Mello fornece, ainda, os seguintes exemplos: ato legislativo – extinção legislativa de cargos públicos decidida com o fito de frustrar decisão judicial que neles reintegrara os anteriores ocupantes; ato jurisdicional – comportamento do juiz de tribunal que, não tendo seu voto acompanhado pelo terceiro julgador, ao perceber a inutilidade dele para fins de decidir o pleito no sentido de seu pronunciamento, resolve reconsiderá-lo e adere aos dois outros, com o objetivo específico de obstar a interposição de embargos infringentes.

73. *O Mandado de Segurança...*, cit., p. 166.

74. Nesse sentido Flávio Yarshell, *Tutela Jurisdicional*, p. 90.

A sumariedade no mandado de segurança não é a mesma que existe na ação de rito sumário, prevista no art. 275 do CPC. Isso porque, nesse caso, embora o procedimento seja célere, a cognição é feita de forma bem mais profunda que aquela realizada no mandado de segurança. Ora, no procedimento sumário, há possibilidade de dilação probatória, o que inexiste no mandado de segurança. Neste, não há possibilidade de instrução posterior, pois o impetrante deve, para ter direito a impetrar a segurança, possuir prova documental pré-constituída de seu direito. Assim, a sumariedade que caracteriza o mandado de segurança refere-se à impossibilidade de produção de provas *a posteriori*. A prova é só documental e deve ser juntada no momento da impetração.[75]

Esse também é o entendimento de Vicente Greco Filho, ao afirmar que o "mandado de segurança é um processo sumário documental, isto é, um processo rápido, concentrado, fundado em prova documental".[76]

A sumariedade é essencial ao mandado de segurança porquanto somente com ela é que se consegue dar efetividade a essa garantia constitucional. Ora, se o processo fosse moroso, como uma ação de procedimento comum ordinário, o direito que se pretende garantir com o mandado de segurança correria o risco de vir a perecer, de nada adiantando a decretação da ordem judicial.

Além disso, no mandado de segurança há a necessária "eficácia potenciada", na expressão utilizada por Kazuo Watanabe,[77] isto é, seus efeitos se produzem independentemente de processo de execução, além de possibilitar meios de coerção eficazes para garantir a prestação *in natura* do direito. Em decorrência disso, entendemos que podem ser utilizados todos os instrumentos de coerção previstos no art. 461 do CPC, inclusive busca e apreensão, requisição de força policial e expedição de oficio para apuração de crime de desobediência.

Por conseguinte, o mandado de segurança é ação de conhecimento que possui procedimento especial. O rito não é apenas sumário, como uma ação comum de procedimento sumário. O procedimento do mandado de segurança é bem mais célere, não se admitindo fase de dilação probatória. A prova deve ter sido pré-constituída, pelo que deve ser somente a documental. Entretanto, a cognição é exauriente, porquanto a dilação

---

75. Luiz Guilherme Marinoni salienta que o mandado de segurança, assim como a ação monitória, pode ser classificado como procedimento formalmente sumário e não materialmente sumário, classe a que pertence o procedimento cautelar (*Novas Linhas de Processo Civil*, p. 244).
76. *Tutela Constitucional...*, cit., p. 162.
77. *Código de Defesa do Consumidor*, p. 523.

probatória somente não ocorre porque o direito já deve estar provado por meio de documentos.

2.4 Aplicação dos conceitos da Teoria Geral do Processo na ação de mandado de segurança

Entendemos, como Vicente Greco Filho, que, sendo o mandado de segurança verdadeira ação, a ele devem ser aplicados os institutos processuais e bem assim o Código de Processo Civil, de forma subsidiária, no que não for incompatível com o rito do mandado de segurança.[78] Não há nada na Constituição Federal, muito menos na lei ordinária, que impeça a utilização subsidiária do Código de Processo Civil.

Há autores, como Theotonio Negrão,[79] que entendem que o Código de Processo Civil não seria supletivo da Lei 1.533/1951, em função do disposto nos arts. 19 e 20 da referida lei. O art. 19 dispõe que se aplicam, ao mandado de segurança, as regras contidas no Código de Processo Civil atinentes ao litisconsórcio. Ora, a lei ordinária, ao determinar a aplicação do Código de Processo Civil no tocante ao instituto do litisconsórcio no mandado de segurança, não tem o condão de determinar a não aplicação de outras normas, no que não forem conflitantes com a Lei de Mandado de Segurança. O art. 20, da mesma forma, limita-se a revogar as disposições do Código de Processo Civil de 1939, atinentes ao mandado de segurança, e a determinar que não se aplicam a esse instituto as normas do Código de Processo Civil que forem contrárias à lei ordinária, ou seja, o Código de Processo Civil somente não será aplicado quando conflitar com as normas da Lei 1.533/1951. Assim, não há qualquer dúvida de que o Código de Processo Civil tem aplicação subsidiária à Lei de Mandado de Segurança.

---

78. *Tutela Constitucional...*, cit., p. 154. Nesse sentido, também, está o julgado inserto na *RJTJESP* 136/377, tendo sido relator o Des. Cezar Peluso, o qual preconiza: "(...) não é verdadeira, senão absurda, a afirmação corrente de que não se aplicariam ao processo de mandado de segurança os princípios e regras gerais do CPC ou de que não seria este de incidência subsidiária naquele. É tão absurda que surpreende seja, volta e meia, repetida com pretensões de seriedade científica. Só para raciocinar com coisas grosseiras, como se haveria de decidir a respeito de condições da ação, e capacidade processual, de representação, de competência, da forma, lugar e tempo, enfim da validade dos atos processuais, nas causas de mandado de segurança, sem recorrer às normas de Processo Civil?".

79. *CPC e Legislação Processual em Vigor*, p. 1.611, nota 3 ao art. 20 da Lei 1.533/1951.

Vejamos, pois, alguns dos institutos mais comuns do processo civil, analisando se os mesmos se aplicam ao processo de mandado de segurança.

Primeiramente, deve-se esclarecer que seria possível descartar o modelo de procedimento adotado para o mandado de segurança, sem ferir o texto constitucional, porquanto este deixou à lei ordinária a regulamentação do processamento do mandado de segurança. Entretanto, a fim de que o escopo do mandado de segurança não seja ferido e a tutela seja efetiva, é necessário que o procedimento a ser adotado seja célere e provido de técnica diferenciada.

Contudo, com o advento da nova Carta Constitucional, a ordem jurídica existente teve que se adaptar e se subordinar aos seus preceitos, já que deve haver compatibilidade entre as leis infraconstitucionais e a nova Carta. Se houver contradição, a norma preexistente deve ser afetada dentro do sistema com rigor, uma vez que a Constituição possui efeito ab-rogativo sobre todas as normas. Com a promulgação da Constituição, cria-se uma nova ordem jurídica, à qual devem se ajustar todas as normas, sem serem necessárias quaisquer cláusulas expressas de revogação.

No caso do mandado de segurança, o novo texto constitucional apenas ampliou a disposição anteriormente existente, permanecendo íntegra a previsão da garantia constitucional contra eventual lesão de direitos por parte do Poder Público.

Assim, como a lei ordinária pode estabelecer o rito a ser adotado para o mandado de segurança, não há qualquer conflito com o novo texto constitucional. Desta forma, conclui-se que a Lei 1.533/1951 foi amplamente recepcionada pela Constituição Federal de 1988.

Em decorrência disso, as inovações impostas ao Código de Processo Civil, com a chamada reforma processual, as quais pretenderam, essencialmente, dar maior efetividade ao processo, podem ser adotadas na disciplina processual do mandado de segurança, desde que compatíveis com o rito. Isso porque, embora o mandado de segurança tenha previsão constitucional, as regras de procedimento do instituto estão dispostas em lei ordinária, qual seja, a Lei 1.533/1951. Assim, em tudo que a referida lei for omissa entendemos perfeitamente possível aplicar, subsidiariamente, o Código de Processo Civil. Entretanto, é evidente que cada inovação deve ser analisada especificamente para se saber se é adequada e compatível ao rito especial do mandado de segurança. Por exemplo, se a inicial for indeferida liminarmente, é perfeitamente compatível com o rito que eventual apelação possibilite o juízo de retratação, previsto no art. 296 do CPC.

Ora, não há nada no sistema do mandado de segurança que proíba o juiz de reformar sua decisão, no caso de indeferimento. Inclusive tal procedimento visa a tornar o processo mais efetivo, possibilitando ao juiz rever sua decisão, evitando a morosidade de se aguardar a reforma pela segunda instância. Veja-se que não haverá necessidade de notificar a autoridade coatora para a revisão prevista no art. 296 do CPC, tendo em vista o escopo do mandado de segurança, que exige celeridade e efetividade da Justiça.

Com relação às informações da autoridade coatora, aplicam-se as regras gerais dos prazos e sua contagem prevista no Código de Processo Civil, pois essas normas são perfeitamente adequadas ao escopo do mandado de segurança.

A natureza jurídica das informações da autoridade coatora é de verdadeira defesa, porque, como presentante do Poder Público, a autoridade coatora deve expor o porquê da adequação da sua conduta e, conseqüentemente, do Estado ao princípio da legalidade. Ao prestar informações, a autoridade coatora está adstrita ao dever de veracidade e vinculada ao princípio da legalidade.[80]

A defesa da autoridade coatora não se prende somente aos fatos como querem alguns doutrinadores (Castro Nunes, Temístocles Cavalcanti e Jorge Americano). Se fosse assim, não haveria porque a lei ter previsto que as cópias da inicial fossem para a autoridade coatora. A lei não é lacunosa e não há necessidade de o Poder Público apresentar defesa. A autoridade coatora, como presentante, deve fazê-la pelo Estado.

A autoridade coatora deve apresentar defesa sob todos os ângulos que julgar adequados, quer quanto aos fatos, quer quanto ao direito.[81]

As informações não podem veicular confissão quanto aos fatos, nem reconhecimento jurídico do pedido porquanto o interesse público é indisponível e com relação aos direitos indisponíveis é inadmissível quer a confissão, quer o reconhecimento jurídico do pedido.[82] Além disso, o art. 302, I, do CPC prevê que não se podem considerar verdadeiros os fatos que não admitem a confissão.

O mesmo se dá com relação à revelia. Ainda que as informações assumam o caráter de defesa, não ocorrem os efeitos da revelia, na hipótese

---

80. Ver a opinião de Eduardo Arruda Alvim, *Mandado de Segurança...*, cit., p. 258.
81. Celso Agrícola Barbi, *Do Mandado de Segurança...*, cit., p. 199.
82. Ver acórdãos insertos em *RTJ* 142/782 e RF 322/268.

de não serem apresentadas. Isso porque tanto o art. 302 como o art. 320 do CPC determinam, entre outras hipóteses, que não ocorrem os efeitos da revelia quando os fatos versarem sobre direitos indisponíveis, bem como quando dependerem de documento substancial para sua prova. Ora, além de o mandado de segurança veicular questões de interesse público, e portanto de direitos indisponíveis, nessa ação exige-se direito líquido e certo, que somente poderá estar presente se o impetrante apresentar prova pré-constituída, ou seja, documentos substanciais. Assim, se o fato depende, para sua prova, de documento substancial, de nada adiantaria a revelia no caso, pois os fatos somente podem ser comprovados por meio dos referidos documentos.[83]

Com relação à figura do litisconsórcio, o próprio art. 19 da Lei 1.533/1951 prevê a possibilidade de aplicação das normas do Código de Processo Civil ao mandado de segurança.

O litisconsórcio facultativo simples ulterior, no pólo ativo, deve ser formado até a expedição do mandado de notificação à autoridade impetrada, a fim de que ela tome ciência de todos os pedidos das partes e possa prestar informações sobre todos. Nesse sentido está a opinião de Buzaid.[84]

Entretanto, a jurisprudência tem se inclinado no sentido de permitir a formação de litisconsórcio ativo somente na petição inicial, a fim de impedir que os interessados utilizem o expediente de "escolher" o juiz "certo" para julgar o feito, ferindo o princípio do juiz natural.[85]

Além disso, se fosse permitida a entrada de litisconsorte ativo a qualquer momento, a autoridade coatora não pararia de apresentar novas informações, o que emperraria o andamento do processo, fazendo letra morta do escopo do mandado de segurança como tutela diferenciada, tendente a dar efetividade ao processo.

83. Ver, a propósito, Eduardo Arruda Alvim, *Mandado de Segurança...*, cit., p. 77.
84. *Do Mandado de Segurança*, vol. 1, p. 180. No mesmo sentido, o acórdão prolatado pela 1ª Seção do STJ, no MS 5.509-DF-AgRg, tendo sido relator o Min. Garcia Vieira, j. 12.8.1998, *DJU* 8.9.1998, p. 171, insertos no *CPC...*, cit., de Theotonio Negrão, p. 1.610, nota 3 ao art. 19 da Lei 1.533/1951.
85. Nesse sentido, os tribunais têm entendido que: "Mandado de segurança. A admissão de litisconsorte ativo após o deferimento da medida liminar contraria o princípio do juiz natural, convertido em norma legal pelo art. 251 do CPC; a regra evita a escolha do juiz da causa, bem assim os inconvenientes daí decorrentes, até de ordem moral" (STJ, 2ª Turma, REsp 89.581-PR, rel. Min. Ari Pargendler, j. 2.6.1998, *DJU* 29.6.1998). No mesmo sentido, *RTFR-3ª Reg* 10/151; *RJTJESP* 102/121; *RSTJ* 43/107; *RSTJ* 43/132; *RTRF-3ª Reg* 1/111.

Quanto ao pólo passivo, entendemos que não se aplicará o benefício do prazo do art. 191 do CPC ao litisconsórcio a ser formado, já que, no caso, inexistem procuradores diferentes.

Tanto no pólo ativo como no passivo, havendo caracterização de litisconsórcio necessário, tal como ocorre em qualquer ação, a não formação do mesmo acarretará a nulidade do processo, em face do disposto no art. 47, parágrafo único, do CPC. Nesse sentido, há Súmula do TFR de n. 145, determinando a extinção do processo de mandado de segurança se não forem citados todos os litisconsortes necessários. No mandado de segurança impõe-se a formação do litisconsórcio necessário, no pólo passivo, sempre que a concessão da segurança acarretar modificação na esfera jurídica daquele que se beneficiou pela prática do ato coator.[86] Um exemplo seria o caso de mandado de segurança contra ato que impediu a habilitação de determinado participante de concurso público. Os demais candidatos classificados e habilitados devem ser citados, obrigatoriamente, para participarem do feito.

A assistência é uma modalidade de intervenção de terceiros, em que se permite que eles adentrem processo alheio, com a finalidade de auxiliar uma das partes a obter resultado favorável, que também o favorecerá. Assim, entendemos perfeitamente cabível e adequado ao mandado de segurança o instituto da assistência, em qualquer de suas formas, até porque, mesmo no caso de uma das partes não concordar com a admissão do terceiro como assistente, o juiz para decidir a questão não suspenderá o processo.

86. Nesse sentido, está a jurisprudência unânime de nossos tribunais, como se vê nos seguintes arestos transcritos por Theotonio Negrão, em *CPC*..., cit., p. 1.610, cujas ementas asseveram que: "Impõe-se litisconsórcio passivo quando a concessão da segurança importar em modificação da posição de quem juridicamente beneficiado pelo ato impugnado. O litisconsorte passivo deve ser regularmente citado, tal como dispõe o CPC. Não é suficiente, em ação de segurança contra ato judicial a mera notificação ou cientificação do advogado da parte adversa, constituído nos autos do processo em que efetivado o ato judicial impugnado pela via do *mandamus*" (*RF* 327/175, maioria). "Viola a lei federal o aresto proferido em mandado de segurança no qual não se convocou à relação jurídica processual o litisconsorte necessário. Dá-se litisconsorte necessário na via do *mandamus* quando este importar em modificação da posição de quem juridicamente beneficiado pelo ato impugnado. Na ocorrência de litisconsórcio necessário, a citação independe de requerimento da parte, impondo-se sua determinação mesmo de ofício"(*Just* 153/184). Da mesma forma o acórdão prolatado pela 3ª Turma do STJ no RMS 597-SC, rel. Min. Waldemar Zveiter, *DJU* 4.2.1991, p. 573; STJ, 3ª Turma, RMS 1.340-RJ, rel. Min. Waldemar Zveiter, j. 17.12.1991, *DJU* 24.2.1992, p. 1.867; STJ, 3ª Turma, RMS 1.272-RJ, rel. Min. Dias Trindade, *DJU* 6.4.1992, p. 4.490; STF, *RTJ* 64/277; 65/540; 82/618; *RSTJ* 45/504; 31/228.

MANDADO DE SEGURANÇA: CONCEITO E NATUREZA JURÍDICA   47

O recurso de terceiro prejudicado, previsto no art. 499, § 1º, do CPC, também é admissível e adequado ao mandado de segurança, bastando apenas existir a demonstração de interesse jurídico. É preciso salientar, no entanto, que se o mandado de segurança for utilizado *como* recurso de terceiro prejudicado não poderá ser considerado recurso, mas sim verdadeira ação como é o mandado de segurança.

Explica-se: conforme o art. 499 do CPC, o terceiro que se sentir prejudicado pela decisão proferida entre as partes pode interpor recurso, que se denomina "recurso de terceiro prejudicado". Desta forma, desde que possua interesse jurídico, o terceiro poderá interpor recurso em processo alheio, ainda que não tenha participado do feito anteriormente. É o caso, por exemplo, do adquirente de coisa litigiosa, cujo ingresso no processo não foi consentido. Este tem legitimidade e interesse em interpor recurso contra a decisão, porquanto a mesma atinge sua esfera jurídica. Caso o terceiro, no lugar de interpor recurso, prefira utilizar a via do mandado de segurança, por ter havido violação de seu direito líquido e certo, o qual poderá ser comprovado de plano, entendemos que se tratará de ação e não mais de recurso. Isso porque uma das características do recurso é ele ser exercitado dentro do mesmo processo em que a decisão é proferida, o que não ocorre com as ações autônomas de impugnação, como é o caso do mandado de segurança. Nesse sentido, Humberto Theodoro Jr. ensina que não se deve confundir com outros meios autônomos de impugnação de decisão judicial, como a ação rescisória e o mandado de segurança. Afirma ele que o recurso é o meio idôneo a ensejar dentro do mesmo processo em que foi proferida a decisão, antes da formação da coisa julgada.[87]

As demais modalidades de intervenção de terceiros não são aplicáveis ao mandado de segurança, porquanto retirariam a celeridade do processo, que lhe é peculiar. Ademais, inexistem hipóteses em que a oposição, a denunciação da lide, a nomeação à autoria e o chamamento ao processo pudessem ser aplicadas nesse instituto.

A prova no mandado de segurança somente corresponde à documental *lato sensu*, porque o direito do impetrante deve ser comprovado de plano. Isso significa que qualquer prova documental que pode ser pré-constituída é apta a comprovar o direito líquido e certo do impetrante.

A autoridade coatora pode produzir prova documental com as informações a fim de comprovar a legalidade do ato e não prática de abuso de

---

87. *Curso de Direito Processual Civil*, vol. 1, p. 547.

poder.[88] Entendemos que da juntada de qualquer documento pela autoridade coatora dever-se-ia dar ciência ao impetrante para manifestação, a fim de que ficasse preservado o princípio do contraditório. No entanto, a jurisprudência tem entendido que não há necessidade de se dar audiência à parte contrária.[89]

Após as informações não é mais possível apresentar novos documentos, nem pelo impetrante nem pela autoridade impetrada ou pelo Poder Público, porque fugiria ao escopo do mandado de segurança. Na verdade, o direito do impetrante deve ser comprovado de plano, ou seja, a prova deve ser pré-constituída, não havendo a menor possibilidade de juntada posterior, sob pena de não estar presente uma das condições da ação, que é a existência de direito líquido e certo.[90] Após as informações, o impetrante também não pode mais pretender alterar o pedido ou a causa de pedir.[91]

No processamento do mandado de segurança, não há oportunidade para o impetrante manifestar-se sobre as questões preliminares ou fatos extintivos, modificativos argüidos nas informações, a não ser que a autoridade impetrada tenha trazido novos documentos nas informações. Assim, exceto nessa hipótese, inexiste oportunidade para réplica no mandado de segurança. Entretanto, não há que se falar em violação ao princípio da ampla defesa, pela impossibilidade de o impetrante se manifestar a respeito das informações, já que o direito embasador da segurança deve ser líquido e certo, o que torna obrigatória a inclusão, na inicial do mandado de segurança, de todas as alegações e fundamentos possíveis.

Ademais, não são cabíveis, em sede de mandado de segurança, os incidentes de falsidade, declaratória incidental e o atentado porque são medidas que retirariam do referido instituto sua caracterização como tutela diferenciada, mediante um processo rápido. Quanto às exceções processuais, entendemos que as de impedimento e suspeição do juiz são

---

88. Nesse sentido, a opinião de Buzaid, *Do Mandado de Segurança*, vol. 1, p. 234.

89. Conforme acórdãos insertos na *RJTJESP* 63/111 e 106/10. Entretanto, há decisões contrárias, entendendo que a falta de ciência à parte contrária configuraria cerceamento do direito de defesa como se vê em *RTFR* 116/336.

90. Entretanto, há acórdão permitindo a juntada de documentos para contraditar as informações apresentadas pela autoridade coatora ou para fazer prova de fato superveniente, o qual está citado por Theotonio Negrão, em seu *CPC*..., cit., p. 1.594, nota 1 ao art. 10 da Lei 1.533/1951: acórdão prolatado pela 2ª Turma do TFR, na AMS 91.806-SP, tendo sido relator o Min. Costa Lima, *DJU* 23.6.1983, p. 9.343.

91. Nesse sentido está o acórdão inserto na *RSTJ* 73/155.

cabíveis, tendo em vista a gravidade dos vícios existentes. Já a exceção de incompetência relativa pode ser admitida, mas de forma diferenciada daquela existente nas ações comuns, ou seja, sem a suspensão do feito. A incompetência absoluta, sendo nulidade insanável, deve ser argüida na própria defesa, como em qualquer outro processo. Sobre ela falaremos mais tarde, quando analisarmos os pressupostos processuais.

Quanto à suspensão do processo, será preciso analisar, relevando-se a finalidade do mandado de segurança como garantia constitucional e tutela diferenciada, a hipótese fática existente para se avaliar a necessidade de se suspender o processo, nas hipóteses do art. 265 do CPC.

Assim, no caso do inc. I, referente à morte ou perda da capacidade processual das partes,[92] dos patronos, dos representantes legais, não há como deixar de suspender o processo. Ora, se a representação processual da parte não for regularizada, o processo não possui condições de prosseguir.[93] O mesmo ocorre nos casos de força maior, como calamidades, guerra, ou qualquer motivo de fechamento do fórum.

Entretanto, não há como incidir a suspensão do processo por simples convenção das partes, porque fugiria ao escopo do mandado de segurança. Nos casos de exceção de incompetência relativa, entendemos que a

92. Com relação ao falecimento do impetrante há acórdão do STF, entendendo que não haveria possibilidade de habilitação dos herdeiros, tendo em vista o caráter mandamental da sentença concessiva do *writ*, e os efeitos patrimoniais podem ser reclamados pelos herdeiros na via ordinária, como se vê do acórdão inserto na *RTJ* 90/125 (RE 80.354 e 89.103-RJ, rel. Min. Soares Muñoz). Com relação ao tema, há que se fazer duas ressalvas: a) a primeira é que, conforme Teresa Arruda Alvim Wambier, a hipótese prevista no art. 267, IX, referente à impossibilidade de sucessão processual nas ações intransmissíveis, é subsumível à falta de legitimação processual, tratando de sentença processual típica (*Nulidades do Processo...*, cit., p. 71, nota de rodapé n. 99); b) a segunda é que o acórdão em questão está equivocado quando generaliza a impossibilidade de habilitação dos herdeiros, devido ao caráter mandamental da ação. Ocorre que, no mandado de segurança, para saber se se trata de ação intransmissível, deve-se analisar caso a caso. De fato, há hipóteses em que, pela natureza do direito pleiteado, os sucessores não poderão assumir a posição do falecido, restando apenas a busca de reparação pelas vias ordinárias, e há hipóteses em que nenhum óbice haverá para a efetivação da sucessão processual. Um exemplo dessa última hipótese seria o mandado de segurança para liberação de cruzados novos que ficaram retidos, com o advento do Plano Collor. É claro que os herdeiros poderiam assumir a posição do impetrante falecido, sendo perfeitamente transmissível o direito.

93. Nesse sentido, há acórdão com a seguinte ementa: "Recurso em MS – Falecimento de litisconsorte – Habilitação dos sucessores. Nulidade. Falecendo o litisconsorte necessário sem comunicação nos autos e sem habilitação dos sucessores para manifestarem o interesse na demanda, os atos processuais até então praticados tornam-se nulos" (*RSTJ* 53/389).

mesma, quando recebida, não deverá causar a suspensão, porque o mandado de segurança perderia sua característica de ser célere. O mesmo se dá nos casos de exceção de suspeição do juiz. Isso já não ocorre nos casos de exceção de impedimento, já que é vício que torna o processo nulo.

Com relação ao inc. IV do citado dispositivo, as hipóteses lá expostas não se aplicam ao mandado de segurança, tendo em vista a necessidade de se possuir direito líquido e certo, o qual não poderá depender do julgamento de outra causa, nem de prova a ser produzida em outro processo. Também não pode depender de julgamento de questão de estado requerido como declaração incidente.

Por outro lado, o impetrante poderá desistir do mandado de segurança, como permite o art. 267, VIII, do CPC. Entretanto, a jurisprudência tem entendido que, no mandado de segurança, não há necessidade de aquiescência da parte contrária para tanto.[94]

Ainda quanto à aplicação das normas do CPC à ação de mandado de segurança, é preciso falar sobre a antecipação de tutela, prevista no art. 273 do CPC, cujo emprego no mandado de segurança não encontra qualquer óbice.

A antecipação de tutela consiste na antecipação do próprio pedido formulado pelo autor, total ou parcialmente. Antecipar significa adiantar no tempo, fazer antes do tempo previsto. Assim, na antecipação da tutela se concede ao autor o próprio pedido que ele somente receberia no final do processo.[95]

---

94. Nesse sentido, está o acórdão do STF, inserto na *RTJ* 114/552, prolatado no MS 20.476-DF, j. 18.12.1984, rel. Min. Néri da Silveira, cuja ementa reza: "Mandado de Segurança. Colégio Eleitoral (arts. 74 e 75, da Constituição Federal). Liberdade de voto. Pedido de desistência, após as informações. Tratando-se de mandado de segurança preventivo, defere-se, desde logo, o pedido de desistência, sem necessidade de prévia manifestação de concordância da autoridade impetrada. Extinção do processo, sem julgamento do mérito (CPC, art. 267, VIII)". No mesmo sentido, o acórdão da 2ª Turma do STF, prolatado no RE 86.958-SP, tendo sido relator, o Min. Décio Miranda, j. 25.8.1978, cuja ementa reza: "Processual. Desistência. A desistência de mandado de segurança, manifestada pelo impetrante que se considera atendido em ato superveniente da autoridade, deve ser acolhida pelo Juízo, sem compromisso com os motivos da desistência. Não tem objeto o pedido de segurança não mais desejada pelo impetrante. E, nesse caso, seja o requerente que afirme a perda do objeto do pedido, seja o Juiz que o reconheça, forçoso será pôr termo à demanda" (*RTJ* 88/290).

95. Concordamos com Nelson Nery Jr. e Rosa Maria A. Nery que a antecipação de tutela é "providência que tem natureza jurídica mandamental, que se efetiva mediante execução *lato sensu*, com o objetivo de entregar ao autor, total ou parcialmente, a própria pretensão deduzida em juízo ou os seus efeitos. É tutela satisfativa no plano dos fatos, já que realiza o direito, dando ao requerente o bem da vida por ele preten-

Entendemos que a antecipação de tutela é cabível, em tese, em qualquer tipo de ação, seja de conhecimento, seja ordinária, ou sumária, declaratória, condenatória, constitutiva ou mandamental.[96]

Veja-se que dissemos em tese porque nas ações declaratórias ou constitutivas nada pode ser adiantado quanto ao elemento nuclear da tutela. Assim, não é possível adiantar a certeza jurídica, mas são passíveis de adiantamento os efeitos práticos que decorram do preceito contido na eventual sentença de procedência. Da mesma forma, nas sentenças constitutivas nada poderá ser adiantado se incompatível com a provisoriedade da antecipação de tutela, ou seja, não é possível antecipar o que não é passível de reversão.[97]

Portanto, não se deve confundir antecipação da tutela com antecipação da própria sentença. O que se antecipa é o pedido e não a certificação do direito, a qual somente será concedida no final, de forma definitiva. O que se antecipa são os efeitos que a sentença poderá produzir no plano empírico, e não a certificação do direito.[98]

Portanto, no dizer de Teori Albino Zavascki, na antecipação da tutela se dá "a antecipação das eficácias potencialmente contidas na sentença".[99]

Em decorrência disso, a tutela antecipatória não se confunde com o julgamento antecipado da lide. Na primeira, como visto, há apenas a antecipação dos efeitos da sentença e não o julgamento definitivo do mérito da causa. Nesse caso, o juiz profere decisão interlocutória, que não causa a extinção do feito. Essa decisão é provisória e dependerá da sentença final para se tornar definitiva. Já no julgamento antecipado da lide, o juiz

---

dido com a ação de conhecimento", *CPC Comentado*, p. 548. Nesse sentido, também está o parecer de Luiz Rodrigues Wambier, Flávio R. Correia de Almeida e Eduardo Talamini, *Curso Avançado...*, cit., pp. 351 e 352.

96. Ver Nelson Nery Jr. e Rosa Nery, idem, ibidem.

97. Ver Athos Gusmão Carneiro, *Da Antecipação da Tutela no Processo Civil*, p. 45.

98. Teori Albino Zavascki afirma que "antecipar os efeitos da tutela significa satisfazer, no plano dos fatos, o pedido formulado na inicial. O que se antecipa não é propriamente a certificação do direito, nem a constituição e tampouco a condenação porventura postulada como tutela definitiva. Antecipam-se, isto sim, os efeitos executivos da futura sentença de procedência, assim entendidos os efeitos que a futura sentença tem aptidão para produzir no plano da realidade. Em outras palavras: antecipa-se a eficácia social da sentença, não a eficácia jurídico-formal" (*Antecipação de Tutela*, pp. 83-84).

99. Idem, p. 191.

julga o próprio mérito da causa, de forma definitiva, extinguindo o processo, por meio de sentença.[100]

A antecipação de tutela também não pode ser confundida com a tutela cautelar, porque a tutela antecipatória não se limita a assegurar o resultado útil e eficaz do processo, nem garantir a satisfação do direito, mas sim conceder o próprio pedido formulado.[101]

Teori Albino Zavascki explica, e vale a pena transcrever aqui, que "as situações de risco à efetividade da prestação da tutela definitiva são essencialmente três. Há situações em que a certificação do direito material é que está em risco, já que a prova de sua existência encontra-se ameaçada em face da demora de sua coleta pelos meios ordinários. Quando ocorrerem, será urgente medida para antecipar a produção da prova, que, todavia, não importa qualquer antecipação dos efeitos da futura sentença. Por outro lado, há situações em que o perigo ameaça, não a certificação, mas a futura execução forçada do direito certificado, com a dissipação das suas indispensáveis bases materiais. Nesses casos, urgente será a medida para garantir a execução, o que, igualmente, não significa antecipar os efeitos da tutela definitiva. Mas finalmente, há situações em que a certificação do direito pode não estar sob risco, como podem não estar sob risco de dissipação os bens destinados à execução do direito certificado: o perigo de dano ao direito decorre, unicamente, da demora na sua efetiva fruição. Presentes essas circunstâncias, será urgente medida para propiciar a própria satisfação do direito afirmado e tal medida, por certo, representará antecipação de um efeito típico da tutela definitiva, própria da futura sentença de procedência. Em suma: há casos em que apenas a certificação do direito está em perigo, sem que sua satisfação

100. Nesse sentido, Nelson Nery Jr. e Rosa Nery afirmam que nos casos do art. 273, do CPC, o juiz antecipa os efeitos da sentença de mérito, por meio de decisão interlocutória, provisória, prosseguindo-se no processo. No julgamento antecipado da lide há sentença de mérito, impugnável por apelação e sujeita à coisa julgada material; na tutela concedida antecipadamente há decisão interlocutória, impugnável por agravo e não está sujeita à coisa julgada material (*CPC Comentado*, p. 547).

101. Nessa linha de raciocínio, Nelson Nery Jr. e Rosa Nery asseveram que "a tutela antecipada dos efeitos da sentença de mérito não é tutela cautelar, porque não se limita a assegurar o resultado prático do processo, nem a assegurar a viabilidade da realização do direito afirmado pelo autor, mas tem por objetivo conceder, de forma antecipada, o próprio provimento jurisdicional pleiteado ou os seus efeitos. Ainda que fundada na urgência (CPC, 273, I), não tem natureza cautelar, pois sua finalidade precípua é adiantar os efeitos da tutela de mérito, de sorte a propiciar sua imediata execução, objetivo que não se confunde com o da medida cautelar (assegurar o resultado útil do processo de conhecimento ou de execução ou, ainda, a viabilidade do direito afirmado pelo autor)" (ob. cit., p. 546).

seja urgente ou que sua execução esteja sob risco; há casos em que o perigo ronda a execução do direito certificado, sem que a sua certificação esteja ameaçada ou que sua satisfação seja urgente. Em qualquer de tais hipóteses, garante-se o direito, sem satisfazê-lo. Mas há casos em que, embora nem a certificação nem a execução estejam em perigo, a satisfação do direito é, todavia, urgente, dado que a demora na fruição constitui, por si, elemento desencadeante de dano grave. Essa última é a situação de urgência legitimadora da medida antecipatória".[102]

Portanto, tem-se que nas medidas cautelares existe, no dizer de Ovídio Baptista da Silva, segurança-da-execução e na antecipação de tutela existe execução-para-segurança, sendo este último o caso típico do mandado de segurança.[103] Referido Autor, confirmando o caráter não cautelar e antecipatório dos efeitos da liminar concedida em mandado de segurança, assevera que o que caracteriza a natureza do provimento de procedência é o seu respectivo conteúdo. Diz referido Autor que "se ele antecipar efeitos da sentença de procedência, em demanda satisfativa – ante o fundado receio de dano irreparável – o provimento terá naturalmente caráter também satisfativo, logo não-cautelar. Se, ao contrário, ante o mesmo fundado receio de dano irreparável, protege-se o direito, sem satisfazê-lo, apenas assegurando sua futura satisfação (realização), então o provimento será cautelar".[104]

No entanto, a Lei de Mandado de Segurança já previa, antes mesmo da reforma processual ter trazido a antecipação de tutela como inovação, a previsão de obtenção de liminar, a qual já possuía a característica de concessão de tutela antecipada, como forma de afastar eventual risco à efetividade da futura sentença concessiva da segurança. De fato, o pedido liminar em mandado de segurança se constitui numa antecipação da própria providência que se pretende a final.

Por todo o exposto acima, podemos concluir que a liminar concedida em mandado de segurança possui nitidamente a natureza jurídica de antecipação de tutela e não natureza cautelar.[105]

102. *Antecipação de Tutela*, pp. 47-48.
103. *Curso de Processual Civil*, vol. 1, p. 392.
104. *Comentários ao Código de Processo Civil*, p. 111.
105. Em sentido contrário, entendendo que a liminar em mandado de segurança tem caráter predominantemente cautelar está a posição de Betina Rizzato Lara, *Liminares no Processo Civil*, pp. 126-128, que entende poderem estar presentes as características tanto de antecipatoriedade e da cautelaridade, ao mesmo tempo, com relação à decisão que concede a medida liminar, devendo-se analisar cada caso concreto para verificar qual característica é predominante, e Teresa Arruda Alvim Wambier, *Medida*

De fato, a liminar concedida no mandado de segurança tem o condão de antecipar os efeitos da sentença que será concedida no final, outorgando ao impetrante o próprio pedido que foi formulado.[106]

Assim, a medida cautelar tem apenas o fito de garantir a satisfação do direito discutido no processo dito principal, mas não pode antecipar a decisão sobre o direito material. Essa característica pertence somente às tutelas antecipadas. É por isso que com o advento do art. 273 do CPC não há mais necessidade da utilização das chamadas medidas cautelares satisfativas. Ora, se a medida satisfaz, não é cautelar. Esse é justamente o caso do mandado de segurança.

De fato, o art. 7º, II, da Lei 1.533, de 1951, previu que "ao despachar a inicial o juiz ordenará: (...) que se suspenda o ato que deu motivo ao pedido, quando for relevante o fundamento e do ato impugnado puder resultar a ineficácia da medida, caso seja deferida". Ora, os conceitos insertos nesse dispositivo, quais sejam relevante fundamento e ineficácia da medida, têm o mesmo significado de verossimilhança da alegação e fundado receio de risco de dano irreparável e de difícil reparação previstos no art. 273 do CPC.[107]

Portanto, podemos concluir que a liminar em mandado de segurança tem a natureza jurídica de antecipação de tutela. Antecipam-se, nesse

---

Cautelar..., cit., p. 36, que a acompanha. Essa também é a posição de Arruda Alvim, "Anotações sobre a medida liminar em mandado de segurança", *RePro* 39/16.

106. Teori Albino Zavascki, citando Humberto Teodoro Jr., esclarece que "as liminares antecipatórias, que já apresentam 'decisão satisfativa do direito, embora precária', previstas em certos procedimentos especiais (interditos possessórios, mandado de segurança), não têm natureza cautelar. Com as medidas cautelares, isto, de antecipar a entrega da prestação de direito, jamais ocorrerá, pois são neutras diante do resultado do processo principal" (*Antecipação de Tutela*, p. 191).

107. Nesse sentido, Teori Albino Zavascki, afirma que: "Desde logo se pode perceber que, nesse dispositivo, há dois pontos de semelhança com os pressupostos introduzidos pelo art. 273 do Código de Processo Civil, para antecipação da tutela no procedimento ordinário. Com efeito, quando se diz, no art. 273, que antecipação da tutela supõe 'verossimilhança da alegação', não se está exigindo outra coisa senão que seja 'relevante o fundamento' do pedido. E quando se diz que o juízo da verossimilhança deve estar amparado em 'prova inequívoca', igualmente não se está fazendo exigência diversa da que decorre da lei do mandado de segurança, onde a matéria de fato há de resultar evidenciada por prova pré-constituída, acompanhando a inicial. Vale dizer, no momento de decidir sobre a liminar ('ao despachar a inicial'), supõe-se presente, também no mandado de segurança, prova inequívoca dos fatos alegados. Por outro lado, o 'fundado receio de risco de dano irreparável ou de difícil reparação', referido no inc. I do art. 273, traduz a representação da mesma realidade figurada pelo legislador ao referir a possível 'ineficácia da medida', resultante do ato impugnado pela ação de segurança" (ob. cit., pp. 191-192).

caso, os efeitos da tutela, ou seja, da sentença. Esses efeitos variam conforme a natureza do pedido. Os efeitos, como esclarece Teori Zavascki, "são os potencialmente decorrentes do conteúdo da sentença de mérito, que varia segundo a natureza do pedido e, conseqüentemente, da sentença que o acolher".[108]

Sabe-se que as sentenças podem conter diversas cargas ou eficácias, algumas das quais são preponderantes. Em função da necessidade da existência do interesse processual é certo que não se poderá admitir tutela antecipada que não seja adequada ao fim a que se destina. Assim, nos casos em que o autor somente possa ser satisfeito quando a tutela for concedida em definitivo, de nada adiantaria concedê-la antecipadamente. Esse é o caso da tutela chamada meramente declaratória ou da meramente constitutiva.

Conforme Teori Zavascki, a "antecipação de efeitos da tutela somente contribuirá para a efetividade do processo quando, pela natureza, se tratar de efeitos: a) que provoquem mudanças ou b) que impeçam mudanças no plano da realidade fática, ou seja, quando a tutela comportar, de alguma forma, execução. Execução em sentido o mais amplo possível: pela via executiva *lato sensu*, pela via mandamental ou pela ação de execução propriamente dita".[109]

A liminar no mandado de segurança, portanto, tem a eficácia da sentença a ser proferida a final, podendo ser executada pela via executiva *lato sensu* e pela via mandamental.

Teresa Arruda Alvim Wambier afirma que a antecipação de tutela somente será possível quando se tratar de atos omissivos e não quando for caso de atos comissivos.[110] Ousamos discordar. Não há qualquer motivo para fazer essa diferenciação. Tanto na hipótese de omissão da autoridade, como naquela em que foi praticado um ato tido por lesivo, é possível ser antecipado o pedido formulado na inicial, para determinar a prática ou a não prática de determinado ato, já que, em ambos os casos, a tutela pode comportar execução *in natura* do direito pleiteado, antecipando o resultado final da demanda.

Entretanto, com relação à natureza jurídica da liminar concedida em mandado de segurança, é preciso fazer uma ressalva quanto ao mandado de segurança contra ato judicial. De fato, a natureza da liminar que concede mandado de segurança contra ato judicial, nas poucas hipóteses

---

108. Idem, p. 196.
109. Idem, p. 83.
110. *Medida Cautelar...*, cit., p. 38.

em que o mesmo ainda pode ser admitido, as quais serão vistas adiante, é inegavelmente cautelar. Isso porque a finalidade mesma da impetração é assegurar o resultado útil do processo em que a decisão impugnada via mandado de segurança foi proferida.[111]

Com relação à cumulação de pedidos, entendo perfeitamente possível que se faça mais de um pedido, no mesmo processo de mandado de segurança, como permite o art. 292 do CPC.

Entretanto, para que a cumulação seja possível, devem ser atendidos os requisitos do art. 292, § 1º, do CPC, entre eles, a compatibilidade de pedidos (inc. I).

Quanto à sucumbência no mandado de segurança, as Súmulas 512 do STF e 105 do STJ determinam que "não cabe condenação em honorários no mandado de segurança".

Entretanto, partindo-se do pressuposto de que o mandado de segurança se caracteriza como verdadeira ação, é cabível a condenação em honorários de advogado no mandado de segurança, como em qualquer outra ação. A não condenação em honorários fere o princípio da igualdade, porque o impetrante vencedor não pode ficar prejudicado somente porque escolheu a via do mandado de segurança e não a ordinária, para veicular seu direito. Contudo é correto o entendimento de Nelson Nery Jr., segundo o qual a condenação em honorários no mandado de segurança deve ser feita da mesma maneira que ocorre com a ação popular (art. 5º, LXXIII, da CF), ou seja, havendo condenação do impetrante, apenas nos casos de comprovada má-fé, a fim de que não se iniba o uso do mandado de segurança.[112]

Com relação às custas processuais, há acórdãos entendendo perfeitamente possível a condenação da autoridade impetrada, no caso de concessão de segurança e principalmente quando ocorre reconhecimento da procedência do pedido.[113] Da mesma forma é possível a condenação do impetrante, quando decai do mandado de segurança.[114]

---

111. Nesse sentido o STF já entendeu que "o mandado de segurança contra decisão judicial representa um expediente interino para assegurar o estado de coisas até que o recurso cabível pudesse ser examinado" (*RTJ* 118/743). Esse também é o entendimento de Teori Albino Zavascki, *Antecipação da tutela*, p. 124.

112. *Princípios do Processo Civil na Constituição Federal*, p. 56.

113. Nesse sentido, acórdão inserto na *RT* 673/71 e no *CPC...*, cit., de Theotonio Negrão, p. 1.595: TFR, 6ª Turma, REO 98.961-AM, rel. Min. Américo Luz, *DJU* 25.8.1983, p. 12.636.

114. Nesse sentido, acórdão inserto na *RJTJESP* 137/369.

MANDADO DE SEGURANÇA: CONCEITO E NATUREZA JURÍDICA   57

Quanto ao prazo de 120 dias para a impetração do mandado de segurança, estabelecido pelo art. 18 da Lei 1.533/1951, há discussão doutrinária e jurisprudencial sobre ser o mesmo constitucional ou não.

Há doutrinadores que entendem que o prazo é inconstitucional, porque, sendo o mandado de segurança garantia constitucional, deve ter seus requisitos e limites estabelecidos apenas no texto constitucional. A lei ordinária pode prever normas de procedimento do mandado de segurança, tais como o prazo para prestar informações, a intervenção obrigatória do MP, a previsão da possibilidade de concessão de liminar, o prazo para ser proferida sentença, mas jamais restringir o direito de acesso à Justiça por meio desse instituto.[115]

Entretanto, a jurisprudência majoritária é no sentido de entender constitucional tal dispositivo legal, como decidido pelo STF,[116] por julgar que o prazo de 120 dias opera, em face de sua eficácia preclusiva, a extinção do direito de impetrar o *writ* constitucional. Não gera, contudo, a extinção do próprio direito subjetivo eventualmente amparável pelo remédio do mandado de segurança ou por qualquer outro meio ordinário de tutela jurisdicional. Esse é o entendimento correto, em nossa opinião, porquanto não há como se pretender possa o impetrante, sob a pecha de que o mandado de segurança é garantia constitucional, ter prazo indefinido para interposição do *writ*. Ora, se o impetrante necessita fazer uso do mandado de segurança para proteger seu direito líquido e certo, é evidente que deverá fazê-lo rapidamente, e não ficar esperando vinte anos, ou mais, para resolver fazer uso do instituto, sob pena de deixar entrever que inexiste interesse processual. O estabelecimento do prazo não significa supressão, nem restrição da garantia constitucional, mas apenas tem ligação direta com a existência de interesse processual da ação de mandado de segurança, como único meio de fazer valer seu direito líquido e certo que está sendo violado.[117]

A maioria de nossos doutrinadores, bem como a jurisprudência, tem entendido que a natureza jurídica do prazo do art. 18 da Lei 1.533/1951 é

---

115. Nesse sentido, por exemplo, é a opinião de Nelson Nery Jr. e Rosa Nery, que afirmam que "A LMS 18 é inconstitucional. O MS sendo ação constitucional tem seus requisitos e limites estabelecidos apenas no texto constitucional (CF, 5º, LXIX e LXX). Ao legislador ordinário é reservado somente o poder regulamentar, fixando contornos procedimentais para seu exercício. Não pode criar requisitos e limites não previstos na CF. A norma sob comentário, porque restringe o exercício de direito fundamental previsto na CF, é inconstitucional. O impetrante pode impetrar MS mesmo depois de passado prazo mencionado na LMS 18" (*CPC Comentado*, p. 82).

116. Idem, ibidem.

117. Maria Helena Diniz, *Norma Constitucional...*, cit., p. 132.

de decadência.[118] Entendem assim porque consideram que o interessado, após o decurso do prazo, deixa de ter direito à impetração do mandado de segurança. E com isso perdem o direito a essa garantia constitucional. Ocorre que o prazo seria extintivo do direito de interposição do mandado de segurança apenas. O interessado continua a possuir o direito material, que permanece incólume. O interessado poderá discutir a violação do direito por meio de ação ordinária, por exemplo. Por isso, pode se classificar esse prazo como de decadência, mas, "de certa forma original", como diz Sérgio Ferraz.[119] Isso porque, como alguns doutrinadores entendem, "esse prazo tem em vista a forma processual e não a relação jurídica substancial".[120]

Por fim, com relação ao sistema recursal, em decorrência da posição firmada nesse trabalho, no sentido de serem aplicadas, na ação de mandado de segurança, de forma subsidiária, as normas do Código de Processo Civil, referentes à teoria geral do processo, entendemos que os recursos previstos no Código de Processo Civil são perfeitamente compatíveis com o mandado de segurança. De fato, as normas do Código de Processo Civil somente não devem ser adotadas no regime do mandado de segurança quando houver disposição expressa, na lei especial, qual seja a Lei 1.533/1951, proibindo a utilização de determinado recurso. Por exemplo, se a inicial for indeferida liminarmente, é perfeitamente compatível com o rito, que eventual apelação permita o juízo de retratação, previsto no art. 296 do CPC.

A apelação é totalmente adequada ao mandado de segurança. O único problema que surge é quanto à aplicação do art. 558 do CPC, já que a apelação contra sentença proferida nessa ação é desprovida de efeito suspensivo, conforme determina o art. 12 da Lei 1.533/1951, com exceção das hipóteses de mandado de segurança visando à reclassificação ou equiparação de servidores públicos ou a concessão de aumento ou extensão de vantagens. Nesse caso, há efeito suspensivo, conforme o art. 5º, parágrafo único da Lei 4.348/1964.

Pois bem, o art. 558 determina que: "O relator poderá, a requerimento do agravante, nos casos de prisão civil, adjudicação, remição de bens, levantamento de dinheiro sem caução idônea e em outros casos dos quais possa resultar lesão grave e de difícil reparação, sendo relevante a

---

118. Nelson Nery Jr. e Rosa Nery, *CPC Comentado*, p. 1.816, e Buzaid, *Do Mandado de Segurança*, p. 152.
119. *Mandado de Segurança*, p. 220.
120. Celso Agrícola Barbi, *Do Mandado de Segurança*, p. 173.

fundamentação, suspender o cumprimento da decisão até o pronunciamento definitivo da turma ou câmara". Essa disposição aplica-se também à apelação, nas hipóteses do art. 520 do CPC, conforme determina o parágrafo único do mesmo artigo. Assim, tendo em vista que as disposições do Código de Processo Civil podem ser aplicadas no mandado de segurança, sempre que não forem com ele incompatíveis, entendemos que a determinação do art. 558 pode perfeitamente ser aplicada ao mandado de segurança.

Ora, o art. 558 do CPC deve ser interpretado de forma ampliativa, de modo a poder ser utilizado não só nas hipóteses do art. 520 do CPC, mas também em outros casos em que o sistema preveja apenas o efeito devolutivo para o recurso, como ocorre no caso do mandado de segurança.[121]

Entretanto, é preciso ressalvar que não se pode confundir a suspensão dos efeitos da sentença concessiva de segurança, determinada de acordo com o pedido feito pelo Poder Público, com base no art. 4º da Lei 4.348/1964, nas hipóteses de perigo de lesão à ordem, saúde, segurança e economia públicas, com o efeito suspensivo que pode ser concedido na apelação do mandado de segurança, com base no art. 558 do CPC. O pedido de suspensão não é recurso, mas pedido formulado pelo Poder Público visando tão-somente a suspensão provisória dos efeitos da liminar. O órgão destinatário não pode examinar o mérito do mandado de segurança, nem pode revogar ou modificar a liminar.

De fato, o art. 4º da Lei 4.348/1964 prevê a possibilidade de, a pedido da pessoa jurídica de direito público, ser determinada a suspensão da eficácia da decisão concessiva da segurança, seja medida liminar ou sentença. Essa suspensão se dá por ato do Presidente do Tribunal. Tal ato, que determina a suspensão, pode ser impugnado por agravo, sem efeito suspensivo, a ser interposto no prazo de 10 dias, contados da publicação do ato. O tribunal competente para julgar o agravo é aquele ao qual pertence o Presidente que concedeu a suspensão. Quando a decisão for do Presiden-

---

121. Nelson Nery Jr. e Rosa Nery salientam que "o juiz pode conceder efeito suspensivo à apelação, com fundamento na norma ora analisada (art. 558), não apenas nos casos do CPC 520, mas em todos os casos em que o sistema processual civil preveja para esse recurso o efeito apenas devolutivo como, por exemplo, quando interposta contra sentença de interdição (CPC 1.184) ou quando interposta nas ações fundadas na Lei 8.245/91 (LI 58 V). A regra geral do sistema recursal civil brasileiro é o recebimento da apelação em ambos os efeitos. Assim, o CPC 520 e 1.184, bem como a LI 58 V são normas de exceção e se interpretam restritivamente. Como a norma comentada abriu oportunidade ao juiz para voltar a aplicar a regra geral, deve ser interpretada ampliativamente" (*CPC Comentado*, p. 803).

te do Superior Tribunal de Justiça, o prazo será de cinco dias, conforme a Lei 8.038/1990. A natureza jurídica desse agravo é regimental.[122]

Portanto, a suspensão dos efeitos da sentença concessiva da segurança, feita pelo Poder Público, somente é possível nos casos da Lei 4.348/1964, pois o efeito suspensivo é incompatível com o caráter urgente do mandado de segurança.[123] Entretanto, não há incompatibilidade dessa norma com o art. 558 do CPC. Na verdade, as normas são complementares, ou seja, tanto nas hipóteses do art. 558 como desta lei será permitido ao tribunal verificar a possibilidade de suspensão dos efeitos do recurso contra decisão que conceda a segurança.

Quanto ao recurso ordinário, o art. 540 do CPC determina que se devam aplicar as regras sobre a apelação quanto à admissibilidade e procedimento no juízo de origem. Entretanto, essa determinação não inclui os efeitos. Assim, o recurso ordinário não deverá ser recebido em ambos os efeitos mesmo nas hipóteses em que se obtém efeito suspensivo à apelação, com base no art. 558 do CPC. Ao depois, o recurso ordinário, por ser interposto contra decisão denegatória do mandado de segurança, não necessita do efeito suspensivo, por se tratar de decisão declaratória negativa, insuscetível de ter seus efeitos negativos suspensos. Ademais, denegado o mandado de segurança, a liminar não subsiste, por isso não se poderia dar efeito suspensivo ao recurso ordinário para mantê-la (Súmula 405 do STF).[124]

Quanto aos embargos de declaração, entendemos perfeitamente cabível a utilização desse recurso no caso de omissão nas decisões proferidas no mandado de segurança.[125]

Por outro lado, o cabimento dos embargos infringentes no mandado de segurança é uma das questões mais polêmicas no tocante ao cabimento

---

122. Conforme Medida Provisória 2.102-27/2001.14 foi acrescentado um parágrafo primeiro ao art. 4º da Lei 4.348/1964, que determina que se o pedido de suspensão for indeferido ou provido o agravo caberá novo pedido de suspensão ao Presidente do Tribunal competente para conhecer eventual RE ou REsp.

123. Nesse sentido entendem Nelson Nery Jr. e Rosa Nery. Citam, como exemplo, uma jurisprudência do 1º TACivSP, Ag 502.242, rel. Juiz Vasconcellos Pereira, j. 18.8.1992 (ob. cit., p. 1.813).

124. Ver o entendimento de Nelson Nery Jr., *Princípios Fundamentais – Teoria Geral dos Recursos*, p. 381. Barbosa Moreira diverge dessa posição, pois entende que o recurso ordinário deve ser recebido nos dois efeitos "Do mandado de segurança e do efeito suspensivo do recurso ordinário", *RT* 661/51.

125. Nesse sentido está o julgado do STJ, no REsp 4.059-RS, rel. Min. Vicente Cernicchiaro, *RSTJ* 79/329-332.

dos recursos nesse instituto. A Súmula 597 do Supremo Tribunal Federal determina que "não cabem embargos infringentes de acórdão que, em mandado de segurança, decidiu, por maioria de votos, a apelação". Essa Súmula ratificou a súmula 294 que determinava "serem inadmissíveis os embargos infringentes contra decisão do STF em mandado de segurança". Realmente esse entendimento tem sido mantido pela jurisprudência de nossos tribunais, inclusive pelo STJ, que também editou a Súmula 169 com esse teor.

Ocorre que, com o advento da Lei 1.533, de 1951, ficaram revogados, pelo art. 20, os dispositivos do Código de Processo Civil de 1939 que tratavam do mandado de segurança. Muitos doutrinadores, como Buzaid, Frederico Marques e Seabra Fagundes, são contra a sobrevivência desses dispositivos, entre os quais o que regula o cabimento de embargos infringentes. Nesse sentido, também passou a ser o entendimento jurisprudencial, como visto acima.

Os fundamentos utilizados para embasar tal entendimento são os seguintes:

a) A Lei 6.014, de 1973, não pretende criar recurso até então não existente no instituto do mandado de segurança.

Esse argumento não procede porque nada indica que a Lei 6.014, ao prever a apelação como recurso cabível contra sentença proferida no mandado de segurança, tenha excluído qualquer outra conseqüência da inovação. Ademais não há qualquer incompatibilidade entre o instituto do mandado de segurança e os embargos infringentes.[126]

b) O mandado de segurança é regido por lei especial, não podendo ser aplicado, subsidiariamente, o Código de Processo Civil.

Como se salientou acima, esse fundamento está equivocado porquanto o Código contém regras que devem ser aplicadas em todos os procedimentos, e somente por exceção decorrente da lei ou de pecu-

---

126. Celso Agrícola Barbi, sobre o assunto, afirma que: "Quanto à finalidade da Lei 6.014, nada indica que ela, ao considerar a apelação como recurso cabível da sentença que decidir mandado de segurança, pretenda excluir outras conseqüências da inovação. Os embargos infringentes não são recurso com características incompatíveis com o procedimento do mandado de segurança; tanto assim que eles já foram admitidos antes da Lei 1.533, por disposição expressa do Código de Processo Civil de 1939. Sua supressão pela Lei 1.533 justificava-se como meio de abreviar o processo, em favor do impetrante, porque este, em caso de derrota no agravo de petição, tinha à mão o recurso ordinário constitucional, para o Supremo Tribunal Federal, que o julgava quanto às questões de fato e de direito" (*Do Mandado de Segurança*, p. 254).

liaridades daqueles procedimentos é que eles não se aplicam a essas ações. Além disso, em outros casos, os tribunais admitem a utilização subsidiária do Código de Processo Civil, quando a Lei de Mandado de Segurança é lacunosa, não havendo motivo para não fazer o mesmo com os recursos.[127]

c) O recurso de embargos infringentes tem efeito suspensivo, o que não se coaduna com a índole do mandado de segurança.

Esse fundamento não colhe, uma vez que os embargos infringentes terão os mesmos efeitos da apelação que a eles deu origem.[128]

Realmente, os embargos infringentes no mandado de segurança devem ser recebidos apenas no efeito devolutivo. Isso porque a apelação contra sentença concessiva da segurança não possui esse efeito, pelo que eventuais embargos infringentes não o terão. Se for caso de sentença denegatória, que o tribunal tenha reformado para conceder a segurança, o recurso por igual não terá efeito suspensivo, pois que tal não se coaduna com o mandado de segurança, em relação ao qual o recurso tem que se adaptar.

Nesse sentido, o Desembargador do Tribunal de Justiça de São Paulo, Cezar Peluso, em acórdão muito bem fundamentado, citado por Eduardo Alvim e publicado na *RJTJESP* 136/377, salienta que "a interponibilidade dos embargos tampouco abole a eficácia imediata da sentença concessiva, porque, se, por hipótese a sentença de primeiro grau seja favorável, é executável desde logo, conquanto provisoriamente, na forma do art. 12, parágrafo único, da mesma Lei Federal 1.533, de 1951. E, qualquer que seja o teor do julgamento da apelação, a interposição dos embargos não suspende aquele efeito, como o não suspende se, tendo conteúdo denegatório a sentença de primeiro grau, venha a ser concessivo o teor de acórdão não unânime na apelação".[129]

---

127. Nesse sentido, Eduardo Alvim assevera: "Aliás, a doutrina – e a jurisprudência – não raro aplicam o CPC subsidiariamente às normas relativas ao mandado de segurança, sem qualquer relutância. E, definitivamente, não existe motivo para qualquer hesitação, pois tal aplicação subsidiária é correta e jurídica, sempre que não houver incompatibilidade entre o CPC e a disciplina processual própria do mandado de segurança, o que não parece ser o caso dos embargos infringentes, tanto que o art. 833 do CPC/39 admitia expressamente os embargos infringentes em mandado de segurança" (*Mandado de Segurança...*, cit., p. 326).

128. Nesse sentido, está a opinião de Nelson Nery Jr. e Rosa Nery, *CPC Comentado*, p. 661.

129. *Mandado de segurança...*, cit., p. 328.

Portanto, os embargos infringentes são plenamente admissíveis no mandado de segurança, inexistindo qualquer óbice processual à sua utilização.[130]

Outro problema que surge é quanto ao cabimento do recurso de agravo contra a decisão que concede ou indefere a liminar no mandado de segurança. Nesse caso, por se tratar de ato vinculado do juiz e de decisão interlocutória, cabe o recurso de agravo, ao qual pode ser atribuído o efeito suspensivo, conforme art. 558 do CPC.

Entretanto, existe grande discussão doutrinária e jurisprudencial a respeito do cabimento de dito recurso. De fato, a jurisprudência e a doutrina se inclinavam no sentido do não cabimento do recurso de agravo no mandado de segurança porquanto não há previsão para tal na Lei 1.533/1951.[131] Contudo, esse entendimento não colhe pelos mesmos motivos expostos acima, quanto ao cabimento dos embargos infringentes. De fato, com relação ao argumento de que a Lei 6.014, de 1973, não pretende criar recurso até então não existente no instituto do mandado de segurança, vimos que não colhe porquanto nada indica que a referida lei, ao prever a possibilidade de interposição do recurso de apelação, tenha excluído o direito de interpor outros recursos que sejam compatíveis com o mandado de segurança, como é o caso do recurso de agravo. O fundamento de que o mandado de segurança é regido por lei especial, não podendo ser aplicado, subsidiariamente, o Código de Processo Civil,

---

130. Nesse diapasão, argumenta Nelson Nery Jr., em valiosa lição, que merece ser aqui transcrita: "É interessante notar que a LMS, por exemplo, é lacunosa quanto ao regime da apelação, bem como quanto ao regime da sentença nas ações da segurança. Pois bem. Na ausência de norma que regule a sentença na LMS, é aplicável o regime da sentença previsto no CPC (arts. 458 e ss.). Ninguém contesta essa afirmação. Com a apelação o raciocínio é o mesmo: na lacuna da LMS sobre particularidades da apelação, pois somente menciona ser 'apelável' a sentença que julga o mandado de segurança, é aplicável o sistema da apelação do CPC, dentro do qual se inserem os embargos infringentes. A lei especial não traça um regime especial para a apelação. Aliás, devem ser aplicadas por extensão, como forma de preenchimento da lacuna existente na LMS. No entanto, o STF e o STJ não decidem dessa forma. Dois pesos e duas medidas: para a sentença no MS aplica-se subsidiariamente o CPC; para a apelação e os embargos infringentes no MS não se aplica subsidiariamente o CPC. Esses entendimentos sumulados (STF 597; STJ 169), portanto, são incoerentes e se nos afiguram incorretos, data máxima vênia. Cabem, sim, embargos infringentes do acórdão não unânime proferido em apelação, no processo de mandado de segurança" (*Princípios Fundamentais...*, cit., p. 59).

131. Como, por exemplo, verifica-se no julgado proferido no ROMS 5.247-94, j. 30.8.1995, *DJU* 2.10.1995, p. 32.328, rel. Min. Demócrito Reinaldo, inserto no *Boletim AASP* 1.960/225.

está porém equivocado, como vimos acima. Portanto, o agravo, de forma alguma, é incompatível com o processo do mandado de segurança, principalmente com a nova sistemática implantada com a reforma processual de 1995.[132]

Em suma, nosso entendimento é o de que há possibilidade de interposição do recurso de agravo contra a decisão que concede ou denega liminar em mandado de segurança, eis que se trata de decisão interlocutória, portanto recorrível, sujeita a controle pelo Tribunal, já que não tem natureza discricionária. Além disso, a possibilidade de suspensão da liminar não retira o direito ao recurso, já que os pressupostos são distintos.[133]

Ainda com relação ao agravo, inexiste qualquer incompatibilidade em relação à utilização desse recurso contra outras decisões interlocutórias proferidas no mandado de segurança, como, por exemplo, a decisão que declara caduca a liminar. A modalidade de agravo que será utilizada dependerá da hipótese fática. No caso, por exemplo, da decisão que declara caduca a liminar, o agravo deve ser de instrumento, porquanto se a parte precisa da liminar e a mesma foi considerada caduca, não pode esperar a apelação para obter decisão a respeito. Terá que interpor agravo de instrumento, visando a obter efeito ativo e manter a liminar. Assim, a modalidade de agravo que será utilizada dependerá da hipótese concreta e da necessidade da parte interessada.[134]

---

132. Nesse mesmo sentido Teori Zavascki afirma que "(...) o agravo de instrumento é, entre todos, o recurso que propicia o mais pronto reexame do tema controvertido, equiparando-se, com a conseqüência de torná-lo dispensável, ao meio substitutivo anteriormente utilizado, ou seja, o segundo mandado de segurança". Esse também é o entendimento esposado no acórdão do TRF da 2ª Região, no julgamento do MS 96.04.36426-0-PR, em que referido autor foi relator (*Antecipação de Tutela*, p. 214).

133. Eduardo Alvim, sobre o assunto, afirma que, "em síntese, o posicionamento adotado a respeito da recorribilidade da decisão que concede ou denega liminar em mandado de segurança funda-se nos seguintes e principais argumentos: (1) trata-se de decisão interlocutória, e, pois, recorrível; (2) não tem, tal decisão, natureza discricionária, mas vinculada, de tal sorte que ao tribunal caberá avaliar se o juízo monocrático agiu ou não conforme a lei ao concedê-la ou denegá-la e (3) possibilidade de suspensão da execução da sentença e da liminar não altera essas conclusões porque os pressupostos de uma e de outra são profundamente distintos" (*Mandado de Segurança...*, cit., p. 335).

134. Nessa linha de raciocínio, está a opinião de Eduardo Arruda Alvim: "Igualmente, não há falar-se em que a lei teria enumerado os recursos cabíveis, o que afastaria a pertinência daqueles que por ela não foram encampados. A Lei 1.533/51, com o escopo de dirimir quaisquer possíveis dúvidas, estabeleceu, em sua redação original, o cabimento do agravo de petição como recurso de sentença que concedesse

Contra as decisões de relator e presidente de tribunal, a princípio cabe o agravo regimental, conforme previsão constante dos regimentos internos dos tribunais.

Entretanto, no que se refere à decisão do relator que, em mandado de segurança, defere, ou não, liminar, as decisões dos tribunais têm sido no sentido de não caber recurso.

O Tribunal Regional Federal da 2ª Região, no art. 242, § 2º, de seu Regimento Interno, afasta expressamente o cabimento do agravo regimental. O Tribunal de Justiça de São Paulo trazia no art. 858, § 3º, III, "a", de seu Regimento Interno, a previsão de agravo regimental, nesse caso, mas tal disposição foi suprimida pelo Assento Regimental 318/94.

A Lei 8.038/1990 prevê, em seu art. 39, que poderá haver recurso da decisão do Presidente ou relator que causar gravame à parte, no prazo de 5 dias. Assim, tanto no STF como no STJ o agravo regimental tem respaldo em lei.

Entretanto, o STF e o STJ têm negado a possibilidade de utilização do agravo regimental contra liminar concedida pelo presidente do tribunal local, pois entendem que isso usurparia a competência do Presidente do STF e do STJ, que seriam os tribunais competentes, como determinam o art. 4º da Lei 4.348/1964 e art. 25 da Lei 8.038/1990.

Ocorre que o entendimento desses tribunais não está correto, pois, como salienta o Ministro Eduardo Ribeiro, a "usurpação de competência só haveria se o colegiado suspendesse a execução do ato do relator para evitar lesão à ordem, à saúde, à segurança e à economia públicas. A revisão poderá dar-se por motivos inteiramente diversos, entendendo-se não ser relevante o fundamento do pedido ou inexistir risco de ineficácia da medida, se a final concedida".[135]

Na verdade, como entende Eduardo Alvim, "uma coisa é o recurso contra a concessão ou denegação de liminar; outra, o pedido de suspensão contra a concessão de liminar".[136] Assim, não há que se falar em

---

ou negasse a ordem, por ser este recurso de processamento mais rápido, conquanto cabível, com regra, no sistema anterior, apenas contra sentenças terminativas" (idem, p. 333). Entretanto, há decisão do TRF da 3ª Região entendendo que "não cabe agravo de instrumento de decisão proferida em mandado de segurança, por não ter sido esse tipo de recurso admitido pela respectiva legislação de regência. Entendimento majoritário desta Seção" (MS 49.696-SP (91.0328267-8), rel. Juiz Oliveira Lima).

135. "Recursos em mandado de segurança – Algumas questões controvertidas", in Min. Sálvio de Figueiredo Teixeira (Coord.), *Mandado de Segurança e de Injunção*, p. 288.

136. *Mandado de Segurança...*, cit., p. 188.

usurpação de competência porque esta se refere somente ao pedido de suspensão e não ao deferimento, ou não, de liminar.

Por outro lado, também não há que se falar em inconstitucionalidade do agravo regimental, porquanto, como afirma Marcelo Abelha Rodrigues, o agravo regimental é o recurso de agravo, com seu processamento previsto no regimento interno do tribunal.[137] Apenas isso. Desse modo, o procedimento é que é regimental, mas o agravo em si tem origem em lei.

De outra parte, não pode haver qualquer dúvida quanto à incidência do art. 475 do CPC, na ação de mandado de segurança, porquanto o art. 12, parágrafo único, da Lei 1.533/1951 determina que: "A sentença, que conceder o mandado, fica sujeita ao duplo grau de jurisdição, podendo, entretanto, ser executada provisoriamente".

Entretanto, o art. 475 do CPC difere um pouco do art. 12, parágrafo único, da Lei 1.533/1951, porque a remessa necessária tem efeito suspensivo e devolutivo pleno, o que não sucede no caso da Lei 1.533/1951, já que a sentença concessiva da segurança pode ser provisoriamente executada.[138]

O reexame necessário, por força de lei, se aplica, inclusive nos casos de a autoridade coatora ser vinculada à pessoa jurídica de direito privado, no exercício de atividades delegadas pelo Poder Público. Isso porque o parágrafo único do art. 12 da Lei 1.533/1951 não faz qualquer diferenciação nesse sentido.

Embora o Código de Processo Civil seja silente nesse aspecto, a doutrina e a jurisprudência têm entendido que, nos casos de acórdãos concessivos de segurança emergentes de Tribunais, o reexame necessário, previsto no art. 475 do CPC, somente será exigível quando não houver recurso voluntário da pessoa de direito público ou se esse recurso não for admitido; também haverá necessidade, se a segurança for concedida em parte, e o Poder Público não recorrer. De outra parte, se a pessoa jurídica de direito público vencida apelar, tendo sido recebido o seu recurso não há que se falar em remessa *ex officio*.[139]

Entretanto, o STF e o STJ têm entendido que não há que se falar em remessa necessária nos casos de mandado de segurança de competência

---

137. "Mandado de segurança – liminar – recorribilidade", *RePro* 78/251.

138. Nesse sentido Eduardo Arruda Alvim, *Mandado de Segurança...*, cit., p. 314.

139. Nesse sentido está o entendimento de Celso Agrícola Barbi, *Do Mandado de Segurança*, p. 234.

MANDADO DE SEGURANÇA: CONCEITO E NATUREZA JURÍDICA

originária dos Tribunais, sob o argumento de que a mesma refoge à competência estatuída pelos arts. 102 e 105 da Constituição Federal.

Independentemente da discussão que gira em torno da correição parcial, sobre ser ela constitucional ou não, é ela plenamente adaptável à ação de mandado de segurança, não havendo nada na lei que impeça o seu uso nesse instituto, principalmente porque o recurso de agravo também é cabível nessa ação.

Tendo em vista nossa posição, como se verá a seguir, de que a autoridade coatora não é parte na ação de mandado de segurança, mas sim o Poder Público, entendemos que este detém a legitimidade para recorrer.[140]

Conforme a Súmula 392 do STF, conta-se da publicação oficial de suas conclusões o prazo para recorrer do acórdão concessivo de segurança e não da anterior intimação da autoridade coatora. Os benefícios de prazo, concedidos pelos arts. 188 e 191 do CPC, são aplicados, também, ao mandado de segurança. Assim, a pessoa jurídica de direito público tem o direito ao prazo em dobro para recorrer.[141]

Entendemos serem essas as considerações mais importantes a serem feitas sobre o estudo do mandado de segurança como ação.

De posse das noções gerais acima expostas, partindo-se da ótica de que o mandado de segurança é garantia constitucional, mas é também (e principalmente) uma verdadeira ação, podemos passar a examinar os requisitos de admissibilidade do instituto estudado, dando maior ênfase ao objeto específico desta monografia, qual seja, a análise dos pressupostos processuais e das condições da ação no mandado de segurança.

---

140. Nesse sentido a opinião de Eduardo Alvim, *Mandado de Segurança...*, cit., p. 316.

141. No STF prevaleceu o entendimento de aplicabilidade do prazo em dobro, conforme se vê do julgado inserto na *RTJ* 110/258.

Capítulo II
A AÇÃO DE MANDADO DE SEGURANÇA E SUA ADMISSIBILIDADE: PRESSUPOSTOS PROCESSUAIS E CONDIÇÕES DA AÇÃO

1. A admissibilidade da ação e do processo. 2. Pressupostos processuais. 3. Condições da ação: 3.1 Legitimidade "ad causam"; 3.2 Legitimidade "ad causam" no mandado de segurança: 3.2.1 Legitimidade ativa; 3.2.2 Legitimidade ativa no mandado de segurança coletivo; 3.2.3 Legitimidade passiva; 3.2.4 Legitimidade passiva no mandado de segurança contra ato judicial; 3.2.5 Legitimidade passiva no mandado de segurança coletivo; 3.3 Interesse processual; 3.4 Interesse processual no mandado de segurança: 3.4.1 Omissão/ameaça; 3.4.2 Ato de que caiba recurso administrativo com efeito suspensivo; 3.4.3 Atos judiciais; 3.4.4 Mandado de segurança contra lei em tese; 3.4.5 Mandado de segurança enquanto pende pedido de antecipação de tutela; 3.5 Possibilidade jurídica do pedido; 3.6 Impossibilidade jurídica do pedido no mandado de segurança: 3.6.1 Atos praticados por pessoas físicas ou jurídicas que não se enquadrem na definição de autoridade pública; 3.6.2 Atos passíveis de serem atacados por "habeas corpus" ou "habeas data"; 3.6.3 Objeto proibido pelo art. 5º da Lei 1.533/1951: 3.6.3.1 Ato de que caiba recurso administrativo com efeito suspensivo e sem exigência de caução; 3.6.3.2 Despacho ou decisão judicial pendente de recurso ou correição; 3.6.3.3 Ato disciplinar/ato discricionário; 3.6.4 Lei em tese; 3.7 Condições da ação específicas para o mandado de segurança: 3.7.1 Direito líquido e certo como condição específica para a ação de mandado de segurança; 3.7.2 Justo receio como condição específica para o mandado de segurança preventivo; 3.8 Ilegalidade e abuso de poder: questão de mérito.

1. A admissibilidade da ação e do processo

Liebman ensina que o processo, "antes de poder dedicar-se às atividades que constituem a sua verdadeira missão, deve inclinar-se sobre si mesmo e verificar da sua própria aptidão a cumprir a função que lhe toca: cada processo em particular tem, assim, uma fase logicamente preliminar, mais ou menos laboriosa, destinada a tal verificação e, se possível, à eliminação dos defeitos que o invalidam, de modo que possa prosseguir mais livre e seguro e enfrentar com os menores transtornos possíveis o seu trabalho principal (...)".[1]

Assim, os pressupostos processuais e as condições da ação constituem o juízo de admissibilidade da ação e do processo, e devem ser analisados antes do julgamento de mérito, justamente porque são requisitos mínimos, necessários e essenciais, para possibilitar o exame de fundo sobre o direito pleiteado.[2]

Teresa Arruda Alvim Wambier designa esses requisitos de pressupostos de admissibilidade, exame e julgamento do mérito, os quais englobam tanto os pressupostos processuais (positivos e negativos) como as condições da ação.[3]

O órgão julgador, quando da primeira análise da petição inicial que lhe é submetida à apreciação para recebimento ou, posteriormente, quando profere o julgamento conforme o estado do processo, ou até mesmo no momento de proferir a sentença,[4] percorre um *iter* lógico, devendo analisar primeiramente se estão presentes os requisitos de existência e validade do processo. Somente se existirem, ou seja, se o processo tiver condições de prosseguir, o juiz passará a análise da existência dos requisitos essenciais para configurar o direito de ação. Somente se estes estiverem presentes é que o juiz passará para o terceiro degrau desse raciocínio lógico, que é analisar o mérito, julgar a lide que lhe foi submetida, decidindo se o autor tem razão ou não.[5] Conforme ensina Kazuo Watanabe, essa é a

1. *Manual de Direito Processual Civil*, p. 226.
2. Marcelo Navarro Ribeiro Dantas, com propriedade, esclarece que a admissibilidade no processo "impõe-se como uma espécie de 'mecanismo de filtragem', separando, dentre os pedidos que batem às portas do Judiciário, aqueles que se apresentam como passíveis de exame substancial, dos que podem, de pronto, ser descartados, já por questões respeitantes à existência e validade do processo, apenas, através do qual se desenvolve a ação, já por motivos que prenunciam ser esta mesma insuscetível de levar a uma decisão de fundo sobre o direito invocado" ("Admissibilidade e mérito na execução", *RePro* 47/25).
3. *Nulidades do Processo...*, cit., pp. 32-33.
4. Na verdade, a presença ou ausência tanto dos pressupostos processuais como das condições da ação, de acordo com os arts. 267, inc. IV e § 3º e 301, § 4º, pode ser verificada em qualquer tempo e grau de jurisdição e, inclusive, ser conhecida, de ofício, pelo juiz.
5. Thereza Alvim, nesse sentido, salienta a cronologia que deve existir no desempenho do raciocínio lógico efetuado pelo juiz, esclarecendo que "sempre tem

teoria do trinômio, trazida por Liebman e adotada por grande parte dos doutrinadores pátrios.[6]

O juiz deve examinar, num primeiro momento, se estão presentes os requisitos mínimos para possibilitar a existência e validade da relação jurídica processual, os chamados pressupostos processuais,[7] e, num segundo momento, se estão presentes as condições necessárias para o próprio exercício do direito de ação, as chamadas condições da ação.

Então, o juiz deve seguir o seguinte modelo de raciocínio:

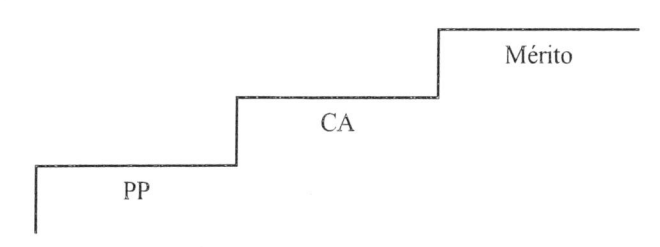

```
                         |  Mérito
              _____|
             |  CA
   _____|
  |  PP
```

O raciocínio lógico utilizado pelo juiz quando analisa uma petição inicial, seja de que ação for, inclusive do mandado de segurança, é verificar, primeiro, se estão presentes os requisitos de admissibilidade, ou seja, os *pressupostos processuais* e as *condições da ação*, para somente depois, e desde que os mesmos estejam presentes, passar à análise do *mérito*. São etapas lógicas e prioritárias, como se estivéssemos subindo uma escada. No primeiro degrau, estão os pressupostos processuais. Jamais o juiz poderá passar ao degrau seguinte, ou seja, ao exame das condições da ação se faltar algum pressuposto processual, ou estiver presente um pressuposto processual negativo. Nesse caso, o juiz deve parar no degrau do pressuposto processual e encerrar o processo nesse patamar, isto é, decretar sua extinção sem julgamento do mérito. Caso os pressupostos processuais estejam presentes, o juiz terá permissão para subir o segundo degrau da escada e passar ao exame das condições da ação. Se faltar al-

ele que verificar as questões prévias que dizem respeito, tanto aos pressupostos processuais como às condições da ação, para, ao depois, constituir o silogismo, acima referido" (*Questões Prévias...*, cit., p. 11).

6. *Da Cognição...*, cit., p. 72. Há doutrinadores que entendem que há binômio, pois entendem que as condições da ação fazem parte do mérito, como Ovídio Baptista da Silva, *Curso...*, cit., vol. 1, p. 90. Outros, como Celso Neves, falam em quadrinômio, incluindo o que chama de supostos processuais, "Binômio, trinômio ou quadrinômio?", *RT* 517/11.

7. Essa é a denominação dada por Oskar von Bülow, *La Teoría de las Excepciones Procesales y los Presupuestos Procesales*, passim.

guma delas, ocorre o fenômeno da carência da ação e o juiz fica impedido de examinar o mérito, devendo terminar o processo nesse ponto, abortando-o, extinguindo-o, sem julgamento de mérito. Se as condições da ação estiverem presentes, o juiz poderá subir o terceiro degrau da escada e examinar o mérito, julgando a ação procedente ou improcedente.[8]

Na verdade, percorrer esse *iter* lógico analisando primeiramente os requisitos de admissibilidade para somente depois passar ao exame de fundo é exigência que atende ao princípio da economia processual.[9]

É muito difícil separar os planos da ação e do processo, pois ambos guardam relação de conteúdo e continente. No entanto, ação e processo não são a mesma coisa, desde que a primeira é que dá nascimento ao segundo. De fato, a ação preexiste e pode subsistir ao processo, ao passo que este só se inicia pelo direito de ação.[10]

Os pressupostos processuais não se confundem com as condições da ação. As condições de admissibilidade da ação e pressupostos processuais constituem sempre matéria preliminar ao exame de mérito e integram a esfera concernente à admissibilidade do pedido. Entretanto, embora inseridos todos no plano da admissibilidade, condições da ação e pressupostos processuais não se confundem, dizendo as primeiras respeito ao exercício regular da ação, considerada como o direito a um pronunciamento de mérito, seja favorável ou desfavorável ao autor, e os segundos à estrutura da relação processual gerada pelo exercício daquele direito.[11]

Na mesma linha de raciocínio, Rodrigo da Cunha Lima Freire explica a referida diferenciação de forma esclarecedora, dizendo: "Com efeito, pensamos que os pressupostos processuais são sempre extraídos da relação processual a ser formada ou já constituída, porquanto sempre intrínsecos a esta relação, enquanto as condições da ação são absolutamente extrínsecas à relação processual, sendo aferidas em função da relação hipotética de direito material ou substancial afirmada na petição inicial".[12]

---

8. Sobre essa questão, diz Nelson Nery Jr. e Rosa Nery: "As condições da ação possibilitam ou impedem o exame da questão seguinte (mérito). Presentes todas, o juiz pode analisar o mérito, não sem antes verificar se também se encontram presentes os pressupostos processuais. Ausente uma delas ou mais de uma, ocorre o fenômeno da carência de ação, ficando o juiz impedido de examinar o mérito" (*CPC Comentado*, p. 474).

9. Ver, nesse sentido, Donaldo Armelin, *Embargos de Terceiro*, p. 238.

10. Conforme lição de Thereza Arruda Alvim, *Questões Prévias...*, cit., pp. 4-5.

11. Donaldo Armelin, *Legitimidade...*, cit., p. 41. No mesmo sentido, Alfredo Buzaid, *Do Agravo de Petição no Sistema do Código de Processo Civil*, p. 84.

12. *Condições da Ação – Enfoque sobre o Interesse de Agir no Direito Processual Civil Brasileiro*, pp. 60-61.

Os pressupostos processuais dizem respeito aos aspectos formais do processo, enquanto as condições da ação se encontram mais perto do mérito e, muitas vezes, com ele se confundem, tanto que muitos juristas tendem a entender que as condições da ação não deveriam entrar na categoria da admissibilidade, mas sim na do próprio mérito.[13] As condições da ação são requisitos mínimos para que exista não o processo, mas o direito à ação, o direito de obter uma decisão jurisdicional de mérito, seja de que conteúdo for.

Entretanto, a conseqüência prática, em ambos os casos, será a mesma: o juiz poderá reconhecer, de ofício, a inexistência (ou presença, no caso dos pressupostos processuais negativos) de algum dos requisitos, o que acarretará a extinção do processo, sem análise do mérito.[14]

Vejamos, portanto, detidamente, o que significam esses requisitos de admissibilidade, analisando os pressupostos processuais e as condições da ação.

2. Pressupostos processuais

O Processo é visto, segundo alguns, como um meio para atingir a paz social, ou, no dizer de Donaldo Armelin, "é um remédio estatal para um fenômeno de morbidez social".[15]

---

13. Egas Dirceu Moniz de Aragão salienta que existem duas correntes: Aqueles que vinculam a ação ao julgamento final da causa, os quais entendem que há apenas duas ordens de requisitos a serem examinados pelo juiz no momento de proferir a sentença: pressupostos processuais e mérito e aqueles que abstraem a ação do julgamento final, para os quais o juiz deve examinar três ordens de assuntos: pressupostos processuais, condições da ação e finalmente o mérito. Para esses, as condições da ação não se confundem com o mérito, formando outra categoria a ser examinada, antes desse. *Comentários ao Código de Processo Civil*, vol. II, pp. 317 e ss. Na primeira categoria, ou seja, entendendo que as condições da ação se confundem com o próprio mérito está a opinião de Ovídio Baptista da Silva, in *Curso de Processo Civil*, vol. 1, p. 90 e Fábio Gomes, *Teoria Geral do Processo Civil*, p. 125. Na segunda categoria, com ressalva para a possibilidade jurídica do pedido, estão, por exemplo, as opiniões de Thereza Alvim, *Questões prévias...*, cit., p. 11; Teresa Arruda Alvim Wambier, *Nulidades do Processo...*, cit., p. 33; Arruda Alvim, *Manual...*, cit., vol. 1, 1994, p. 301; Nelson Nery Jr., *CPC Comentado*, p. 474; Rodrigo da Cunha Lima Freire, *Condições da Ação...*, p. 58; e José Miguel Garcia Medina, "Jurisprudência comentada: possibilidade jurídica do pedido e mérito", *RePro* 93/371. Correto, a nosso ver, é o entendimento da segunda categoria porquanto o sistema processual civil brasileiro reconhece as condições da ação como categoria processual autônoma em relação ao direito material e que deve ser analisada, antes do mérito, como prevê o inc. VI do art. 267 do CPC.

14. Conforme Sérgio Shimura, *Título Executivo*, p. 66.

15. *Legitimidade...*, cit., p. 30.

Assim, é imperioso que o processo se constitua regular e validamente, bem como que chegue a seu final, com a efetiva entrega da prestação jurisdicional. Um processo que não chega a seu final, como explica Donaldo Armelin, é "um remédio que só tende a agravar o mal cuja cura se objetivava. Como todo instrumento, o processo será tanto mais eficaz quanto mais rapidamente atingir seu objetivo com o menor dispêndio de energia e de dinheiro".[16]

Portanto, a admissibilidade no processo tem por escopo e função justamente evitar, se não a instauração, pelo menos o prosseguimento de um processo fadado a término anormal, por não reunir condições mínimas de procedibilidade. O Estado deve procurar cumprir a função jurisdicional de forma efetiva, evitando desgaste de tempo e dinheiro públicos com processos que não reúnem condições de oferecê-la eficazmente.

É indispensável o estabelecimento de requisitos que ensejem a existência e validade do processo, bem como o exercício do direito de ação. Somente com o cumprimento desses requisitos o Estado terá condições de cumprir efetivamente sua função pública de aplicar o direito.

Para verificarmos quais são os pressupostos processuais, é preciso lembrar o conceito de processo. Processo é o instrumento por meio do qual o Estado presta a tutela jurisdicional. É também uma sucessão encadeada de atos tendentes a um final conclusivo.[17] Nesse sentido, a noção de processo se confunde com a de procedimento.[18] Portanto, para que se possam diferenciar esses conceitos, é preciso aliar a essa noção a de que o processo corresponde, também, à relação jurídica processual triangular

---

16. Idem, ibidem, p. 31.

17. Nesse sentido, Enrique Véscovi define processo como "conjunto de atos dirigidos a um fim", *Teoría General del Proceso*, p. 9.

18. Teresa Arruda Alvim Wambier soluciona o problema da distinção entre os conceitos de processo e procedimento, esclarecendo que: "para a noção de processo interessam fundamentalmente as idéias de relação jurídica – que é a que se estabelece entre os sujeitos do processo: autor, juiz e réu – e a da finalidade – no sentido de vocação do fluxo dos atos consecutivos e interligados, que porão em movimento a relação já referida, vocação esta que consiste, concretamente, na obtenção de um pronunciamento judicial de caráter definitivo. À concepção da noção de procedimento dizem respeito as noções de movimento dessa relação jurídica no tempo e, mais especificamente, o aspecto exterior desta movimentação, ou seja, de que atos se trata, como se entrelaçam". A mesma processualista salienta que há que se diferenciar, ainda que sutilmente, procedimento e rito. "O rito diz com o modo específico estrutural de um dado procedimento. Geralmente, 'adjetiva', o procedimento. Este, por sua vez, diz com a necessidade de que todo processo tenha uma estrutura" (*Nulidades do Processo...*, cit., pp. 23-24).

formada entre autor, réu e juiz, na qual cada um terá direitos, deveres, ônus e obrigações. O processo somente existe caso esses três sujeitos estejam participando dessa relação. Faltando um deles, não podemos dizer que houve processo, muito menos que houve processo válido.[19] Vejamos:

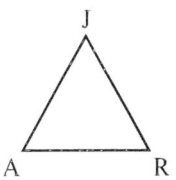

```
        J
       /\
      /  \
     /    \
    /_____\
   A        R
```

Ocorre que, para que essa relação jurídica possa existir e se formar, validamente, é necessário o implemento de alguns requisitos. Esses requisitos são os pressupostos processuais.

Os pressupostos processuais têm por função fazer com que o processo possa, formalmente, estar regularizado a fim de que exista, se desenvolva e consiga chegar a seu termo validamente.

Nesse sentido, Ada Pellegrini Grinover, Araújo Cintra e Dinamarco ensinam que "o art. 104 do Código Civil, que em seus três incisos dita norma de teoria geral do direito, dá como requisitos para a validade do ato jurídico em geral a capacidade do agente, a licitude do objeto e a observância das exigências legais quanto à forma. Porém, desde quando se viu com clareza a relação jurídica que há no processo (relação jurídica processual) bem como a autonomia dessa relação perante a de direito material, estava aberto o caminho para se chegar também à percepção de que ela está sujeita a certos requisitos e de que estes requisitos não são os mesmos exigidos para os atos jurídicos em geral, nem para os atos privados em especial. Trata-se dos *pressupostos processuais*, que são requisitos para a constituição de uma relação processual válida (ou seja, com viabilidade para se desenvolver regularmente – CPC, art. 267, inc. IV)".[20]

Os pressupostos processuais são necessários para que a relação jurídica processual exista e se constitua validamente. Assim, há pressupostos

---

19. Há doutrinadores, como Cândido R. Dinamarco, que entendem que o processo existe mesmo nas hipóteses em que o réu não participe da relação jurídica processual, como ocorre nos casos de indeferimento da inicial. Entretanto, entendemos que sem a participação do réu não há processo. Na verdade, o processo pode até existir faticamente, mas não há a necessária existência jurídica. *Teoria Geral do Processo*, p. 305.

20. Idem, p. 307.

processuais de existência e pressupostos processuais de validade.[21] Os primeiros são necessários para a relação processual existir. Somente depois de ultrapassada essa etapa é que serão necessários os requisitos para que a relação processual, que já existe, possa se desenvolver validamente. Esses últimos são os pressupostos processuais de validade.

Apesar de opiniões em contrário, é necessário fazer distinção entre pressupostos processuais de existência e de validade, tendo em vista a diferença de regimes jurídicos para argüir tais vícios, após o trânsito em julgado da decisão. De fato, enquanto a falta de pressupostos processuais de validade, ou a presença de pressupostos negativos, somente pode ser argüida por meio de ação rescisória, no prazo de dois anos, a falta de pressupostos processuais de existência pode ser levantada por meio de ação declaratória, não havendo prazo para tanto.

Os pressupostos processuais de existência são:

a) Existência de demanda, traduzida numa petição inicial, mesmo que inepta. Nesse primeiro momento não há necessidade de a petição ser formalmente perfeita, basta que o Poder Judiciário seja provocado, pelo autor, por meio da petição inicial. Ocorre que, de acordo com o princípio dispositivo, a Jurisdição é inerte, não agindo se não for provocada. O Poder Judiciário é fomentador da paz social e não da discórdia. Assim, se a jurisdição não pode atuar se não for provocada, inexistirá processo sem petição inicial do autor.

O mandado de segurança, como qualquer outra ação, deve ser iniciado por meio de uma petição inicial, que deverá ser elaborada, por escrito, e redigida como a inicial de qualquer outro processo. Portanto, deve conter os mesmos requisitos exigidos pelo art. 282 do CPC, como se verá a seguir, ao tratarmos dos pressupostos processuais de validade. Nesse primeiro momento, não há necessidade de se verificar se a petição inicial é apta. Basta que exista petição inicial, ainda que inepta. A inicial é necessária porque também no mandado de segurança o princípio da demanda deve ser acatado. O Poder Judiciário é inerte e não pode agir sem provocação. Assim, não pode iniciar *ex oficio* a ação de mandado de segurança.

b) Existência de jurisdição, ou seja, a parte deve formular pedido a alguém investido de jurisdição, ainda que incompetente. Nesse primeiro momento, não há necessidade de o juiz ser competente. Para o processo

---

21. Classificação aceita pela maioria dos doutrinadores pátrios, tendo sua maior expressão em Arruda Alvim, *Manual...*, cit., pp. 288 e ss., e será a classificação adotada neste trabalho.

existir basta que tenha sido cumprido o princípio do juiz natural,[22] endereçando-se a inicial a um dos órgãos do Poder Judiciário, ou seja, a juiz investido no cargo por concurso de provas e títulos, vedando-se, ainda, os tribunais de exceção. Assim, como o mandado de segurança é verdadeira ação, é evidente que esse pressuposto processual deve estar presente.

c) Existência de citação, ainda que inválida. A relação jurídica processual triangular somente se completa com a presença do réu. Se este não for chamado a integrar a lide, não se pode dizer que exista relação jurídica processual. Haverá apenas uma relação linear formada entre autor e juiz. O réu não poderá ser atingido, nem poderá sofrer as conseqüências da sentença proferida em processo do qual não participou. Esse processo será inexistente, e a sentença nele proferida também deverá ser considerada inexistente. Assim, para a argüição da falta de citação, após o processo findo, basta a propositura de ação declaratória de inexistência, não havendo necessidade de ação rescisória.[23]

É preciso também que seja requerida e determinada a citação do réu no mandado de segurança. Nesse momento ainda não se infere se a referida citação é válida, bastando que, de fato, tenha sido efetivada. O problema que surge na ação de mandado de segurança é saber, em primeiro lugar, quem é o réu, e, em segundo lugar, se o réu receberá a citação pessoalmente. No mandado de segurança, a citação deve ser feita na pessoa da autoridade coatora, ainda que se entenda que o réu é a pessoa jurídica de direito público. É que a autoridade coatora, como adiante se verá, é presentante do Poder Público, e, nessa condição, recebe a citação e apresenta a competente defesa.[24]

Assim, como a autoridade coatora é presentante do Poder Público, a notificação feita a ela corresponde à citação, que alcançará a pessoa

---

22. Conforme Ada Pellegrini Grinover; Antonio Scarance Fernandes e Antonio Magalhães Gomes Filho, *As Nulidades no Processo Penal*, pp. 29-30.

23. Nesse sentido a opinião de Teresa Arruda Alvim Wambier, *Nulidades do Processo...*, cit., p. 230.

24. Não concordamos com posição de Ariovaldo Perrone da Silva, em artigo intitulado "A posição da pessoa jurídica de direito público na ação de mandado de segurança e a necessidade de sua citação" (*RT* 682/261), o qual, apesar de entender que a autoridade coatora faz parte da pessoa jurídica de direito público, afirma que a notificação para ela não tem o condão de suprir a necessidade de citação desta última, e a falta da mesma geraria a nulidade do processo. Não concordamos porque a autoridade coatora, como se verá, faz parte do órgão, podendo receber a citação em nome do Poder Público. Por isso, a notificação feita à autoridade coatora corresponde à efetivação da citação.

jurídica de direito público.²⁵ A autoridade coatora é citada apenas como presentante do Poder Público.

A omissão da lei com relação à citação da própria pessoa jurídica de direito público reflete apenas a intenção do legislador de simplificar o processo de mandado de segurança.

Tendo em vista que a notificação da autoridade coatora é perfeita citação, produz todos os efeitos do art. 219 do CPC.

d) Capacidade postulatória (ainda que alguns autores não a aceitem como pressuposto processual). É a necessidade de a parte vir a juízo acompanhada de advogado, para tanto habilitado, nos termos da lei (art. 37, parágrafo único, do CPC). Esse requisito se refere ao autor, porquanto se o réu vier a juízo desacompanhado de advogado, a conseqüência será considerar a contestação inexistente, com a conseqüente aplicação dos efeitos da revelia. É preciso, no entanto, fazer uma ressalva aqui quanto à modificação trazida pelo novo Estatuto da OAB, qual seja, a Lei 8.906/1994. É que o art. 4º do referido estatuto estabelece que sejam nulos os atos privativos de advogados praticados por pessoa não inscrita na OAB ou por advogado impedido, suspenso, licenciado ou que exerça atividade incompatível com a advocacia.

Assim, hoje, há uma duplicidade de regimes para vícios respeitantes à capacidade postulatória: a) com relação à não juntada de procuração, considera-se inexistente o ato praticado pela parte; b) com relação aos atos praticados por pessoas inseridas no art. 4º da Lei 8.906/1994, considera-se que os atos são inválidos. Nesse caso, então, o pressuposto processual atinente à capacidade postulatória seria de validade.²⁶

Enquanto o processo estiver em curso, a distinção entre o regime das nulidades e da inexistência é o mesmo: ausência de preclusão, para o juiz e para as partes, e possibilidade de manifestação *ex officio*. A diferenciação entre os regimes somente ocorre após o final do processo, sendo

---

25. Nesse sentido, o acórdão prolatado no Recurso Especial 56.205-8, sendo relator o Min. Cesar Asfor Rocha, onde ficou consignado que: "A autoridade coatora, como tal indicada na ação de mandado de segurança, faz parte do ente público sujeito passivo no *mandamus*. Por isso, a sua notificação acarreta a citação da pessoa jurídica de direito público a qual pertence" (*RSTJ* 877/65 a 121, jan. 1996). No mesmo sentido, os acórdãos citados em tal aresto quais sejam REsp 3.374-AM, *DJU* 6.8.1990, rel. Min. Vicente Cernicchiaro; REsp 3.370-AM, *DJU* 13.8.1990, rel. Min. Américo Luz, REsp. 3.377-AM *DJU* 1.10.1990, rel. Min. Garcia Vieira e REsp 10149-PR, *DJU* 1.7.1991, rel. Min. Ilmar Galvão.

26. Nesse sentido opinam Luiz Rodrigues Wambier, Flávio Renato Correia de Almeida e Eduardo Talamini, *Curso...*, cit., p. 199.

diferentes as formas por meio das quais se podem impugnar as decisões proferidas em processos com esse vício.[27]

O pressuposto processual atinente à capacidade postulatória, como se sabe, é verificado em função do autor, porquanto em relação ao réu, a conseqüência da falta desse requisito é a inexistência da contestação, o que acarreta a revelia. No mandado de segurança, a capacidade postulatória do autor da ação é aferida como em qualquer outro processo. De fato, a capacidade postulatória do impetrante deve sempre estar presente. Nesse ponto, o mandado de segurança difere do *habeas corpus*, em que o próprio impetrante pode fazer uso dessa garantia constitucional, sem necessitar de advogado que o represente. No mandado de segurança, pelo contrário, esse pressuposto processual não é dispensado. O impetrante deve se fazer acompanhar de advogado, regularmente inscrito nos quadros da ordem.[28] Entretanto, é preciso lembrar a diferenciação que existe entre o autor estar acompanhado de advogado não inscrito nos quadros da ordem, ou simplesmente não estar acompanhado de advogado nenhum. Na primeira hipótese, teríamos falta de pressuposto processual de validade e somente no segundo caso estaríamos ante a falta de pressuposto processual de existência.

Entretanto, vale a pena ressaltar que, no mandado de segurança, o Poder Público, para se defender, não necessita estar representado por advogado. De fato, a autoridade coatora, quando apresenta informações, ainda que estas se caracterizem como defesa, não necessita ser representada por advogado.

As informações da autoridade coatora, como já visto, têm natureza jurídica de verdadeira defesa. Alguns entendem que tal defesa estaria limitada apenas a questões de fato e não de direito. A matéria de direito deveria ser apresentada pelo Poder Público por meio de seus procuradores. Entretanto, a autoridade coatora pode apresentar qualquer tipo de defesa que julgar conveniente, inclusive quanto ao direito. A defesa pode ser elaborada por advogado, mas a autoridade coatora deve sempre assinar junto. Foi a autoridade coatora que praticou o ato, pelo que somente ela poderá esclarecer a ocorrência e justificar a prática do ato.

Portanto, a representação técnica da autoridade coatora não é indispensável.

Os pressupostos processuais de validade são:

---

27. Teresa Arruda Alvim Wambier, *Nulidades do Processo...*, cit., p. 38.
28. Ver acórdão inserto em *JSTF* 192/151.

a) Petição inicial apta. Num primeiro momento é preciso que a inicial exista. Agora, no entanto, é preciso mais, é necessário que a inicial contenha os requisitos mínimos necessários para ser válida. Assim, é preciso que, além dos requisitos dos arts. 282 e 283 do CPC, também sejam cumpridos aqueles constantes do art. 295, principalmente quanto ao seu parágrafo único. A falta de pedido causa, na verdade, a inexistência da inicial, pois, como ilustra Teresa Arruda Alvim Wambier, uma inicial sem pedido é o mesmo que um livro sem folhas, assim como um livro sem folhas não se pode considerar seja um livro, também não se pode considerar que uma inicial sem pedido seja uma inicial.[29]

Os requisitos da inicial, no mandado de segurança, são os mesmos estabelecidos pelos arts. 282 e 283 do CPC.[30] Deve-se indicar o juízo a que é dirigida a inicial; qualificar as partes, indicando a autoridade coatora; demonstrar os fatos e fundamentos jurídicos do pedido. O único requisito da inicial que não precisa constar no mandado de segurança é aquele referente às provas, uma vez que o mandado de segurança deve ser comprovado de plano, como se verá adiante, não havendo dilação probatória. A prova é só documental, e deve ser juntada com a inicial. Assim, não há que se falar em requerimento de provas, como exige o art. 282, inc. VI, do CPC. Entretanto, na hipótese de os documentos necessários à comprovação do direito líquido e certo se encontrarem em poder de autoridade, estabelecimento ou de repartição pública, é necessário constar, na inicial, o requerimento para expedição de ofício requisitando a referida documentação, no prazo de dez dias, nos termos do art. 6º, parágrafo único, da Lei 1.533/1951; deve-se requerer a citação e atribuir valor à causa.

O valor da causa, no mandado de segurança, é determinado de acordo com as regras dispostas no Código de Processo Civil. Tendo em vista que o mandado de segurança visa à concessão da prestação *in natura* do direito pleiteado, que é incapaz de ser convertida em valor pecuniário, é causa de valor inestimável, o qual será impossível de ser quantificado. Entretanto, é certo que, conforme o art. 258 do CPC, deve-se atribuir valor à causa, mesmo nesses casos. Assim, no mandado de segurança, o valor da causa deverá ser aquele que for estimado pelo impetrante e

---

29. Ob. cit., p. 53.
30. Nesse sentido, está a orientação de um acórdão do STJ, proferido no MS 3100-7-DF, rel. Min. Anselmo Santiago, v.u. j. 15.12.1994, *DJU* 6.3.1995, p. 4.288, que determinou: "A petição inicial do mandado de segurança deve preencher os requisitos do CPC 282 e 283, sob pena de indeferimento".

que represente, aproximadamente, o valor do dano cuja reparação se requer.[31]

Conforme salienta Antonio Vital Ramos de Vasconcelos, "o caráter especial e o contorno constitucional do mandado de segurança não dispensam a veracidade de seu conteúdo, traduzido na proporcionalidade com o interesse patrimonial por ele tutelado".[32]

Um problema que surge é saber se é possível a impugnação ao valor da causa no mandado de segurança. A princípio, entendemos que sim, já que não há nada no sistema que impeça a utilização dessa defesa indireta contra o processo, inclusive porque a impugnação ao valor da causa não suspende o processo, pelo que, a rigor, inexistiriam prejuízos para a celeridade que este deve ter.[33] No entanto, nas causas de valor inestimável, como ocorre no mandado de segurança, deve-se aceitar o valor que for estimado pelo autor, somente havendo necessidade de impugnação quando este for exorbitante ou abusivo. Ademais, é certo que, no mandado de segurança, a não ser para fixação de custas processuais, o valor da causa não possui qualquer efeito prático.[34]

Por outro lado, também no mandado de segurança, se estiverem presentes algumas das hipóteses de indeferimento da inicial, dispostas no art. 295 do CPC, notadamente no seu parágrafo único, o processo não terá condições de seguir seu curso.

No mandado de segurança, como em qualquer processo, deve-se admitir a concessão do prazo previsto no art. 284 do CPC, para regularizar a inicial. De fato, o autor deve ter direito a regularizar a inicial a fim de obter a segurança. A demora que tal benefício venha a causar ao processo somente prejudicará o próprio impetrante.

---

31. A propósito, ver Ernane Fidélis dos Santos, *Manual de Direito Processual Civil*, vol. 3, p. 210. "A jurisprudência da mesma forma determina que: aplica-se ao mandado de segurança o princípio segundo o qual valor é o correspondente ao benefício patrimonial pretendido pelo autor" (TJRJ, Ag 4.088, rel. Des. Barbosa Moreira, *ADCOAS* 81.974).

32. "Mandado de segurança e valor da causa", *RF* 303/91.

33. A jurisprudência tem admitido, como se observa do julgado do TJRJ Ag 4.082, *ADCOAS* 83.699, cuja ementa reza: "Conquanto se trate de processo que, pela especialidade de seu procedimento, não esteja a comportar o incidente de impugnação ao valor da causa. Como é o mandado de segurança, cabe ao Juiz, se o requerido, em suas informações, ou interessada entidade envolvida o impugnar, ouvido o requerente, decidi-lo de plano, à vista dos elementos já constantes do processo".

34. Antonio Vital Ramos de Vasconcelos, como se vê no artigo acima citado, é da opinião que não cabe impugnação ao valor da causa no mandado de segurança.

Entretanto, não se poderá conceder tal prazo com o objetivo de juntar os documentos necessários para obter a comprovação do direito líquido e certo, uma vez que o mesmo deve ser comprovado de plano, ou seja, com a própria inicial.[35]

b) Competência absoluta e imparcialidade do juiz. O art. 113 do CPC determina expressamente que o processo será nulo no caso de incompetência absoluta, sendo, inclusive, fundamento para ação rescisória do julgado, conforme determina o art. 485, inc. II, do CPC. Entretanto, a incompetência relativa não é pressuposto processual, porquanto o vício dela integrante é perfeitamente sanável, como diz o próprio art. 111 do CPC. Da mesma forma, o art. 134 do CPC também leva ao entendimento de que a imparcialidade do juiz seja requisito de validade do processo, principalmente porque a presença de alguma causa de impedimento do juiz dá ensejo à propositura de ação rescisória, conforme o art. 485, inc. II, do CPC.

Na verdade, o caráter de imparcialidade é inseparável do órgão da jurisdição. O juiz coloca-se entre as partes e acima delas. Assim, a imparcialidade é condição essencial para que possa exercer sua função dentro do processo. A imparcialidade do juiz é pressuposto para que a relação processual se instaure validamente.[36] Da mesma forma, é preciso salientar que as causas de simples suspeição não dão azo à ação rescisória.

O requisito da imparcialidade deve ser exigido do juiz no mandado de segurança, como deve ocorrer em qualquer processo, sob pena de se ferir o princípio do devido processo legal.

Tanto no mandado de segurança como nas causas em que estão envolvidos os interesses do Poder Público, o princípio da imparcialidade vigora e é atuado por meio das formas de controle postas à disposição dos jurisdicionados, como a obrigatoriedade de fundamentar decisões, a impossibilidade de praticar atos discricionários etc.

Uma questão que surge nesse tópico referente ao mandado de segurança, principalmente contra ato judicial, seria saber se o órgão julgador conseguiria realmente manter sua isenção, já que o Poder Público, do qual

---

35. Nesse sentido, acórdão prolatado pela 2ª Turma do STJ, no REsp 65.486-SP, tendo sido relator o Min. Adhemar Maciel, *DJU* 15.9.1997, p. 44.336, o qual entendeu que: "Considerando-se o rito sumaríssimo do mandado de segurança, a exigir prova documental pré-constituída, sob o risco de indeferimento liminar (art. 8º da Lei 1.533/1951) inaplicável à espécie o artigo 284 do CPC".

36. Conforme ensinam Ada P. Grinover, Araújo Cintra e Dinamarco, *Teoria Geral do Processo*, pp. 58-59.

o órgão julgador também faz parte, é réu na ação. Entendemos que nas ações de mandado de segurança em geral, e mesmo no caso do mandado de segurança contra ato judicial, não haveria qualquer problema em se manter a imparcialidade. Primeiro porque, exceto no mandado de segurança contra ato judicial, o órgão julgador pertence a Poder Público diverso daquele responsável pelo ato coator. Há interesses diversos, portanto. Em segundo lugar, não é o mesmo juiz que proferiu a decisão impugnada que irá julgar o mandado de segurança contra ato judicial. Depois, como já se disse, existem mecanismos na lei para controlar e manter a isenção do juiz também no mandado de segurança, como exigir que a decisão seja fundamentada e proibir a prática de atos discricionários.

Como em qualquer ação movida contra o Poder Público, atuam as regras de competência relativa e absoluta no mandado de segurança.

Somente a competência absoluta é pressuposto processual, porquanto a competência relativa pode ser prorrogada. Entretanto, vamos analisar o tema da competência de uma forma geral.

Competência, conforme Liebman, é a quantidade de jurisdição cujo exercício é atribuído a cada órgão ou grupo de órgãos. A distribuição de competência obedece a três operações lógicas: a) constituição diferenciada de órgãos judiciários; b) elaboração da massa de causas em grupos; c) atribuição de cada um dos diversos grupos de causas ao órgão mais idôneo para conhecer delas.[37]

No Brasil, a distribuição de competência é feita em diversos níveis jurídico-positivos, assim considerados: a) na Constituição Federal, especialmente a determinação da competência de cada um das Justiças e dos Tribunais Superiores da União; b) na lei federal, principalmente as regras sobre o foro competente; c) nas Constituições Estaduais, a competência originária dos tribunais locais; d) nas leis de organização judiciária, as regras sobre competência de juízo (varas especializadas etc.).

Na organização judiciária, deve-se levar em conta a existência de órgãos jurisdicionais isolados, no ápice da pirâmide judiciária e acima dos outros; órgãos autônomos entre si (Justiças); existência de órgãos superiores e inferiores; divisão judiciária (comarcas, seções judiciárias); existência de mais de um órgão judiciário de igual categoria no mesmo lugar; instituição de juízes substitutos ou auxiliares.

A partir daí, para se chegar à competência são estabelecidos alguns critérios, como o funcional, o territorial, em razão da matéria e do valor

---

37. E. T. Liebman, *Manual...*, cit., pp. 85-87.

dado à causa. A competência em razão do valor e do território é relativa. A competência em razão da matéria e funcional é absoluta.

Todos esses critérios vigoram, também, no mandado de segurança. Assim, a competência absoluta será sempre verificada em função da pessoa jurídica de direito público a que se liga a autoridade coatora. Por exemplo, se for federal, a Justiça competente será a Federal; se for Estadual ou Municipal, a Justiça competente será a Estadual, sendo Vara da Fazenda Pública Estadual ou Municipal, respectivamente.

Portanto, para o mandado de segurança, a competência está assentada em dois elementos: a qualificação da autoridade coatora como federal ou local e a hierarquia da autoridade.

As normas sobre competência para o mandado de segurança estão assentadas na Constituição Federal, no Código de Processo Civil, na Lei Orgânica da Magistratura Nacional, na Lei de Organização Judiciária e no Regimento Interno de cada Tribunal.

A competência relativa no mandado de segurança se distribui da mesma forma que em qualquer ação em que o Poder Público seja parte.

É preciso verificar qual o foro ou seção judiciária competente para a causa. Verifica-se sempre qual o foro do domicílio do impetrante.

No caso de se tratar de impetração contra órgãos da União, conforme o art. 109 da Constituição Federal, a competência é concorrente, isto é, o autor pode escolher entre o foro de seu domicílio; do local em que tiver ocorrido o ato ou fato que deu origem à demanda; da situação da coisa; ou do Distrito Federal.

Com relação à impetração contra órgãos dos Estados e Municípios, os mesmos não têm foro privilegiado, mas apenas juízo privativo da Capital do Estado, por suas varas especializadas. Nas demais comarcas, as Varas terão competência igual à atribuída aos juízes das varas especializadas da Comarca da Capital. A competência territorial será sempre da comarca onde o impetrante estiver domiciliado.

No mandado de segurança, a princípio, incidem as hipóteses de modificação de competência, como a conexão e continência. De fato, podem ser reunidos processos de mandado de segurança em que o objeto seja idêntico ou a causa de pedir seja idêntica, ou em que a causa de pedir ou pedido de um venha a abranger a causa de pedir ou pedido do outro. Não há nada no sistema que impeça a reunião de processos de mandado de segurança por esse motivo. No entanto, se as autoridades coatoras forem diferentes, modificando por isso a competência funcional, os processos deverão ser reunidos na órbita federal, sempre que a União esteja envolvida.

Compete ao Supremo Tribunal Federal processar e julgar originariamente o mandado de segurança contra ato do Presidente da República, das mesas da Câmara dos Deputados e do Senado Federal, do Tribunal de Contas da União, do Procurador-Geral da República e do próprio Supremo Tribunal Federal (CF, art. 102, I, "d").

O Supremo Tribunal Federal editou a Súmula 330, que determina que o mesmo não é competente para conhecer de mandado de segurança contra atos dos Tribunais de Justiça dos Estados. Em conseqüência, o STF é incompetente para conhecer de mandado de segurança contra ato administrativo de outro tribunal.

O Supremo Tribunal Federal também não é competente para conhecer originariamente de mandado de segurança contra ato do Superior Tribunal de Justiça.[38] Assim, o mandado de segurança impetrado contra ato de tribunal deve ser resolvido no âmbito do próprio tribunal. A competência originária do STF está restrita às hipóteses do art. 102, I, "d", da Constituição Federal.

Compete ao Superior Tribunal de Justiça processar e julgar originariamente os mandados de segurança contra ato de Ministro do Estado ou do próprio Tribunal (CF, art. 105, I, "b"). Compete-lhe também julgar em recurso ordinário os mandados de segurança decididos em única instância pelos Tribunais Regionais Federais ou pelos Tribunais de Estado, do Distrito Federal e dos Territórios, quando denegatória a decisão (CF, art. 105, II).

Conforme a Súmula 41 do STJ, este não possui competência para processar e julgar, originariamente, mandado de segurança contra atos de outros tribunais ou dos respectivos órgãos. Assim, cabe ao STJ, "no que concerne aos mandados de segurança contra ato de Tribunais de Justiça, apreciá-los apenas em grau de recurso ordinário, quando a decisão for denegatória (CF, art. 105, II, 'b') ou de recurso especial, quando a decisão for concessiva e enquadrar-se no inc. III do art. 105 da Lei Maior".[39]

A Súmula 177 do STJ determina que o Superior Tribunal de Justiça também é incompetente para processar e julgar originariamente mandado de segurança contra ato de órgão colegiado presidido por Ministro de Estado. Entretanto, há decisões do próprio STJ entendendo que esse tribunal

---

38. Nesse sentido, acórdãos insertos na *RTJ* 129/1.070 e *RTJ* 157/541. No mesmo sentido aresto prolatado no MS 21.309-4-DF, AgRg, tendo sido relator o Min. Paulo Brossard, *DJU* 30.8.1991, p. 11.636.

39. Nesse sentido, acórdão publicado na *RSTJ* 24/243, citado por Theotonio Negrão em seu *CPC*..., cit., p. 1.602.

é competente para julgar mandado de segurança impetrado contra ato de Ministro de Estado, ligado à sua atividade específica.[40]

Não há qualquer disposição, na Constituição, sobre a competência para julgar mandados de segurança nas Justiças do Trabalho, Eleitoral e Militar. Entretanto, o STF editou a Súmula 433, determinando que: "É competente o Tribunal Regional do Trabalho para julgar mandado de segurança contra ato de seu presidente em execução de sentença trabalhista".

Quanto à Justiça Eleitoral, há acórdãos entendendo que compete à Justiça Comum julgar mandado de segurança contra ato de extinção de mandato de vereador.[41] O sistema instituído pela Constituição somente admite recurso de mandado de segurança na Justiça eleitoral se a decisão for denegatória.

Na Justiça Federal, os Tribunais Regionais Federais são competentes para processar e julgar originariamente os mandados de segurança contra ato do próprio tribunal ou de juiz federal sujeito à sua jurisdição (CF, art. 108, I, "c").

Aos juízes federais compete processar e julgar os mandados de segurança contra ato de autoridade federal, inclusive autárquica, excetuados os casos de competência de tribunais federais (CF, art. 109, VIII). Conforme o art. 2º da Lei 1.533/1951, considera-se federal a autoridade coatora se as conseqüências de ordem patrimonial do ato contra o qual se requer o mandado de segurança houverem de ser suportadas pela União Federal ou suas autarquias. Nesse sentido, a Súmula 511 do STF determina que: "Compete à Justiça Federal, em ambas as instâncias, processar e julgar as causas entre autarquias federais e entidades públicas locais, inclusive mandados de segurança, ressalvada a ação fiscal, nos termos da Constituição Federal de 1967, art. 119, § 3º". Essa ressalva, quanto às ações fiscais, constante da Carta Magna de 1967, não se afigura explícita na atual Constituição. Há decisão entendendo que a referida Súmula 511 deve ser aplicada também para empresas públicas federais.[42] Por outro lado, essa Súmula não se aplica às sociedades de economia mista.[43]

A Lei Orgânica da Magistratura Nacional determina, no art. 21, que compete aos tribunais privativamente julgar, originariamente, os manda-

---

40. Nesse sentido, ver acórdãos constantes da *RSTJ* 46/52; *RT* 657/169.
41. Conforme acórdão inserto na *RTJ* 62/12.
42. Nesse sentido, acórdão inserto na *RTJ* 95/795; 101/1.295; 105/209.
43. Nesse sentido, ver acórdão citado por Theotonio Negrão em seu *CPC...*, cit., p. 1.603.

dos de segurança contra seus atos, os dos respectivos presidentes e os de suas câmaras, turmas ou seções.

Nos Tribunais de Justiça, a cada uma das seções caberá processar e julgar os mandados de segurança contra ato de juiz de direito (art. 101, § 3º, "d"). No Tribunal de Alçada aplica-se a regra do art. 21, VI, combinada com o parágrafo único do art. 110, prescrevendo que durante as férias coletivas cabe ao presidente ou seu substituto legal decidir sobre pedidos de liminar em mandado de segurança.

O art. 35 do Código Judiciário do Estado de São Paulo confere prerrogativa de juízo, na comarca de São Paulo, ao Estado e respectivas entidades autárquicas ou paraestatais, quando estiverem na condição de autor, réu, assistente ou oponente, exceto para as ações de falência, acidente do trabalho e mandado de segurança contra atos de autoridade estaduais sediadas fora da comarca da Capital. Essa competência é funcional, portanto absoluta. Trata-se de competência de juízo e não de foro.

Nos mandados de segurança impetrados contra atos de pessoa física ou jurídica, com função delegada pela União, como as universidades e faculdades particulares, serviços de telecomunicações e eletricidade, a competência será da Justiça Federal. Nesse sentido, o TFR editou a Súmula 15. O mesmo se dá com a delegação do governo Federal ao Estadual e Municipal para o recolhimento de certos tributos.[44] Da mesma forma, as fundações educacionais particulares de ensino universitário. Entretanto, se o Estado puder organizar seu sistema de ensino, o mandado de segurança deverá ser impetrado perante a Justiça Comum. Conforme a Súmula 34 do STJ, também será da Justiça Estadual a competência para "causas relativas à mensalidade escolar, cobrada por estabelecimento particular de ensino". Nessa hipótese, podemos incluir o mandado de segurança contra aumentos abusivos de mensalidade cobrada por estabelecimentos de 1º e 2º graus.

Conforme a Súmula 216 do TFR, que, conforme decisões do STJ, continua em vigor, compete à Justiça Federal processar e julgar mandado de segurança impetrado contra ato de autoridade previdenciária, ainda que localizada em comarca do interior.

A Justiça Federal é competente para julgar mandado de segurança contra o Conselho Nacional de Desportos.

---

44. Nesse sentido está o acórdão publicado na *RTJ* 113/309, cuja ementa reza: "mandado de segurança impetrado contra empresa pública estadual que age por delegação do Poder Público Federal. Sendo a empresa pública estadual pessoa jurídica de direito privado, ela, na execução de atos de delegação por parte da União, se apresenta para efeitos de mandado de segurança, como autoridade federal".

Quando a comarca não for servida por juiz federal, a competência para julgar o mandado de segurança será do juízo federal da seção que compreende referida comarca.

c) Capacidade processual. Esse pressuposto processual é relativo à capacidade, em duas de suas formas: a capacidade de ser parte, isto é, de assumir direitos e obrigações na ordem civil, e a capacidade processual, que consiste na capacidade de estar em juízo, defendendo direitos e obrigações.[45] O art. 7º do CPC parece deixar entrever que há coincidência entre a capacidade para os atos da vida civil e a capacidade processual.[46]

Entretanto, o conceito de capacidade processual é mais amplo que o de capacidade civil, já que alguns entes despersonalizados, como a massa falida, o condomínio, o espólio e a sociedade de fato têm capacidade processual, embora não tenham capacidade civil.[47] O art. 13, I, deixa claro que o processo será nulo, caso falte a qualquer uma das partes a capacidade processual ou irregularidade na representação. Aqueles que não têm capacidade processual devem estar representados ou assistidos nos autos. Já a irregularidade na representação pode tanto ser em relação à pessoa jurídica, que deve juntar contrato social para comprovar que a pessoa que assinou a procuração tem poderes para tanto, como em relação ao advogado.

É preciso, ainda, diferenciar capacidade processual da legitimidade para o processo. Como ensina Thereza Alvim,[48] "a capacidade para estar em juízo é genérica, enquanto a legitimação processual é específica para aquele determinado processo". Desse modo, a legitimação processual é a capacidade de estar em juízo especificamente para determinada lide, ou seja, o processo somente será válido se aquele determinado sujeito estiver em juízo agindo. Somente ele tem capacidade de agir em juízo e não outro. É o caso do marido defendendo bens dotais da mulher.[49] Ela tem a titularidade dos direitos, mas ele tem legitimidade processual. O mesmo acontece quando há necessidade de formação de litisconsórcio necessário. Só haverá legitimação processual se todos estiverem presentes. Um não tem legitimidade processual para agir em juízo sem o outro. Portanto,

---

45. Essa é a lição de Luiz Rodrigues Wambier, Flávio R. C. de Almeida e Eduardo Talamini, *Curso...*, cit., p. 201.

46. Nesse sentido, Jaime Guasp, *Derecho Procesal Civil*, p. 210.

47. Nesse sentido opinam Luiz Rodrigues Wambier, Flávio Renato Correia de Almeida e Eduardo Talamini, *Curso...*, cit., p. 201.

48. *O Direito Processual de Estar em Juízo*, p. 79.

49. Exemplo que retrata hipótese em desuso em nosso sistema, mas que ainda é muito ilustrativo e por isso está sendo utilizado.

a legitimação processual também é pressuposto processual de validade. Ela se diferencia da legitimidade *ad causam*, que é condição da ação. A legitimidade processual diz respeito ao agir no processo, enquanto a legitimidade *ad causam* se refere à titularidade da relação jurídica de direito material que está sendo discutida em juízo.[50]

Sobre a capacidade processual é importante ressaltar que a mesma é sempre pressuposto de validade do processo, inclusive na ação de mandado de segurança. Não há razões para diferenciar, nesse aspecto, ainda que se trate de garantia constitucional. Ora, o mandado de segurança é processo e como tal deve respeitar as regras atinentes ao desenvolvimento válido e regular do mesmo. O direito de impetrar mandado de segurança não é retirado do incapaz, mas apenas deve ele requerê-lo por meio de seu representante ou assistente, como se exige em qualquer outro processo.

Como já salientado acima, alguns entes despersonalizados são dotados de personalidade jurídica e capacidade para estar em juízo, como ocorre, por exemplo, com as instituições financeiras liquidadas extrajudicialmente; os órgãos públicos de defesa do consumidor; os fundos financeiros; as comissões autônomas; a superintendência de serviços e os demais órgãos da Administração Pública centralizada ou descentralizada; os órgãos públicos com prerrogativas próprias, para a ação direta de inconstitucionalidade, mandado de segurança, ação popular, *habeas data* e mandado de injunção, tais como as Mesas das Câmaras Legislativas, Presidências de Tribunais, Chefias do Poder Executivo, Ministério Público, Presidência de Comissões Autônomas etc.[51]

Eventual exigência de caução para a concessão de segurança seria porém inconstitucional porquanto o mandado de segurança é garantia constitucional que não pode ser suprimida ou limitada por exigência que tais.

50. Teresa Arruda Alvim Wambier, sobre o assunto, esclarece que: "A 'legitimidade processual' será a possibilidade de pedir algo em juízo, ou de se defender de algo que é pedido, não porque se apresenta ser titular de alguma relação de direito material (que seria a legitimidade *ad causam*), mas porque a lei processual o diz. O marido, no exemplo anteriormente dado (acadêmico, desusado e revogado, embora muito expressivo), relativamente à hipótese da defesa dos bens dotais da mulher, não tem legitimidade *ad causam*, já que ele próprio não é, nem apresenta ser, o titular da relação de direito material, e não sofrerá, por conseguinte, os efeitos da sentença (isto é a sentença não terá repercussão alguma sobre seu patrimônio)" (*Nulidades do Processo...*, cit., p. 70).

51. Nelson Nery Jr. e Rosa Nery afirmam que "esses entes não têm personalidade jurídica, mas sim personalidade judiciária, isto é, podem estar em juízo como partes ou intervenientes. Não há, portanto, perfeita simetria entre a capacidade de direito civil e a de direito processual civil" (*CPC Comentado*, cit., p. 265).

Entretanto, caso tal exigência fosse considerada constitucional, poderia ser erigida à condição de pressuposto processual como o é a caução exigida para o estrangeiro não residente no Brasil.

Contudo, há que se ressalvar que o estrangeiro, não residente no país, não deve ser obrigado a prestar caução para poder impetrar o mandado de segurança, porquanto o art. 835 é claro ao se referir a essa caução para cobrir honorários e custas. Ocorre que não há que se falar em sucumbência, no mandado de segurança, pelo que não há porque exigir o pagamento de caução. Além disso, é importante ressaltar que o estrangeiro não residente no país pode, perfeitamente, utilizar o mandado de segurança, como poderia utilizar qualquer outra ação. O art. 835 do CPC outorga esse direito ao estrangeiro não residente no país. E a Constituição, bem como a lei ordinária não fazem qualquer ressalva nesse sentido.

d) Citação válida. A citação que, embora existente, tenha sido efetivada de forma inválida, torna todo o processo nulo. Trata-se de nulidade insanável, que poderá ser alegada, a qualquer tempo e grau de jurisdição, inclusive depois do trânsito em julgado, via ação rescisória.

Como em qualquer outra ação, para que o processo seja válido é preciso que a citação seja válida. Esse é o segundo pressuposto processual de validade. Devem ser cumpridos todos os requisitos necessários para se obter uma citação válida. No caso do mandado de segurança, por força do art. 222, letra "d", do CPC, temos que a citação não poderá ser feita pelo correio.

Existem ainda os pressupostos processuais negativos,[52] que são aqueles que não podem estar presentes para que a relação processual seja válida:

a) Litispendência: significa a repetição da mesma ação que está em curso, ou seja, a existência de dois processos idênticos, com as mesmas partes, mesma causa de pedir e mesmos pedidos. Como ensinam Luiz Rodrigues Wambier, Flávio Almeida e Eduardo Talamini: "A existência de um processo pendente entre A e B, baseado numa determinada causa de pedir que resulta no pedido X, desempenha o papel de pressuposto processual negativo para um outro processo entre A e B, que tenha a mes-

---

52. Rodrigo da Cunha Lima Freire (*Condições da Ação...*, cit., p. 38) entende que os pressupostos processuais negativos devem ser absorvidos pelo largo conceito de interesse processual, sendo impedimentos fático-jurídicos ao exercício regular da ação, com o que discordamos porquanto os pressupostos processuais negativos são requisitos para a validade do processo, da relação jurídica processual, e não do exercício do direito de ação.

ma causa de pedir e em que se formule o mesmo pedido. O fundamento desse pressuposto processual negativo está no princípio da economia processual e no perigo de julgamentos conflitantes".[53] De tal modo, sempre que venha a ser proposta uma segunda ação idêntica à primeira que ainda está tramitando, essa segunda ação deverá ser extinta.

A litispendência ocorre todas as vezes que se repete ação que já está em curso. Para se caracterizar a litispendência, deve haver identidade de partes, causa de pedir e pedido entre as ações. Assim, entendemos perfeitamente cabível, no mandado de segurança, o pressuposto processual negativo referente à litispendência, ou seja, se já tiver sido impetrado um mandado de segurança contra determinado ato coator lesivo ao direito do impetrante, este não poderá impetrar outro se, por exemplo, o juiz tiver negado a liminar pleiteada. Se o fizer, será caso de litispendência.[54]

Por outro lado, não se configura litispendência entre uma ação de mandado de segurança coletivo e outra de mandado de segurança indi-

53. *Curso...*, cit., p. 202.

54. A título de ilustração, vale a pena citar acórdão, interessantíssimo, do TJSP, da lavra do Des. Sérgio Pitombo. Trata-se de mandado de segurança impetrado contra ato do Juiz de Direito da 8ª Vara da Fazenda Pública de São Paulo, Diretor do Distribuidor do Fórum da Fazenda Pública e Acidentes do Trabalho de São Paulo, que havia determinado a distribuição de 77 (setenta e sete) mandados de segurança à 3ª Vara da Fazenda Pública. Ocorre que os 77 mandados eram absolutamente idênticos, com os mesmos 77 impetrantes em cada um deles, havendo, apenas, modificação quanto ao primeiro nome, de cada um deles, de modo a burlar o sistema de prevenção do Cartório do Distribuidor. Com esse método, os impetrantes teriam mandados de segurança em todas as varas e com todos os juízes. Bastava, então, desistir daqueles em que a medida liminar lhes fosse negada e prosseguir nos demais. O acórdão entendeu, corretamente, que havia uma tentativa de burla ao princípio do juiz natural, que foi devidamente constatada e abortada pela distribuição. Ficou decidido que houve litigância de má-fé dos impetrantes e, inclusive, do advogado, já que tão-só uma petição inicial irrompeu verdadeira, e as outras setenta e seis não passaram de contrafações. Em vista disto, o Tribunal denegou o mandado de segurança e determinou a expedição de ofícios para a OAB-SP e Ministério Público para a instauração do inquérito competente. É interessante notar que, se os impetrantes tivessem alcançado a pretensão que exigiam, ou seja, conseguir a distribuição livre dos setenta e sete mandados de segurança idênticos, com a efetivação da citação do Poder Público, na pessoa da autoridade coatora, a decorrência seria o estabelecimento do instituto da litispendência. De fato, a distribuição dos setenta e sete mandados de segurança idênticos, além de ser uma tentativa de ofensa ao princípio do juiz natural, também caracterizaria a existência desse pressuposto processual negativo. A conseqüência seria a nulidade de 76 desses mandados, cuja extinção deveria ser determinada, permanecendo somente o primeiro. Acórdão prolatado no MS 070.942.5/4, j. 15.5.1998, inserto na *RT* 762/244, bem como na obra de Hélio Apoliano Cardoso, *O Mandado de Segurança nos Tribunais*, pp. 39-46.

vidual, não só pela diversidade de tipo de tutela jurisdicional pleiteada, mas também porque o mandado de segurança coletivo não pode tolher garantia constitucionalmente assegurada ao indivíduo para proteção de direito individual.[55]

Ainda com referência à questão da litispendência, é importante ressaltar que a mesma não ocorrerá, na hipótese de denegação da segurança por inexistência de direito líquido e certo e o impetrante, ao mesmo tempo em que recorrer da decisão, propuser uma ação de conhecimento pelo rito ordinário, por exemplo, visando a obter o direito discutido no mandado de segurança. É que nesse caso o pedido não seria o mesmo.

Entendemos inexistir litispendência entre uma ação de mandado de segurança e uma ação de procedimento comum ordinário porque para verificação da litispendência o tipo de tutela jurídica integra o objeto litigioso.[56] O mesmo, frise-se, não ocorre com a coisa julgada. De fato, se, por exemplo, determinada sentença de improcedência, proferida em ação declaratória, transitar em julgado, não poderá ser movida ação condenatória contra o mesmo réu, baseada nos mesmos fatos e fundamentos jurídicos, já que o direito foi declarado inexistente.[57] Entretanto, com relação à litispendência a questão é totalmente diversa. O objeto litigioso, nele integrado o tipo de ação não é idêntico, nesse caso. Eventual ação declaratória negativa movida pelo devedor contra o credor não inibe a propositura de ação condenatória para cobrança do mesmo crédito, contra o mesmo devedor, porque o objeto litigioso é diverso. Esse é o espírito do art. 585, § 1º, do CPC.[58] Contudo, se o credor promover antes ação condenatória contra o devedor, a mesma produz litispendência em relação a eventual ação declaratória negativa que o devedor quisesse propor, porque o objeto da condenatória é mais amplo, pois contém não só a

---

55. Nesse sentido, acórdão inserto na *JTJ* 164/117.

56. Marcelo Abelha Rodrigues afirma que para se verificar se uma ação é idêntica a outra, devemos verificar os elementos constitutivos de uma ação, ressalvando a diferença entre pedido mediato e imediato (*Elementos de Direito Processual Civil*, vol. 1, p. 251). Na mesma esteira, o STJ já decidiu que: "A identidade de demandas que caracteriza a litispendência é a identidade jurídica, quando idênticos os pedidos, visam ambos o mesmo efeito jurídico" (STJ, 1ª Seção, MS 1.163-DF, AgRg, rel. Min. José de Jesus Filho, j. 18.12.1991, negaram provimento, v.u., *DJU* 9.3.1992, p. 2.528).

57. Vislumbra-se, pois, que, há alguma diferença entre os institutos da litispendência e da coisa julgada, além do fato de uma se referir a processo em andamento e outra a processo findo.

58. Nesse sentido, está o acórdão inserto na *RT* 494/190.

declaração de certeza do direito, como o pedido de sanção contra o réu. O pedido de simples declaração será satisfeito na primeira ação.[59]

Portanto, o tipo de ação, de providência jurisdicional pleiteada, é relevante para a identificação das ações, a qual, conforme o caso, poderá, ou não, produzir litispendência.[60]

Assim, ainda que no mandado de segurança estejam presentes mesmas partes, mesma causa de pedir e mesmo objeto mediato, este dificilmente terá o mesmo pedido imediato que uma ação de rito comum ordinário. Ocorre que o objeto imediato, que se refere à providência jurisdicional pleiteada, no mandado de segurança, terá sempre, como carga ou eficácia preponderante, a sentença mandamental, em que o juiz profere uma ordem que, se não cumprida, caracteriza o crime de desobediência, abuso de autoridade e sanções disciplinares. Esse tipo de providência dificilmente estará presente numa ação de procedimento comum ordinário, ainda que o objeto mediato seja o mesmo, nas duas ações.

Em função disso, concluímos que o tipo de ação, ou seja, de providência jurisdicional pleiteada, é relevante, em alguns casos, para configurar, ou não, a litispendência. Poderíamos fazer um paralelo, comparando uma ação de execução e uma ação de procedimento comum ordinário, referentes ao mesmo crédito. Ora, não é a diferença de rito que torna as duas ações diferentes, mas sim o tipo de tutela pleiteada (pedido imediato), que é diferente em ambas. Numa se pretende a satisfação do crédito e em outra o que se pretende é a formação de um título executivo para somente depois obter a satisfação do crédito.[61] A mesma diferença se dá entre uma ação de procedimento comum ordinário e o mandado de segurança. Na ação ordinária se pleiteia, por exemplo, a condenação, o que não se dá em sede de mandado de segurança, em que se pretende obter preponderantemente uma ordem para que a autoridade coatora pare de praticar o ato lesivo, ou para que pratique o ato que se recusou a efetuar.

Desse modo, é preciso analisar caso a caso para se verificar a configuração de litispendência, ou não, conforme o tipo de ação.

É certo, no entanto, que a impetração de mandado de segurança relativamente a determinado ato impede a propositura de ação declaratória pelo Poder Público concernente ao mesmo ato. Isso porque, como já

---

59. Eduardo Arruda Alvim, *Curso...*, vol. I, pp. 217-218 e Arruda Alvim, *Manual...*, cit., vol. 1, pp. 454-455.
60. Esse também é o entendimento de Arruda Alvim, ibidem, p. 453.
61. O mesmo não ocorre com a coisa julgada, repita-se.

afirmamos acima, o pedido de simples declaração está contido na ação de mandado de segurança.

b) Coisa julgada, que ocorre quando se repete ação que já transitou em julgado. Da mesma forma que a litispendência, a coisa julgada anterior impede que o processo prospere, sendo ambas pressupostos processuais extrínsecos ou negativos.[62]

No que se refere à coisa julgada, a maioria de nossos doutrinadores[63] entende não ser cabível o mandado de segurança para atacar decisões transitadas em julgado, sendo que o argumento principal seria o de que existe ação própria para impugnar referidas decisões, que é a rescisória. Nesse sentido, foi editada, inclusive, a Súmula 268 do STF. Maria Sylvia Di Pietro, por exemplo, entende que se pode impetrar o mandado de segurança não contra a coisa julgada já formada, mas sim contra a formação da coisa julgada, isto é, para evitar que a coisa julgada se forme.[64]

Teresa Arruda Alvim Wambier entendia perfeitamente possível o mandado de segurança contra a coisa julgada já formada, desde que estivessem presentes os pressupostos constitucionais para a impetração.[65]

Entretanto, com o advento do instituto da antecipação de tutela, previsto no art. 273 do CPC – o qual, para referida Autora, por meio de uma interpretação sistemática, se aplica, também, à ação rescisória[66] –, Teresa

---

62. Nesse sentido, Arruda Alvim, *Manual...*, cit., p. 481. Há que se ressaltar aqui a opinião de Thereza Alvim, para quem a coisa julgada não seria pressuposto processual, mas sim guardaria relação com o interesse processual e a impossibilidade jurídica do pedido (*O Direito Processual...*, cit., p. 56).

63. Essa é a opinião, por exemplo, de Carlos Mário da Silva Velloso, "Mandado de segurança", *RDP* 55-56/333; José da Silva Pacheco, O *Mandado de Segurança e outras Ações Constitucionais Típicas*, p. 211; Hely Lopes Meirelles, com a ressalva de que, no seu modo de ver, caberia mandado de segurança se o julgado fosse substancialmente inexistente ou nulo de pleno direito, ou não alcance o impetrante nos seus pretendidos efeitos (*Mandado de Segurança, Ação Popular, Ação Civil Pública, Mandado de Injunção e Habeas Data*, p. 50).

64. "Mandado de Segurança: ato coator e autoridade coatora", in Aroldo Plínio Gonçalves (Coord.), *Mandado de Segurança*, p. 165.

65.*Medida Cautelar...*, cit., p. 123.

66. Referida processualista entende que o principal argumento utilizado por aqueles que são contrários à possibilidade de concessão de antecipação de tutela na ação rescisória, que é o disposto no art. 489 do CPC, o qual determina que a ação rescisória não tem o condão de suspender a execução do julgado rescindindo, não colhe, porquanto, referido dispositivo deve ser entendido, de forma sistemática, à luz das alterações introduzidas no sistema processual com a reforma processual, notadamente o artigo 273 do CPC: "Assim, a ação rescisória não suspende a execução do julgado

Arruda Alvim Wambier passou a entender que "dificilmente pode-se conceber um caso em que, à luz das modificações inseridas no CPC pela reforma, ainda seja necessário o uso do mandado de segurança contra coisa julgada, desde que se entenda, é claro, como entendemos nós, que nada obsta a concessão de liminar de antecipação de tutela no bojo da ação rescisória. Parece, portanto, dever-se concluir que, em face do sistema vigente, será a parte carente de interesse de agir para impetrar a segurança quer contra decisão transitada em julgado, quer para 'efeito suspensivo' a agravo ou apelação (nos casos do art. 558), já que o sistema processual ordinário oferece-lhe um caminho mais afeiçoado às regras de processo e ao sistema positivo como um todo, pois, como se sabe, o mandado de segurança é remédio cuja finalidade precípua é a de impugnar atos do Poder Executivo, e só excepcionalissimamente é usado contra atos quer do Legislativo, quer do Judiciário. Portanto, hoje, pode-se asseverar que, de fato, o meio adequado e eficaz para impugnarem-se decisões judiciais sobre as quais pesa autoridade de coisa julgada é a ação rescisória".[67]

Veja-se que o atual entendimento de referida processualista, ainda que contrário ao anterior, com ele é coerente, pois ela fala em falta de interesse processual e não em impossibilidade jurídica do pedido de impetração do mandado de segurança contra decisão transitada em julgado, em face da possibilidade de ser obtida a antecipação de tutela na ação rescisória. Assim, não se trata de proibição, pelo sistema, do uso do mandado de segurança contra coisa julgada, mas apenas de falta de interesse processual na impetração, já que, hoje, existe meio processual apto e eficaz para impugnar decisão judicial sobre a qual pesa a autoridade da coisa julgada.

No entanto, a ação rescisória, mesmo com a possibilidade de concessão de antecipação de tutela em seu bojo, muitas vezes não tem o condão de evitar o risco de prejuízo irreparável trazido pela execução de uma decisão teratológica transitada em julgado. É o que ocorre, por exemplo, na hipótese em que o órgão julgador da rescisória venha a indeferir o pe-

rescindendo desde que não se trate de hipótese encartável no art. 273 que, sendo genérico, se aplica a todo tipo de processo e procedimento. Perfeitamente possível, portanto, que se suspenda a execução da decisão rescindenda até o julgamento da ação rescisória" (*Nulidades do Processo...*, cit., pp. 300-301). Concordamos integralmente com esse entendimento.

67. Idem, p. 301. No mesmo sentido, está a opinião de Flávio Luiz Yarshell, "Breve 'revisita' ao tema da ação rescisória", *RePro* 79/241. Teori Albino Zavascki também admite a possibilidade de antecipação de tutela na ação rescisória com o objetivo de suspender os efeitos da decisão rescindenda (*Antecipação da Tutela*, p. 187).

dido de antecipação de tutela, por entender que esse instituto é incabível no bojo de referida ação. Dessa decisão poderia ser interposto o recurso de agravo "interno". Nesse caso, como o agravo não tem efeito suspensivo, não restará ao interessado outra alternativa que não a impetração de mandado de segurança. Por conseguinte, muitas vezes, não se pode usar a ação rescisória como empecilho a evitar o uso do mandado de segurança contra coisa julgada.[68]

> 68. Mesmo após o advento do instituto da antecipação de tutela, o STJ decidiu pela concessão da ordem em mandado de segurança impetrado contra decisão que já havia transitado em julgado, como se vê do seguinte acórdão prolatado no RMS 6.389-RJ (Registro 95.0059370-0), em que foi relator o Min. Ari Pargendler, j. 21.3.1996, *DJU* 22.4.1996, cuja ementa reza: "Mandado de segurança. Finalidade cautelar. Ato judicial teratológico. O ato judicial que resulta de sentença que violou coisa julgada se sujeita, excepcionalmente, a controle cautelar na via do mandado de segurança, quando a ação rescisória a ser ulteriormente ajuizada é insuficiente à tutela jurisdicional efetiva. Hipótese em que, tendo obtido na Justiça Federal o reconhecimento de que o reajuste de prestações de mútuo hipotecário vinculado ao Sistema Financeiro da Habitação era abusivo, seguiu-se o aparelhamento de execução na Justiça Estadual à base dos valores pretendidos pelo Agente Financeiro, depois de mal sucedidos embargos do devedor relatando a existência da sentença proferida na outra jurisdição. Mandado de segurança concedido, em parte".
>
> Do relatório do acórdão verifica-se que o Juiz Federal da 18ª Vara da Seção Judiciária do Rio de Janeiro julgou procedente ação proposta pelos impetrantes "para declarar a eficácia do contrato de compra de imóvel, tal como celebrado originariamente e que os reajustamentos das prestações dele decorrentes não poderiam, até o seu termo, superar percentualmente a variação salarial da renda comprometida pelo mutuário. A sentença foi confirmada em grau de embargos infringentes do julgado. Ocorre que, sem considerar os termos desse provimento judicial, o exeqüente propôs ação de execução para cobrar as prestações tal como entendia devidas".
>
> Os impetrantes opuseram embargos do devedor, pedindo a remessa dos autos à 18ª Vara Federal da Seção Judiciária do Rio de Janeiro, alegando excesso de execução; articularam, ainda, exceção de incompetência a qual foi julgada improcedente, bem assim os embargos do devedor. O Juiz de Direito afastou a conexão entre as ações, porque já julgada aquela aforada perante a Justiça Federal. O pressuposto dessa decisão foi a falta de informação a respeito da tramitação da ação ordinária na Justiça Federal. Mas aqui o Juiz de Direito estava obrigado a solicitar informações ao Juiz Federal a respeito do andamento da ação ordinária para evitar decisão contraditória com aquela que viesse a proferir nos embargos do devedor. Na data em que essa sentença foi proferida, 11 de agosto de 1994, aquela prolatada nos embargos infringentes do julgado, que remonta a 3 de outubro de 1989 (fl.), já era definitiva há quase cinco anos. O argumento de que "se na referida ação, os ora embargantes forem finalmente vitoriosos, os valores cobrados poderão ser revistos, compensados ou mesmo restituídos" não enfrenta a questão relativa à eventualidade de decisões contraditórias; prevê apenas o modo como a contradição poderia ser financeiramente reparada, mas a um custo brutal, porque, já sem a propriedade do imóvel, os impetrantes teriam de propor nova ação para obter apenas o que lhe fora cobrado a maior.

Outra possibilidade de dano irreparável a admitir o uso do mandado de segurança se daria na hipótese de sentença inexistente.[69] A sentença pode ser considerada inexistente porque provém de processo também inexistente, que, por sua vez, ocorre quando há falta dos pressupostos processuais de existência; quando faltar uma das condições da ação, porque se inexiste direito de ação também não há processo e muito menos sentença; quando padecer de vícios intrínsecos com a falta da parte dispositiva.[70]

Nesse caso, não haveria o trânsito em julgado, eis que as sentenças inexistentes não transitam em julgado. De fato, a decisão de mérito, transitada em julgado, necessariamente, é ato existente, pelo que a sentença rescindível não pode, jamais, ser inexistente. Assim, as sentenças inexistentes não podem ser objeto de ação rescisória, mas sim de ação declaratória de inexistência.[71]

Entretanto, supondo-se que a inicial da ação declaratória de inexistência, proposta contra referida decisão, fosse indeferida liminarmente pelo órgão julgador, sob o entendimento de que o meio processual cabível seria a ação rescisória, bem como que o Tribunal negasse efeito suspensivo ao recurso interposto dessa decisão, a única forma de evitar a irreparabilidade do dano que a execução de referida sentença inexistente causaria seria a impetração de mandado de segurança.

Portanto, se há risco de dano irreparável, que a ação rescisória, mesmo com o advento da antecipação de tutela, não pode coibir, nada impede que se impetre mandado de segurança contra a coisa julgada. Nesse caso, não haveria qualquer contrariedade ao sistema, porquanto, como já dizia Kazuo Watanabe, mesmo antes da reforma processual, que estabeleceu o advento da antecipação de tutela e o novo regime do agravo, o que importa é que se tenha o mandado de segurança "como instrumento excepcional a cobrir a falha do sistema organizado pelo legislador processual".[72] Assim, havendo falhas no sistema, surgindo hipóteses em que

"Nessa linha, o ato que determinou a realização do leilão só é legal na aparência; em verdade, ele resulta de sentença que violou a coisa julgada, suscetível de ação rescisória, e como a tutela desta só será efetiva se o leilão não for realizado, a ordem deve ser concedida para esse efeito cautelar."

69. Sobre o conceito, caracterização e regime da sentença inexistente ver Teresa Arruda Alvim Wambier, *Nulidades do Processo...*, cit.

70. Idem, ibidem, p. 389.

71. Idem, ibidem, p. 359.

72. "Mandado de segurança contra atos judiciais", *RT* 498/25. Vale ressaltar que referido Autor salienta ser possível a impetração de mandado de segurança contra

não se poderá evitar o prejuízo irreparável, surgirá, incontinenti, o direito de impetrar mandado de segurança para proteger direito líquido e certo, mesmo contra decisão transitada em julgado, desde que estejam presentes as circunstâncias exigidas para seu cabimento.

É importante, porém, tratar da formação de coisa julgada na própria ação de mandado de segurança e da possibilidade de rediscussão da matéria nela versada, em outras ações, inclusive em outro mandado de segurança.

Primeiramente, se a coisa julgada se formou em ação de mandado de segurança, não será possível a impetração de outro mandado de segurança entre as mesmas partes, com mesmo objeto e causa de pedir. Nesse caso, o mandado encontraria o óbice da coisa julgada, como pressuposto processual negativo.

No entanto, no mandado de segurança, com relação à coisa julgada, é preciso diferenciar as situações resultantes das hipóteses em que o mandado de segurança tenha sido denegado, sem que o mérito tenha sido examinado (como ocorre, por exemplo, nos casos de ausência de pressupostos processuais ou condições da ação, inclusive por falta de direito líquido e certo) e aquela em que houve julgamento do mérito, em que se entendeu que o impetrante não tinha direito à segurança por lhe faltar o próprio direito pleiteado.[73]

Na primeira hipótese, a própria Lei 1.533/1951, em seu art. 16, permite a propositura de outro mandado de segurança, com as mesmas partes, pedido e causa de pedir. Portanto, não pairam dúvidas de que não há o impedimento da coisa julgada nesse caso, inclusive por se saber que,

coisa julgada justamente por tratar-se de "instrumento diferenciado e reforçado que ativa a *jurisdição constitucional das liberdades*".

73. Nesse sentido, vejam-se os seguintes julgados: STJ, REsp 4.157-0-RJ, rel. Min. César Rocha, cuja ementa reza: "Processual Civil. Mandado de Segurança. Apreciação de mérito. Ação própria. Impossibilidade de ajuizamento. Coisa Julgada. A jurisprudência desta Corte é uníssona no sentido de que já tendo sido agitado o tema em sede de mandado de segurança e havendo pronunciamento de mérito acerca da questão, não se pode mais buscar a prestação jurisdicional em ação própria, por operar-se a coisa julgada. Inexistência de violação ao artigo 15 da Lei 1.533/51 ou de divergência com o enunciado n. 304 da Súmula do STF. Recurso especial desprovido"; RE 96.030-RJ, 1ª Turma, rel. Min. Rafael Mayer, cuja ementa reza:. "Ação rescisória. Carência da ação. Mandado de segurança. Coisa julgada material inexistente. Sem que aprecie o mérito da pretensão, a denegação do mandado de segurança não faz coisa julgada, inexistindo, conseqüentemente, o pressuposto da rescindibilidade. Decisão que, ao assim decidir, não ofende a garantia constitucional do mandado de segurança. Recurso extraordinário não conhecido".

nas sentenças terminativas, a coisa julgada que se forma é apenas formal, e o próprio art. 268 do CPC permite a repropositura da mesma ação. Não bastasse isso, o STF editou a Súmula 304, que determina que: "Decisão denegatória de mandado de segurança, não fazendo coisa julgada contra o impetrante, não impede o uso da ação própria". É claro que referida súmula está se referindo às decisões que extinguem o processo, sem julgamento do mérito.[74]

Aliás, se a segurança foi denegada apenas porque não houve a comprovação de plano, exigida no *writ*, é certo que, se o impetrante conseguir a documentação necessária, poderá impetrar outro mandado de segurança, não havendo que se falar em coisa julgada inibidora do exercício do direito de ação.[75] É que a existência de direito líquido e certo é condição da ação específica para o mandado de segurança, razão pela qual a coisa julgada que se forma, quando o processo for extinto, por falta do implemento da mesma, será apenas formal, havendo a possibilidade, portanto, de nova propositura do mesmo mandado de segurança pelo impetrante, assim que ele obtiver a comprovação necessária para a admissão do *writ*. E mais, caso o impetrante realmente não possua a documentação exigida, nada impedirá que ele procure as vias ordinárias para discutir o direito pleiteado, caso em que haverá a oportunidade de dilação probatória.[76]

---

74. Por isso está correto o julgado do STJ que entendeu que: "A matéria não comporta mais discussões no âmbito deste Tribunal, que já firmou o entendimento de que já tendo sido agitado o tema em sede de mandado de segurança e havendo pronunciamento de mérito acerca da questão, não se pode mais buscar a prestação jurisdicional em ação própria, visto que se operou a coisa julgada. Inexistindo, destarte, qualquer violação ao comando expresso no artigo 15 da Lei 1.533/51 ou divergência com o enunciado n. 304 da Súmula do Supremo Tribunal Federal" (STJ, REsp 4.157-0-RJ, rel. Min. Cesar Rocha).

75. Em sentido contrário, está a posição de Ernane Fidélis dos Santos, o qual entende que a aferição da existência do direito líquido e certo faz parte do mérito, havendo formação de coisa julgada com relação à decisão que deixa de apreciar o pedido por lhe faltarem os requisitos da liquidez e certeza: "No pedido de segurança, a parte pleiteia não apenas o reconhecimento do direito, como também a forma procedimental sumária de ser ele reconhecido. Isto faz com que o mérito não seja apenas o pedido de proteção do direito, mas também do que se faz referentemente ao procedimento. Julgando-se a existência ou inexistência do direito e sua certeza e liquidez, julga-se o mérito. Quando o juiz deixar de apreciar o pedido relativamente ao direito, por lhe faltarem os requisitos da certeza e liquidez processuais, a coisa julgada se limita à proteção especial pleiteada, ou seja, ao mandado de segurança que não poderá ser repetido, a não ser que se alterem os fatos" (*Manual de Direito Processual Civil*, cit., vol. 3, p. 219).

76. Nesse sentido está o acórdão inserto na *RTJ* 104/813: se o impetrante não possui direito líquido e certo, a decisão não é rescindível, não havendo impedimento ao uso das vias ordinárias.

De outro lado, se for julgado o mérito do mandado de segurança, entendendo o juiz que inexistia o próprio direito que estava sendo discutido no mandado de segurança, haverá a formação de coisa julgada material, ficando o impetrante impedido de impetrar novo mandado de segurança, com o mesmo objeto. Nesse caso, não haverá possibilidade, nem mesmo de propositura de ação ordinária com o mesmo objeto.[77] A coisa julgada aí formada impede a apresentação de qualquer tipo de ação para discutir o mesmo direito.[78] Inclusive, o impetrante não poderá nem mesmo pretender ingressar em mandado de segurança impetrado por terceiro, na qualidade de litisconsorte. Nesse sentido está o Provimento 132, de 27.5.1976, do Conselho da Justiça Federal, item II. Nessa hipótese, como há formação de coisa julgada material, a sentença denegatória da segurança comporta ação rescisória para sua desconstituição.[79]

Nesse particular, gostaríamos de ressalvar nossa discordância do entendimento de Hely Lopes Meirelles, quando diz que "as sentenças nulas não fazem coisa julgada", pois "o ato nulo não gera efeitos jurídicos válidos", pelo que a "decisão nula, ainda que supere os prazos de recursos específicos, pode ser atacada e invalidada por mandado de segurança".[80]

Ora, é sabido que o regime jurídico das nulidades processuais difere do referente aos atos regidos pelo direito material. Assim, os atos processuais nulos, diferentemente daqueles atos, geram efeitos enquanto assim não forem declarados, tendo uma "espécie de vida artificial", pelo que a sentença, ainda que nula, transita em julgado, sendo passível de desconstituição por ação rescisória. Isso somente não ocorrerá com as sentenças inexistentes, que são passíveis de desconstituição por simples ação declaratória de inexistência.[81]

Enfim, embora, na prática, as decisões judiciais costumem usar o termo "denegar a segurança", indistintamente, para sentenças que rejeitem o mandado de segurança com julgamento do mérito bem como para aquelas que não o fazem, é sempre necessário analisar caso a caso para verificar se realmente houve a análise do mérito ou não, para concluir pela existência de coisa julgada material. Como exemplifica Vicente

---

77. Ver a decisão inserta na *RTJ* 158/846.

78. Ver a opinião de Ernane Fidélis dos Santos, *Manual de Direito Processual Civil*, cit., vol. 3, p. 220.

79. Nesse sentido, os acórdãos insertos em *RTJ* 62/287; 63/11; 63/505; *Boletim da AASP* 1.558/255 e *RJTJESP* 97/143.

80. *Mandado de Segurança...*, cit., p. 116.

81. Ver, sobre o assunto, as valiosas lições de Teresa Arruda Alvim Wambier, *Nulidades do Processo...*, cit., pp. 110-131 e 223-382.

Greco Filho, "a sentença em mandado de segurança fará coisa julgada quando enfrentar o mérito, isto é, definir pela legalidade ou ilegalidade do ato. Não o fará se decretar a carência da segurança por falta de algum de seus pressupostos, como a ilegitimidade de parte, o decurso do prazo decadencial de cento e vinte dias ou a dúvida quanto à matéria de fato que determina a ausência de liquidez e certeza do direito, casos em que o pedido poderá ser renovado em ação própria".[82]

Um outro problema que surge é no tocante ao sentido que se deve dar ao teor da Súmula 304 do STF, acima referida. O entendimento dominante na doutrina, hoje, é o de que somente a decisão que não aprecie o mérito do mandado de segurança é que não obstará o acesso às vias ordinárias, ou seja, se a decisão apreciar o mérito do mandado de segurança, não será permitida a rediscussão da matéria pelas vias ordinárias.[83] Entretanto, também parece correto o entendimento de Hugo de Brito Machado, quando assevera que os limites objetivos da coisa julgada são traçados pela lide, pelo pedido, e não por seus fundamentos, pelo que, sendo o pedido no mandado de segurança constituído de uma ordem, a decisão que a denegasse não obstaria a rediscussão da matéria pelas vias ordinárias, já que os fundamentos não fazem coisa julgada. Realmente o pedido, constante de eventual ação movida nas vias ordinárias, seria diferente daquele constante do mandado de segurança, como já se disse no tópico sobre a litispendência, pelo que não haveria que se falar em coisa julgada na espécie.[84] Contudo, também concordamos com Eduardo Alvim quando diz que não se pode esquecer que a sentença a ser proferida no mandado de segurança, além de ter eficácia preponderantemente mandamental, também pode envolver uma condenação, ou apresentar-se como descontitutiva.[85] Há, também, pequena eficácia declaratória.

82. *Tutela Constitucional...*, cit., p. 165.
83. Nesse sentido, a opinião de Eduardo Alvim, *Mandado de Segurança...*, cit., pp. 271-275.
84. A propósito, Hely Lopes Meirelles afirma que: "Para que surja a coisa julgada, em sentido formal e material, é indispensável a tríplice identidade de *pessoas*, *causa* e *objeto*: as partes hão de ser as mesmas; o fundamento de pedir o mesmo e o objeto o mesmo, e não apenas *assemelhado*. Muito comum é a repetição do ato abusivo, já considerado ilegal em outro mandado entre as mesmas partes, incidente sobre objeto do mesmo gênero (mercadorias, serviços, atividades etc.). Neste caso, não se verifica a *coisa julgada*, por faltar à decisão anterior um dos pressupostos de sua ocorrência, ou seja, a vinculação da sentença primitiva ao mesmo objeto (e não objeto do mesmo gênero). Ter-se-á, aqui, apenas um precedente judiciário; nunca *coisa julgada*, em acepção jurídica própria" (*Mandado de segurança...*, cit., p. 115).
85. *Mandado de Segurança...*, cit., p. 275.

Desse modo, entendemos podem-se conciliar ambas as teorias da seguinte forma: a) sempre que a sentença no mandado de segurança seja de índole terminativa não haverá incidência da coisa julgada, inexistindo qualquer óbice ao uso de ação própria; b) por outro lado, se a sentença proferida no mandado de segurança julgar o mérito, concedendo ou denegando a segurança, fará coisa julgada material, não havendo possibilidade de impetração de novo mandado de segurança para discussão do mesmo pedido; c) com relação ao acesso às vias ordinárias, será preciso analisar cada caso concreto para saber se o caminho estará aberto ou não. Se o pedido formulado, nessa nova ação, tanto do ponto de vista do objeto mediato, como também do objeto imediato, for diferente daquele constante do mandado de segurança, não haverá qualquer impedimento ao uso da ação própria. Sendo idêntico, o acesso estará trancado.

É o que prevê, por exemplo, o art. 15 da Lei 1.533/1951, quando determina que "a decisão de segurança não impedirá que o requerente, por ação própria, pleiteie os seus direitos e os respectivos efeitos patrimoniais". Ora, o impetrante poderá propor ação própria para receber, por exemplo, indenização por perdas e danos eventualmente sofridos, a qual não pode ser cobrada por meio do mandado de segurança. Seria o caso, também, de eventual ação de cobrança de prestações ou pagamentos atrasados ou acrescidos de juros e correção monetária. O mandado de segurança não se presta a veicular esse tipo de pedido, pelo que somente por ação própria o impetrante poderia conseguir obter tal pleito. Assim, o objeto da ação própria, como se vê, seria totalmente diferente, não havendo que se falar em coisa julgada, nessa hipótese.[86] Entretanto, tendo em vista que a sentença no mandado de segurança a par de caracterizar-se como mandamental também pode conter carga desconstitutiva, é certo que a sentença denegatória da segurança em que se pretendia a desconstituição de um determinado ato, impede a propositura de ação de procedimento ordinário com o mesmo objeto.

86. Nessa linha de raciocínio, José da Silva Pacheco ensina que "não se confundindo o mandado com ação de cobrança, nada impede que o interessado, se lhe convier, promova esta para receber o que tiver de direito ou a indenização por perdas e danos eventualmente sofridos. O referido dispositivo nada tem a ver com o instituto da coisa julgada, que encontra garantia no art. 5º, da CF de 1988, e continua com sua sede no art. 468 do CPC, não ultrapassando o objeto do próprio processo de mandado de segurança, que é fazer cessar a coação para fluência, quer inicial, quer restabelecida, do direito líquido e certo de que é titular o impetrante. As quantias que, eventualmente, deva receber por causa disso, quer ressarcimento de perdas e danos, quer de prestações ou pagamentos atrasados ou acrescidos de juros e correção, podem ser pleiteados em outro processo" (*O Mandado de Segurança...*, cit., p. 290).

É preciso lembrar, ainda, do princípio do dedutível e do deduzido, previsto no art. 474 do CPC, que impediria o uso de uma ação nas vias ordinárias para discutir o mesmo pedido formulado no mandado de segurança, baseado em fundamento diferente. A eficácia preclusiva da coisa julgada também não permitiria a discussão de novos fundamentos não deduzidos na ação anterior.[87] Por exemplo, se, no mandado de segurança, o impetrante não utilizou o argumento de falta de notificação, para impugnar determinado auto de infração, não poderá fazer tal alegação para deduzir pedido nas vias ordinárias.

Eduardo Alvim, por outro lado, ressalva o problema referente à coisa julgada no que tange às relações tributárias continuativas. Segundo ele, continuativa seria a relação tributária una, mas que se projeta no futuro, pelo que "transita em julgado a sentença concessiva da ordem pleiteada, projetará a coisa julgada inegavelmente efeitos para o futuro. Toda vez que se configurar uma situação de fato (fato imponível, na terminologia de Geraldo Ataliba) que devesse ensejar, segundo o entender do Fisco, a incidência do ICMS, esta estará obstada pela sentença concessiva da ordem até que seja sanada a ilegalidade".[88]

Para alguns doutrinadores, como Nelson Nery Jr. e Rosa Nery, a perempção e a convenção de arbitragem também são pressupostos processuais negativos.[89]

A perempção está prevista no art. 267, V, podendo ser definida, de acordo com o art. 268, parágrafo único, como a perda do direito de ação, devido ter o autor dado causa, por três vezes, à extinção do processo, pelo motivo de ter deixado de cumprir diligências que lhe competiam. O autor que não foi diligente e abusou do direito de exigir a tutela jurisdicional deve ser penalizado com a extinção do quarto processo que pretender distribuir.

Veja-se que há uma imprecisão de linguagem técnica, com relação à referida disposição, consistente na expressão "nova ação". O autor, na verdade, não poderá intentar a mesma ação, de novo. No entanto, o autor poderá intentar nova ação, ou seja, outra ação com o mesmo objetivo. Assim, a perempção geraria a perda da pretensão e não do direito em si, havendo possibilidade do autor alegá-lo em sua defesa.[90]

87. Nesse sentido ressalva Eduardo Alvim, *O Mandado de Segurança...*, cit., p. 275.
88. Idem, ibidem, p. 277.
89. *CPC Comentado*, cit., p. 531. Frederico Marques também entende que não pode existir convenção de arbitragem, *Manual de Direito Processual Civil*, p. 130.
90. Teresa Arruda Alvim Wambier, *Nulidades do Processo...*, cit., pp. 59-60.

Portanto, a perempção pode ser incluída entre os pressupostos processuais negativos. De fato, a perempção causa a invalidade do processo, pode ser conhecida de ofício e acarreta a extinção do processo, sem julgamento do mérito.[91]

Com relação à perempção, no mandado de segurança, por ser um procedimento célere, não daria margem para muitas hipóteses em que esse pressuposto processual negativo pudesse ocorrer. De fato, no mandado de segurança o impetrante apresenta a inicial já acompanhada dos documentos indispensáveis, a autoridade coatora presta informações, o Ministério Público é ouvido e o juiz profere a decisão. Entretanto, teoricamente, nada impede a ocorrência de hipótese em que o impetrante seja intimado a cumprir alguma diligência no mandado de segurança. Assim, nesse caso, se o impetrante, devidamente intimado, não o fizer, deixando o processo ser extinto, por esse motivo e se resolver impetrar novamente o mesmo mandado de segurança, deixando o processo ser também extinto, por mais duas vezes, sempre pelo mesmo motivo de não cumprir diligências no mandado de segurança, entendemos que o instituto da perempção é perfeitamente adequado ao mandado de segurança. Ora, se o impetrante deixou de cumprir as diligências que lhe competiam, dando azo à extinção de três processos, pelo mesmo motivo, é sinal que o dano que queria evitar, com o mandado de segurança, não é tão irreparável assim.

Com relação à convenção de arbitragem, antes de tudo, é preciso salientar que esse conceito envolve tanto o compromisso arbitral como a cláusula compromissória. O compromisso arbitral não poderá ser incluído entre os pressupostos processuais negativos. Isso porque, apesar de o art. 267, inc. VII do CPC, ter sido alterado pela Lei 9.307/1996, para dispor que o processo será extinto, sem julgamento do mérito, quando estiver presente a convenção de arbitragem, é certo que o § 4º do art. 301 permaneceu com a redação anterior, no sentido de que o juiz não poderá conhecer, de ofício, do compromisso arbitral.

Desta forma, não é possível o conhecimento de ofício do compromisso arbitral, mas sim da cláusula compromissória.[92] Ora, todos os pressupostos processuais obedecem ao mesmo regime processual, qual seja, o de que sobre essas matérias não haverá preclusão, nem para partes nem

---

91. Em sentido contrário está a posição de Teresa Arruda Alvim Wambier, que entende que a perempção não se caracteriza como pressuposto processual tendo em vista que "é instituto que favorece o réu, pois impede o autor de lançar mão de seu direito de ação, afirmando ter um direito – mas não ao réu de voltar-se contra o autor" (ibidem, pp. 62-63).

92. Nesse sentido, a opinião de Teresa Arruda Alvim Wambier, ibidem, p. 66.

para juiz, podendo ser reconhecidas de ofício e, portanto, alegadas pelas partes, em qualquer tempo e grau de jurisdição.[93]

Assim, com relação ao compromisso arbitral ocorre a mesma hipótese da incompetência relativa e da suspeição do juiz. A presença desses vícios não torna o processo nulo. Trata-se de nulidades sanáveis. De fato, se o réu não alegar o estabelecimento do compromisso arbitral, significa que renunciou ao direito de fazer valer a decisão do árbitro, preferindo sujeitar-se à decisão judicial. Portanto, o processo será válido, nesse caso. Daí se conclui que não estamos ante um pressuposto processual. No entanto, diferentemente se passa com a cláusula compromissória, que pode, ou não, ser alegada como preliminar de contestação. Na verdade, pode sê-lo antes, ou depois. Além disso, o juiz deve conhecer dessa matéria de ofício, já que não está incluída no art. 301, § 4º.[94]

Quanto à intervenção do Ministério Público, embora não esteja arrolado como pressuposto processual de forma genérica, a falta dessa intervenção causaria a nulidade do processo, por isso essa exigência deveria constar do rol dos pressupostos processuais específicos do mandado de segurança.[95]

De fato, o art. 10 da Lei 1.533/1951 determina a intervenção do Ministério Público, no prazo de cinco dias após a autoridade coatora ter prestado as informações. Além disso, o art. 83 do CPC determina a nulidade do processo em que não há a intervenção do Ministério Público, quando esta for obrigatória.

Alguns doutrinadores, como Buzaid, entendem que a intervenção do Ministério Público ocorre como defensor do Poder Público, com a função de apresentar defesa complementar às informações.[96]

Entretanto, entendemos que o Ministério Público, no mandado de segurança, tem por função oficiar como fiscal da lei e não como representante da pessoa jurídica de direito público, sendo, pois, imparcial.[97]

93. Luiz R. Wambier, Flávio Almeida e Eduardo Talamini, *Curso Avançado...*, cit., p. 205.
94. Teresa Arruda Alvim Wambier, *Nulidades do Processo...*, cit., p. 66.
95. Nesse sentido a jurisprudência, como se vê, por exemplo, do seguinte julgado: "Mandado de Segurança – Âmbito. Impetração contra julgamento realizado sem a intervenção do Ministério Público. Nulidade absoluta, tendo-se em vista a indispensabilidade de tal intervenção. Cabimento do *mandamus*. Segurança concedida" (MS. 847.532-3-SP, Órgão Especial, 1º TACivSP, 26.8.1999, rel. Juiz Elliot Akel, *Jornal Tribuna do Direito*, Caderno de Jurisprudência, ano 6, n. 64, p. 254).
96. *Do Mandado de Segurança*, cit., p. 180.
97. Ada Pellegrini Grinover salienta que "o entendimento é reforçado pela Constituição de 1988, que retirou do Ministério Público a função de representante

Veja-se que basta que se dê oportunidade de manifestação ao Ministério Público, não havendo necessidade de que seja efetivada.[98]

3. Condições da ação

O conceito de ação é mais abstrato que o conceito de processo. O conceito de processo, seja como relação jurídica processual, seja como sucessão encadeada de atos, tendentes a um final conclusivo, é palpável, concreto, fácil de se perceber. Isso não acontece com o conceito de ação, pois ação é um direito. Sabe-se que ação é um direito público, subjetivo e abstrato de obter a prestação jurisdicional pleiteada, ou seja, de obter uma sentença de mérito, de qualquer conteúdo. Assim, o direito de ação não requer que realmente o direito pleiteado exista, nem exige, de plano, um exame aprofundado da existência desse direito, pelo juiz. Haverá direito de ação ainda que a mesma seja julgada improcedente.[99]

Num primeiro momento, o direito de ação decorre do próprio texto constitucional, o qual, no seu art. 5º, inc. XXXV, permite o livre acesso ao Poder Judiciário, por qualquer cidadão, estabelecendo que "nenhuma lesão (ou ameaça) de direito individual será subtraída à apreciação do Poder Judiciário". É o chamado direito de petição. Entretanto, é preciso ter em mente que esse é um direito genérico, que todos possuem ampla e irrestritamente, que não se confunde com o direito processual de ação, do qual estamos tratando. Na verdade, o direito processual de ação é originário do direito constitucional de ação, mas este não é objeto do direito processual civil. De fato, o direito processual de ação, objeto do direito processual civil, não é amplo e irrestrito, como o assegurado pela Constituição Federal, mas depende do implemento das condições da ação.

judicial das pessoas jurídicas de direito público, atribuindo-se aos órgãos das procuradorias (federal, do Distrito Federal e estaduais), pelo que a audiência do Ministério Público, que se mantém, é interpretada como sendo nas vestes da parte imparcial" ("Mandado de segurança contra ato judicial penal", in Aroldo Plínio Gonçalves (Coord.), *Mandado de Segurança*, cit., p. 37).

98. Nelson Nery Jr. e Rosa Nery, *CPC Comentado*, nota 10 ao art. 82, p. 328.

99. Nesse sentido, Eduardo Couture afirmava que: "Toda idea que tienda a asimilar el derecho a pedir con la justicia de lo pedido, constituye una *contradictio in adjeto*. El derecho de pedir no requiere un examen del contenido de la decisión. Si efectivamente existe un derecho lesionado, la resolución será estimatoria; si no existe, la petición será rechazada en cuanto a su mérito. Pero, en todo caso, la autoridad debe admitir el pedido en cuanto tal, para su debido examen con arreglo al procedimiento establecido" (*Fundamentos del Derecho Procesal Civil*, p. 76).

Explica-se: mesmo quando as condições da ação não são implementadas, há, de fato, prestação jurisdicional por parte do Estado, como ocorre, por exemplo, no caso do indeferimento da inicial. Ora, houve autuação, o juiz analisou liminarmente a inicial e concluiu pela falta de uma das condições da ação, indeferindo-a, por meio de sentença. A sentença do juiz, nesse caso, é estritamente processual, já que não atingiu o mérito, mas não se pode negar que houve exercício da função jurisdicional.[100] Como solucionar tal questão sem ter que se admitir como válida a teoria concretista? É preciso analisar a questão tendo em vista o ordenamento jurídico como um todo. Assim, a sentença terminativa proferida pelo juiz possui efeitos jurídicos que não podem ser desprezados, embora não sejam tão profundos como os da sentença de mérito. Em razão disso, claramente se pode concluir pela existência de dois direitos autônomos e interligados de forma que um decorre do outro. De fato, nas sentenças terminativas há o exercício do direito constitucional de ação, que é amplo e irrestrito. Mas não há o direito processual de ação, que exige, para sua constituição, a presença das condições da ação.

Arruda Alvim esclarece tal questão, de forma bastante clara, asseverando que: "E não se poderá dizer que uma decisão, ainda que de caráter processual, não seja exercício da atividade jurisdicional. Assim, o despacho liminar de indeferimento é decisão jurídica que produz efeitos jurídicos, embora 'não tão profundos' quanto os da sentença de mérito. Neste caso, o autor terá, legitimamente, exercido o seu direito de ação lastreado no Direito Constitucional que é o próprio direito genérico de ação, sem que lhe tenha reconhecido o direito de ação no plano do sistema do processo civil, propriamente dito, justamente por não estarem preenchidas as condições da ação".[101]

Portanto, concordamos com a opinião de Arruda Alvim, no sentido de que existem dois tipos de ação: a ação constitucional, de natureza genérica e especificada no art. 5º, inc. XXXV, da Constituição Federal, e a ação processual, que embora seja decorrente da ação constitucional, com ela não se confunde, sendo regulada no processo.[102]

Veja-se que, ao se deparar com o direito constitucional de ação, ou seja, o direito que é assegurado a todo e qualquer cidadão de levar ao Poder Judiciário um conflito de interesses para ser resolvido, verifica-se que

---

100. Contra esse entendimento está a posição de Liebman, citado por Arruda Alvim, em seu *Tratado...*, cit., vol. 1, p. 374.
101. Idem, ibidem, p. 375.
102. Idem, ibidem, p. 378.

este não é incondicional e ilimitado. Portanto, jamais poderia depender, para seu implemento, de requisitos como as condições da ação. Assim, parece lógico que somente o direito processual de ação é que sofrerá a limitação imposta pela necessidade de implemento das condições da ação.

O direito de ação resulta na instauração de um processo. Ocorre que, para que se possa exigir, legitimamente, o provimento jurisdicional, é preciso que algumas condições sejam implementadas. De fato, para que o juiz possa analisar o mérito, julgando a ação procedente ou não, é necessário que sejam examinadas algumas questões preliminares, constituídas de etapas lógicas e cronologicamente anteriores à questão principal. O mérito é a última questão que o juiz deve examinar no processo.[103]

No nosso entender, condições da ação são requisitos mínimos para que se possa chegar a obter, por intermédio do meio processual adequado, a regular instauração do processo e a efetiva entrega da prestação jurisdicional requerida. Ausentes as condições da ação, o caminho para se conseguir a prestação jurisdicional será bloqueado. No dizer de Arruda Alvim, as condições da ação são "categorias lógico-jurídicas, existentes na doutrina e, muitas vezes, na lei, como em nosso Direito positivo, que, se preenchidas, possibilitam que alguém chegue à sentença de mérito".[104]

No nosso sistema, as condições da ação são: a legitimidade *ad causam*; o interesse processual e a possibilidade jurídica do pedido. Nosso sistema processual adotou, portanto, a teoria abstrata da ação, conforme se verifica nos arts. 3º, 267, V e 295 do CPC.

A doutrina moderna tende a não considerar a possibilidade jurídica do pedido como condição da ação. Inclusive o próprio Liebman, criador da teoria das condições da ação, adotada pelo nosso sistema processual, após o advento do divórcio em seu país, deixou de considerá-la como tal na 3ª edição de seu *Manual de Direito Processual Civil*, já que esse era o exemplo clássico para a possibilidade jurídica do pedido, como condição da ação.

Na verdade, pensamos que a possibilidade jurídica do pedido poderia, perfeitamente, ser encartada na idéia de adequação, e, portanto, englobada pelo interesse processual.[105]

103. Nelson Nery Jr. e Rosa Nery, *CPC Comentado*, p. 531.
104. *Manual...*, vol. 1, p. 368.
105. Concordamos com a posição de Gilson Delgado Miranda, que, na esteira de Liebman, afirma que a possibilidade jurídica do pedido pode ser "perfeitamente abarcada pelo interesse processual, na idéia de adequação" (*Procedimento Sumário,*

Contudo, a possibilidade jurídica do pedido foi acolhida pelo nosso sistema processual como condição da ação e está arrolada no art. 267, VI do CPC de forma taxativa.

Como se vê, muito se discute na doutrina se essas condições da ação seriam realmente categorias referentes ao direito processual ou se se confundiriam com o próprio direito material, devendo ser analisadas como mérito. Entretanto, nossa opinião é a de que as condições da ação não têm relação com o direito material, pertencendo exclusivamente ao direito processual.

Ora, quando se trata da legitimidade *ad causam*, do interesse processual e até mesmo da possibilidade jurídica do pedido, não se afere se o direito material existe, mas sim se a parte que o está pleiteando possui condições de vir a obtê-lo por meio daquela ação.

Assim, quando se infere a existência da legitimidade de parte, o que se verifica é se o autor é o possível titular do direito pretendido naquela ação, e se o réu é o possível responsável pela obrigação pleiteada, devendo figurar no pólo passivo. Nesse momento, não se verifica se o autor realmente possui o direito pleiteado e se o réu está realmente obrigado a cumprir a obrigação. Por isso é que a legitimidade é figura de natureza processual, devendo ser apurada, de acordo com a afirmação das partes, no processo, e de acordo com a lide retratada nos autos. A legitimidade independe da existência do direito material.[106]

Da mesma forma, quando o órgão julgador aprecia a existência do interesse processual, não avalia, nesse primeiro momento, a procedência

p. 40). No mesmo sentido é o entendimento de Arruda Alvim, *Tratado...*, p. 380. Em sentido contrário está a opinião de Sérgio Shimura, *Título Executivo*, p. 68.

106. Marcelo Navarro Ribeiro Dantas manifesta-se nesse sentido: "Como imperativo lógico de um sistema processual que a erige em condição para a sentença de mérito, a legitimidade há de ser aceita como hipótese de trabalho, válida para cada processo em particular, que pode ser reduzida à seguinte premissa: se existir o direito afirmado pela parte, ela será a titular dele. A existência ou não do direito é problema a ser decidido na sentença de mérito" (*Mandado de Segurança Coletivo – Legitimação Ativa*, p. 78). Esta também é a opinião de Donaldo Armelin, que ensina que: "Se o sistema jurídico assegura o pleno acesso aos tribunais para apreciação da lesão a direito individual (art. 153, § 4º da CF), e se, para a apreciação da existência de tal direito, é impossível escandir a titularidade deste da sua própria existência, não há como eliminar a apreciação da existência a pretexto de falta de titularidade, a menos que comprovada no processo aquela titularidade por parte de terceiro não inserido neste. Ou seja, toda vez que a inexistência do direito implicar a falta de titularidade, haverá sempre um julgamento de mérito, mas quando a falta de titularidade não implicar a inexistência do direito, haverá carência da ação por inexistência de legitimidade" (*Legitimidade...*, pp. 95-96).

do direito material, mas apenas se o autor tem necessidade da ação proposta, se esta será útil ao fim almejado, bem como se o autor está utilizando o meio processual adequado para tanto.

Até mesmo quando se afere a presença de possibilidade jurídica do pedido, que muitos autores entendem ser questão de mérito,[107] não há a apreciação da efetiva existência do direito material. Este é um requisito exclusivamente processual, pois exige apenas a previsão abstrata no sistema ou sua não proibição. Ainda que a previsão hipotética seja procurada no âmbito do direito material, isso não transforma esta condição da ação em instituto de direito material.

Ora, o direito pode estar previsto no ordenamento jurídico e nem por isso, forçosamente, o autor terá sua ação julgada procedente. Por exemplo, a ação de divórcio hoje é prevista no nosso ordenamento jurídico, pelo que podemos concluir que há possibilidade jurídica do pedido, se determinado autor pleitear o divórcio em juízo. Mas daí não se tira que só por isso sua ação será julgada procedente.[108] É preciso ressaltar que o que se exige como possibilidade jurídica do pedido é que o mesmo esteja inserido no sistema, não havendo necessidade de previsão legal expressa. O pedido deve estar compreendido no ordenamento jurídico. Assim, mesmo que inexista previsão expressa na lei, o pedido poderá ser analisado se não estiver contra o sistema. Na verdade, bastaria, para que o pedido fosse possível, que ele não estivesse proibido. Se não há previsão legal expressa e se ele não conflita com o ordenamento jurídico como um todo, deve ser considerado possível.[109]

---

107. Nesse sentido está a opinião de Galeno Lacerda, para quem a falta de amparo legal fulmina o pedido, despacho saneador e o julgamento do mérito, *Estudos sobre o Processo Civil Brasileiro*, pp. 107 e ss., citado por Celso Agrícola Barbi, *Comentários ao Código de Processo Civil*, vol. I, p. 319; Teresa Arruda Alvim Wambier é da mesma opinião, entendendo que embora a impossibilidade do pedido esteja enquadrada na lei como condição da ação, o juiz, ao dar pela sua inexistência, terá examinado o mérito; Thereza Alvim entende que a possibilidade jurídica do pedido integra o próprio mérito da causa, como a prescrição e a decadência, mas que, ante a lei vigente, tal posição não poderia ser sustentada (*Questões prévias...*, cit., pp. 93-94). Esta também é a opinião de José Miguel Garcia Medina, o qual propõe solução de *lege ferenda*, propugnando pela exclusão da possibilidade jurídica do pedido do quadro das condições da ação, ou que receba o mesmo tratamento dado aos institutos da prescrição e da decadência, in *RePro* 93/371.

108. Nesse sentido está a opinião de Arruda Alvim, em seu *Tratado...*, cit., vol. 1, p. 381.

109. Eduardo Arruda Alvim resolve a questão de se saber se a análise da impossibilidade jurídica do pedido é mérito salientando que "a diferença entre se decidir se o pedido é juridicamente impossível ou se é improcedente consiste na evidência

Embora as condições da ação estejam bem próximas do mérito,[110] com ele não se confundem e devem ser aferidas no âmbito processual. É preciso ressaltar, ainda, que não importa o momento em que o juiz analisou a presença ou falta das condições da ação, se no início, no meio ou no final do processo, para a definição da natureza jurídica do instituto. Mesmo que o juiz conclua pela falta da condição da ação somente no final do processo, isso não desnatura a índole processual do instituto, que não se confunde com o mérito.[111]

Vamos, então, tratar detidamente cada uma das condições da ação, analisando-as também especificamente com relação ao mandado de segurança.

3.1 Legitimidade "ad causam"

A legitimidade *ad causam* se traduz na coincidência entre os titulares do direito material e da relação jurídica afirmada em juízo. Assim, são partes legítimas os titulares, ou possíveis reais titulares da relação jurídica de direito material que é afirmada em juízo.

Donaldo Armelin define legitimidade de agir como "uma qualidade jurídica, que se agrega à parte no processo, emergente de uma situação processual legitimante e ensejadora do exercício regular do direito de ação, se presentes as demais condições da ação e pressupostos processuais, com o pronunciamento judicial sobre o mérito do processo".[112]

Assim, salvo hipóteses excepcionais previstas em lei, o jurisdicionado não tem o direito de propor ações sobre os conflitos de interesses de outrem, mas apenas para defender direito seu. O interessado somente

---

prima facie, no primeiro caso, de que o direito subjetivo não existe. Trata-se de improcedência patente, óbvia, manifesta. Trata a hipótese de pedido juridicamente impossível, de pretensão não albergada pelo ordenamento jurídico" (*Curso...*, cit., vol. 1, p. 159).

110. As condições da ação são categorias lógico-jurídicas que, em relação aos pressupostos processuais, estão mais próximas do mérito porque se caracterizam como o elo que une o direito material ao processual. De fato, a ação é o direito de exigir a prestação da tutela jurisdicional, direito esse que é condicionado. Portanto, somente com a presença das condições da ação é que o mérito poderá ser analisado pelo magistrado. As condições da ação são requisitos para o exame de mérito, mas não são o próprio mérito.

111. Nesse sentido está a opinião de Thereza Alvim, *O Direito Processual...*, cit., p. 57.

112. *Legitimidade...*, cit., p. 85.

poderá litigar se for titular da relação jurídica de direito material, levada a juízo.[113]

Por outro lado, o conceito de legitimidade não se confunde com o conceito de parte. Este se origina da ação considerada em seu aspecto formal e não se prende à titularidade da relação jurídica de direito material. Assim, mesmo aquele que tem sua ilegitimidade *ad causam* decretada não deixa, só por isso, de ser parte. A parte ilegítima é parte processual.[114]

No processo civil, a ilegitimidade tem sua disciplina genérica nas regras do processo de conhecimento, daí irradiando-se para o processo de execução e cautelar. No processo civil, a ilegitimidade não está sob o pálio do princípio dispositivo, pelo que pode ser conhecida pelo juiz por dever de ofício, em qualquer tempo e grau de jurisdição (arts. 267, § 3º, e 301, § 4º). A decisão que reconhece a ilegitimidade extingue o processo sem julgamento do mérito.

O art. 3º, combinado com o art. 267, inc. VI, ambos do CPC, colocou a legitimidade *ad causam* como verdadeira condição da ação.

A legitimidade pode ser ordinária ou extraordinária. Será ordinária quando existe coincidência entre a legitimação do direito material que se quer discutir em juízo e a titularidade do direito de ação. Aquele que se afirma titular do direito material tem legitimidade para discuti-lo em juízo.[115]

Algumas vezes, contudo, a lei autoriza que alguém venha a juízo pleitear em nome próprio direito alheio. Nesse caso, temos a legitimação extraordinária, chamada por alguns de anômala (CPC, art. 6º).

113. Nesse diapasão Gilson Delgado Miranda afirma que "o homem, em geral, não tem o direito de propor ações sobre todas as lides existentes no mundo. Como é cediço, corriqueiramente, só podem litigar aqueles que forem sujeitos da relação jurídica de direito material, levada a juízo. Assim, cada um deve propor as ações relativas aos seus direitos; salvo em casos excepcionais expressamente previstos em lei, quem está autorizado a agir é o sujeito da relação jurídica discutida (aquele que sofreu os prejuízos; aquele que contratou, etc.)" (*Procedimento Sumário*, p. 43).

114. Sérgio Shimura, nesse sentido, salienta que "o conceito de *legitimidade* não se equipara ao de *parte*. O primeiro pertine ao campo das condições da ação; o segundo está ligado aos elementos da ação. Parte liga-se à demanda em seu aspecto formal, dissociado na relação jurídica substancial; será aquele que formulou o pedido e aquele em face de quem o pedido é formulado. Outra coisa é a parte ser *legítima* em relação àquele determinado réu, considerando uma dada relação jurídica material. Logo, não deixa de ser parte aquele que alega a sua *ilegitimidade de parte*" (*Título Executivo*, p. 23).

115. Nelson Nery Jr. e Rosa Nery, *CPC Comentado*, p. 531.

Sobre o assunto, Barbosa Moreira ensina que "denomina-se legitimação a coincidência entre a situação jurídica de uma pessoa, tal como resulta da postulação formulada perante o órgão judicial, e a situação legitimante prevista na lei para a posição processual que a essa pessoa se atribui, ou que ela mesma pretende assumir". E conclui: "quando a situação legitimante coincide com a situação deduzida em juízo, diz-se ordinária a legitimação; no caso contrário, a legitimação diz-se extraordinária".[116]

Portanto, no sistema do Código de Processo Civil, regra geral, será parte ativa legítima aquele que se afirma titular ou possível titular de determinado direito que precisa de tutela jurisdicional. Por outro lado, será parte passiva legítima aquele a quem caiba o cumprimento da obrigação decorrente da pretensão. Essa é a chamada legitimação ordinária. Nesses casos, alguém está em juízo pleiteando, em nome próprio, um direito próprio.

No entanto, o art. 6º do CPC prevê a possibilidade de alguém ir a juízo pleitear em nome próprio um direito alheio, ou seja, nesse caso os legitimados para estarem em juízo não são os titulares ou possíveis titulares da relação jurídica, de direito material, envolvida no litígio. A lei confere, nessa hipótese, a legitimidade à pessoa diversa daquela que é titular da relação jurídica de direito material, ocorrendo, assim, a chamada legitimação extraordinária.

Podemos classificar[117] a legitimação extraordinária, primeiramente, em duas categorias: a) legitimação autônoma, na qual o contraditório tem-se como regularmente instaurado com a só presença, no processo, do legitimado extraordinário, e b) legitimação subordinada, na qual se outorga a terceiros a possibilidade de se inserirem em processo alheio, validamente instaurado por legitimado ordinário, ensejando-se uma atuação paralela do legitimado extraordinário, geralmente como assistente.

A legitimação extraordinária autônoma, por sua vez, se divide em: a) legitimidade autônoma exclusiva e b) legitimidade autônoma concorrente. Na primeira classificação, a presença do legitimado extraordinário exclui a do legitimado ordinário, o qual poderá ingressar no processo como terceiro interveniente. É o que ocorre no exemplo clássico, embora ultrapassado, em face da vigência da nova Constituição Federal, do marido na defesa de bens dotais da mulher, bem como na hipótese do art. 42

---

116. "Apontamentos para um estudo sistemático da legitimação extraordinária", in *Direito Processual Civil – Ensaios e Pareceres*, pp. 59-60.
117. Conforme Donaldo Armelin, baseado em lições de Barbosa Moreira, *Legitimidade...*, cit., p. 130 e ss.

do CPC, em que o adquirente da coisa litigiosa, impedido de assumir em juízo a posição do alienante, pela recusa da parte contrária, poderá ingressar como assistente do alienante, que figurará como substituto processual do adquirente. Na segunda, tanto o legitimado extraordinário como o ordinário podem propor uma ação, que será validamente exercitada, quer com a presença de um, quer com a presença de outro, ou seja, podem figurar, lado a lado no processo, em posições equivalentes. É o caso da ação de nulidade de casamento, contraído perante autoridade incompetente, para cuja propositura estão legitimados os cônjuges, o Ministério Público e os interessados.

A legitimação autônoma concorrente poderá ser primária, quando tanto o legitimado ordinário como o extraordinário podem, independentemente um do outro, instaurar o processo, e subsidiária, quando somente ante a omissão do legitimado ordinário é que o extraordinário poderá agir.

Ocorre substituição processual quando alguém pleiteia ou defende em juízo, em nome próprio, afirmação de direito alheio, em substituição de quem seria legitimado ordinário.[118]

Embora muitas vezes, na doutrina e na jurisprudência, se utilize a expressão substituição processual como sinônimo de legitimação extraordinária, na verdade, aquela é uma espécie desta.

De fato, a substituição processual é apenas a legitimação extraordinária autônoma de caráter exclusivo, porque somente nela se encontra, verdadeiramente, uma substituição, ou seja, retirada do legitimado ordinário para assumir a posição, em seu lugar, o legitimado extraordinário. Na legitimação extraordinária concorrente, como ambos podem comparecer, não há propriamente uma substituição, exceto na hipótese de o legitimado ordinário não comparecer, caso em que será substituído pelo legitimado extraordinário.[119]

Arruda Alvim, baseado na doutrina alemã sobre legitimidade processual, afirma que o legitimado extraordinário não sofre os efeitos materiais da sentença, que somente atua processualmente em decorrência do "poder de conduzir um processo", o que lhe é conferido por lei. Esse direito de conduzir um processo é, segundo ele, um pressuposto processual, qual seja, a legitimação processual.[120]

---

118. Conforme Thereza Alvim, *O Direito Processual...*, cit., p. 101.
119. Marcelo Navarro Ribeiro Dantas, *Mandado de Segurança Coletivo...*, cit., p. 85.
120. *Tratado...*, cit., pp. 353-354. Sobre o assunto, Sérgio Shimura esclarece que na doutrina alemã a legitimação é vista como a capacidade concreta de conduzir

Enfim, pode-se concluir[121] que:

a) A parte pode estar em juízo em nome próprio, hipótese em que ou estará revestida de legitimidade *ad causam* ordinária, porque é titular do direito discutido em juízo ou, não sendo titular do direito disputado, tem apenas a legitimação extraordinária, comumente chamada de substituição processual.

b) A parte pode estar em juízo em nome alheio, em face do fenômeno da representação, legal ou judicial (na hipótese de o titular do direito ser incapaz) ou convencional (via mandato ou autorização).

Como já foi dito, a legitimidade *ad causam* não se confunde com a capacidade processual nem com a legitimidade *ad processum*, ambas pressupostos processuais.

O conceito de capacidade processual geralmente coincide com o conceito de capacidade para os atos da vida civil. Entretanto, não ter capacidade processual não significa que também não se tenha legitimidade para a causa. São conceitos diversos. Aquele que é titular de direitos, mas não tem capacidade processual, poderá ir a juízo, bastando que esteja representado ou assistido, para ter a falta de capacidade processual suprida.

Há três critérios diferenciadores entre legitimidade e capacidade, que normalmente são utilizados pela doutrina. Resumidamente são eles: a falta de capacidade origina invalidade enquanto a falta de legitimidade origina ineficácia; a capacidade tem natureza genérica enquanto a legitimidade tem natureza específica; a capacidade é sempre a atribuição de uma qualidade pelo direito a uma pessoa, enquanto a legitimidade se origina de circunstâncias exclusivamente jurídicas.

Teresa Arruda Alvim Wambier ressalva a existência de mais um critério, além dos que foram acima citados, que é o de que "na capacidade existe sempre o porquê (em virtude de, em decorrência de)" enquanto a legitimidade "existe para, em relação a (a um objeto, e a um outro sujeito – isto é, a uma situação jurídica)". E conclui exemplificando: "é-se capaz porque se tem vinte e um anos. Tem-se legitimidade para exigir o cumprimento de determinada obrigação, pois se é credor em face de determinado devedor".[122]

---

determinado processo, ou seja, *quem* pode ser o verdadeiro titular, ativo ou passivo, do objeto litigioso, e não *quem* é o seu efetivo titular (*Título Executivo*, p. 23).

121. Essa classificação é adotada por Marcelo Navarro Ribeiro Dantas, *Mandado de Segurança Coletivo...*, cit., p. 86.

122. *Nulidades do Processo...*, cit., pp. 45-46. Marcelo Navarro Ribeiro Dantas é da mesma opinião quando diz: "Capacidade é um ser, legitimidade, um estar em face de" (*Mandado de Segurança Coletivo...*, cit., p. 71).

Há que se diferenciar a legitimidade *ad causam* da legitimidade processual. Esta última é o direito de estar num determinado processo específico. Conforme a doutrina alemã, esse direito de estar em juízo num processo determinado, ainda que não se defenda direito próprio, é chamado de direito de conduzir o processo.[123] Para aqueles que acompanham a corrente alemã, como Arruda Alvim, e identificam o direito de conduzir o processo com a legitimidade *ad processum*, pode-se dizer que esta abrange tanto a legitimação extraordinária como a representação. Assim, ao legitimado extraordinário se atribui o direito de iniciar o processo, mas não será atingido pelos efeitos da sentença. O legitimado tem apenas o direito de conduzir o processo. Em conseqüência, a legitimação extraordinária se encontra na esfera da legitimidade processual e não da legitimidade *ad causam*.[124]

3.2 Legitimidade "ad causam" no mandado de segurança

3.2.1 Legitimidade ativa

No pólo ativo da ação de mandado de segurança pode figurar qualquer pessoa, física ou jurídica, pública ou particular, que tenha sofrido, ou tenha sido ameaçada de sofrer, lesão a direito líquido e certo. Podem constar do pólo ativo, inclusive, o espólio, a massa falida, as sociedades sem personalidade jurídica, o condomínio, as assembléias, os tribunais, as câmaras.[125]

O direito de requerer mandado de segurança assiste, em regra, a todos aqueles que podem usar das ações civis em geral, isto é, pessoas naturais e jurídicas.[126]

Entretanto, o direito de a pessoa jurídica de direito público legitimar-se para utilização de mandado de segurança é muito controvertido na doutrina e na jurisprudência.

Os que não admitem, como Othon Sidou, salientam que o mandado de segurança é uma garantia individual e não poderia ser utilizado pela pessoa jurídica de direito público.[127] Esse entendimento é inadmissível

---

123. Conforme Marcelo Navarro Ribeiro Dantas, ibidem, p. 71.
124. Ver, nesse sentido, Arruda Alvim, *Tratado...*, idem, p. 350.
125. Nesse sentido está a lição de Ernane Fidélis dos Santos, *Manual de Direito Processual Civil*, cit., vol. 3, p. 199.
126. Nesse sentido, Celso Agrícola Barbi, *Do Mandado de Segurança*, p. 68.
127. *Mandado de Injunção, Habeas Corpus, Mandado de Segurança, Ação Popular; as Garantias Ativas dos Direitos Coletivos segundo a Nova Constituição*, p. 130.

porquanto a própria Lei 1.533/1951 não proíbe o uso do mandado de segurança pelas pessoas jurídicas de direito público, pelo que se infere que tal direito lhes é permitido. A lei ordinária não pode suprimir a garantia constitucional, mas somente ampliá-la.

Além disso, alguns entendem[128] que tais entes não estão legitimados ao uso do mandado de segurança porque, se assim o fosse, haveria violação do princípio da igualdade, amparado constitucionalmente. É que, para esses doutrinadores, como o mandado de segurança concede alguns benefícios aos autores da ação, em função da necessidade de dar proteção eficiente e rápida ao particular contra atos do Poder Público, o réu fica em posição de flagrante inferioridade. É, na verdade, aplicação do princípio da igualdade substancial. Entretanto, dizem tais doutrinadores, não há razão para concessão desses mesmos benefícios ao próprio Estado, razão pela qual entendem que a utilização desse instituto pela pessoa jurídica de direito público viola o princípio da igualdade. Como salienta Celso Agrícola Barbi, porém, esse fundamento atualmente desapareceu, porquanto vários desses benefícios não mais subsistem, reduzidos a proporções de pouca monta.[129]

Ainda defendendo a posição que não admite a impetração do mandado de segurança por pessoa jurídica de direito público, está Hugo de Brito Machado,[130] que afirma que a admissão levaria à inversão da finalidade para a qual foi criado o mandado de segurança, qual seja, defesa dos particulares contra atos do Poder Público. Referido Autor entende que, na expressão *particulares*, podem ser incluídas as pessoas jurídicas de direito privado, mas não as de direito público. Embora não aponte prejuízos para os particulares com a admissão da legitimidade ativa do Poder Público ao uso do mandado de segurança, entende que é "idéia infeliz, posto que, além de turbar a pureza do instituto, abriu ensejo à completa inversão de sua finalidade". Entretanto, o ponto nevrálgico para a não aceitação, por esse Autor, da possibilidade de utilização do *writ* pelo Poder Público é o mandado de segurança contra ato judicial. Diz ele que este é "o segundo e decisivo passo para a completa inversão da finalidade do mandado de segurança", porque esse instrumento, que foi criado para ser garantia do particular contra o Poder Público, será usado contra o próprio particular. E explica: "Não se diga que o mandado de segurança é impetrado contra o Juiz. Na verdade este não tem, nem pode ter, qualquer interesse no ato

---

128. Como fazia Celso Agrícola Barbi, na 2ª edição de seu livro, *Do Mandado de Segurança*, cit.
129. Idem, ibidem, pp. 69-71.
130. "Impetração de mandado de segurança pelo Estado", *RT* 706/42.

judicial que praticou e está sendo impugnado. Tem o dever legal da neutralidade. O mandado de segurança, neste caso, volta-se de fato contra o particular, beneficiário do ato judicial impugnado". Para fundamentar sua posição, referido Autor salienta que a impetração deve sempre ser dirigida por uma contra outra pessoa, o que não ocorre no caso de o Estado impetrar mandado de segurança contra o próprio Estado, passando a ocupar a posição de autor e réu do mesmo processo. Hugo de Brito Machado entende que, nesse caso, o particular ficaria ignorado pelos tribunais, como se não existisse, ou seja, sem possibilidade de defesa.

Ousamos discordar desse douto entendimento. Em primeiro lugar, referido Autor não aponta um único prejuízo aos particulares, originário da impetração de mandado de segurança pelo Poder Público, de uma forma geral. Portanto, não há porque impedir o uso do mandado de segurança pelos entes públicos nas hipóteses em que tivessem seus direitos violados por atos abusivos ou ilegais praticados por outros entes públicos. Não há qualquer desvirtuamento da finalidade do mandado de segurança, já que a pessoa jurídica de direito público também estaria utilizando o mandado de segurança para proteger direito líquido e certo violado ou ameaçado por ato de autoridade, praticado com ilegalidade e abuso de poder.

Com relação ao mandado de segurança contra ato judicial, realmente a questão é um pouco intrincada. Entretanto, firmamos entendimento no sentido de que não há qualquer restrição ao uso pela própria pessoa jurídica de direito público.

A argumentação de que, no mandado de segurança contra ato judicial, o particular ficaria esquecido, sem ter direito ao contraditório, e as informações não teriam natureza de defesa porque nelas o juiz limitar-se-ia a confirmar a prática do ato, não convence. É que, hoje, na quase totalidade das ações de mandado de segurança contra atos judiciais, impetradas pelo próprio Poder Público ou, até mesmo, pelo particular, há a determinação de citação da outra parte (do processo originário) para participar do pólo passivo do *mandamus*, a qual terá oportunidade de apresentar a defesa que entender devida. Além disso, não é verdade que os juízes, nas informações, se limitem a confirmar a prática do ato. A prática forense demonstra que os juízes costumam fazer mais do que isso, esclarecendo e justificando, nas informações, os motivos que o levaram a praticar o ato. Há, portanto, perfeito estabelecimento do contraditório no mandado de segurança contra ato judicial.

Por fim, entendemos não ocorrer confusão entre autor e réu, no mesmo pólo do processo, ainda que se trate de mandado de segurança contra ato judicial. Ocorre que, embora se trate de pessoas jurídicas de direito público, entes do mesmo Poder Público, na verdade são órgãos diferenciados, que têm interesses também diversos a defender.[131] Veja-se que o próprio Hugo de Brito Machado afirma, em seu artigo, que não ocorre de o juiz ferir o princípio da imparcialidade, mesmo no mandado de segurança contra ato judicial. Ora, o juiz também é órgão do mesmo Poder Público, pelo que, se não há essa confusão entre o juiz e o Poder Público, muito menos haveria entre dois órgãos diferentes, cada um figurando num dos pólos da relação processual.[132]

Os que são favoráveis à impetração de mandado de segurança pelo Poder Público afirmam que não há nada na lei ou na Constituição que impeça a pessoa jurídica de direito público de utilizar o mandado de segurança, como fazem Celso Agrícola Barbi,[133] Cândido Rangel Dinamarco,[134] José da Silva Pacheco,[135] Hely Lopes Meirelles,[136] Ernane Fidélis dos Santos[137] e Lúcia Valle Figueiredo.[138]

A jurisprudência é assente quanto à admissão,[139] e em muitos casos não há o estabelecimento de discussão sobre a legitimidade para impe-

131. Discorrendo sobre a legitimidade ativa do Poder Público no mandado de segurança, Dinamarco assevera que hoje há uma abertura muito grande, dentro dessa idéia do mandado de segurança como proteção não só de direitos subjetivos, mas, também, a toda e qualquer situação jurídica ativa, mesmo de mero interesse legitimamente protegido ("As partes no mandado de segurança", RePro 19/199).

132. Lúcia Valle Figueiredo explica que "o juiz é agente público de categoria diferente – não de categoria no sentido de qualidade diferente em termos de hierarquia –, como também o é o Ministério Público, como também o são os Ministros dos Tribunais de Contas, o Presidente da República, os Ministros, os Governadores. São categorias diferentes, com regimes próprios". E conclui: "(...) parece claro, de evidência solar, que os atos judiciais podem constranger, e constrangem efetivamente. E diria mais: havendo atos que podem constranger mesmo, se não houvesse defesa possível do ente estatal, haveria terrível desamparo do ordenamento jurídico caso não houvesse possibilidade de sua 'corrigenda' por meio de remédio hábil e célere" (Mandado de Segurança, p. 207).

133. Mandado de Segurança, p. 68.
134. "As partes...", cit., p. 210.
135. O Mandado de Segurança..., cit., p. 238.
136. Mandado de Segurança..., cit., p. 59.
137. Manual de Direito Processual Civil, cit., vol. 3, p. 199.
138. Mandado de Segurança, pp. 203 e ss.
139. Admitindo legitimidade aos órgãos públicos despersonalizados, mas com prerrogativas próprias (Mesas de Câmaras Legislativas, Presidências de Tribunais, Chefias de Executivo e de Ministério Público, Presidências de Comissões Autônomas etc.) estão os arestos insertos em RDA 15/46; 45/319; 54/166; 56/269; 98/202; RTJ

tração, passando-se direto ao exame do mérito, o que deixa entrever a plena aquiescência ao uso do *mandamus* pela pessoa jurídica de direito público.[140]

Inclusive no que se refere ao mandado de segurança contra ato judicial, verifica-se que a tendência dos Tribunais é pela admissão da legitimidade ativa do Poder Público, como se verifica de interessante acórdão do Tribunal de Justiça de São Paulo, em mandado de segurança impetrado pela Fazenda do Estado contra ato do Magistrado que, em ação de mandado de segurança, versando a incidência de correção monetária relativa a funcionários públicos, uma vez prolatada a decisão concessiva do *writ*, determinou o imediato pagamento, sob pena de crime de desobediência.[141]

O Tribunal houve por bem não conhecer do *mandamus*, mas não porque a Fazenda Pública não tivesse legitimidade para figurar no pólo ativo da ação de mandado de segurança contra ato judicial, e sim porque este não era o remédio cabível contra o ato judicial em questão. Entendeu o Tribunal que o remédio cabível seria o pedido de suspensão da segurança, previsto no art. 4º da Lei 1.533/1951. O interessante é que o Tribunal de Justiça de São Paulo deixou assente que "dúvida não existe mais quanto à capacidade de a pessoa jurídica de direito público ser parte ativa em mandado de segurança", entendendo que "aplica-se, no caso, as mesmas regras que cabem nas ações em geral, de sorte que tanto pode figurar como impetrante a pessoa natural como a jurídica".

Na verdade, o julgado da lavra do Des. Flávio Pinheiro contém apenas uma imprecisão quando se refere à capacidade e não à legitimidade

69/475; *RT* 108/308, 301/373; 339/370; 371/120. Admitindo legitimidade ativa aos órgãos públicos em geral, inclusive a agentes políticos que detenham prerrogativas funcionais relativas ao cargo ou mandato, estão os arestos insertos em *RT* 247/284; 320/479; 442/193; 517/172; *RDA* 11/313; *RDP* 28/239; *RJTJESP* 95/152; *JTJ* 146/259.

140. É o que ocorre, por exemplo, no julgado inserto na *RJTJESP* 95/152, proferido na Apelação Cível 54.397-1. Tratava-se de mandado de segurança impetrado pela Câmara Municipal da Estância Balneária da Praia Grande contra ato do Prefeito da mesma cidade, pelo qual fora promulgada Lei Orçamentária, que, segundo a Câmara, teve processamento viciado. No acórdão, discute-se apenas o mérito, sem nenhuma menção a impossibilidade de impetração do mandado de segurança pela Câmara contra o Prefeito. Dinamarco, no artigo "As partes do mandado de segurança", cit., narra alguns casos práticos em que os julgados também passaram direto à análise do mérito, ou seja, admitiram, implicitamente, a legitimidade da pessoa jurídica de direito público à impetração do *mandamus*.

141. Acórdão publicado em *JTJ* 146/259.

de a pessoa jurídica de direito público ser parte. Ora, saber se a pessoa jurídica de direito público tem direito de fazer uso do mandado de segurança é questão ligada à legitimidade *ad causam* e não à capacidade processual. É claro que a pessoa jurídica de direito público tem capacidade processual, tanto que o citado art. 4º determina que seja representada em juízo por seu procurador. Entretanto, na hipótese do julgado, a questão era saber se a Fazenda Pública poderia figurar no pólo ativo da demanda, ou não. Portanto, a questão está ligada à legitimidade *ad causam*.

Enfim, concordamos com Celso Agrícola Barbi e demais juristas favoráveis à possibilidade de impetração de mandado de segurança pela pessoa jurídica de direito público, porquanto a lei ordinária não proíbe, não havendo nada no sistema que possa impedir o ente público de exercer o direito de defender direito líquido e certo.

Entendemos, ainda, que esse direito pode ser estendido aos entes despersonalizados, como Câmaras Municipais e Mesas de Assembléia, como órgãos públicos com prerrogativas próprias, porquanto, embora não tenham personalidade jurídica, têm personalidade judiciária[142] e podem defender direitos em juízo. Personalidade judiciária é uma expressão do direito português, que, conforme explica Cândido Rangel Dinamarco, "consiste 'na suscetibilidade de ser parte'. Então, falar-se em personalidade judiciária, é falar, dentro daquela nossa linguagem habitual, em capacidade de ser parte".[143] E a capacidade de ser parte, conforme Chiovenda, é a capacidade jurídica, a capacidade para os atos da vida civil, transportada para o processo civil, ou seja, a capacidade de ser sujeito de uma relação jurídica processual. Esse também é o entendimento de James Goldschmidt.[144]

Já o Ministério Público, conforme o art. 81 do CPC, está apto a exercer o direito de ação, nos casos previstos em lei, cabendo-lhe, no processo, os mesmos poderes e ônus que as partes.

Assim, o Ministério Público tem legitimidade para impetrar mandado de segurança, na área de suas atribuições funcionais, conforme dispõem os arts. 39, V, da Lei Complementar Estadual 304/1982 e 32, I, da Lei 8.625/1993. O art. 127, combinado com o 129, ambos da Constituição Federal, também confere esse direito ao Ministério Público, na defesa da ordem jurídica, do regime democrático e dos interesses sociais

---

142. *Mandado de Segurança...*, cit., p. 23.
143. "As partes...", cit., p. 210.
144. *Derecho Procesal Civil*, 1936, p. 162. No mesmo sentido, José Alberto dos Reis, *Comentários ao Código de Processo Civil Português*, I/123.

e individuais indisponíveis. Portanto, à primeira vista poder-se-ia pensar que o Ministério Público somente estivesse legitimado a impetrar mandado de segurança coletivo. Mas isso não é verdade.

De fato, não há impedimento legal para que o Ministério Público impetre mandado de segurança individual, desde que o direito líquido e certo lesado: a) se refira aos interesses da própria instituição ou b) seja relativo aos interesses daqueles a quem incumbe ao Ministério Público postular em defesa.[145] Assim, desde que se trate de direito atinente à própria instituição ou direito indisponível, não há motivo para impedir o Ministério Público de fazer uso do mandado de segurança.[146]

Sob outro aspecto, mas ainda com relação ao pólo ativo, no mandado de segurança individual, normalmente ocorrerá legitimação ordinária, ou seja, o impetrante deve alegar e invocar direito próprio.[147]

Sobre o assunto, vale a pena comentar um acórdão do TJSP, em julgado de que foi relator o Des. Almeida Camargo, no qual ficou decidido que diretório acadêmico de faculdade não teria legitimidade *ad causam*

---

145. Ver, nesse sentido, Eduardo Arruda Alvim, *Mandado de Segurança...*, cit., pp. 57-58.

146. No julgado proferido pelo TJRS, no MS 585.050.073, em que foi relator o Des. Edson de Souza, decidiu-se pela legitimidade do Ministério Público para impetrar mandado de segurança individual contra ato do juiz que lhe impôs o pagamento de custas, quando a lei lhe faculta a isenção. Entretanto, no julgado inserto na *RJTJESP* 130/389, proferido no Mandado de Segurança 12.919-0, em que foi relator o Des. Cesar de Moraes, o TJSP houve por bem dar pela falta de legitimação ativa da Curadoria da Infância e da Juventude, visando a resguardar o desempenho regular de suas atividades, já que a atribuição pertenceria ao Procurador-Geral de Justiça ou Procurador de Justiça por ele designado.

147. José da Silva Pacheco cita algumas hipóteses, constantes de julgados de nossos tribunais, em que o impetrante não estaria legitimado a impetrar mandado de segurança, uma vez que não estaria defendendo direito próprio, nem estaria habilitado por lei, a fazê-lo. Vejamos algumas delas: sócio de empresa não está legitimado a impetrar mandado de segurança contra atos de penhora e/ou arrematação, quando o bem penhorado está em nome da empresa, mesmo que o objetivo seja a defesa de seu interesse (TST 7.3.1986, MS 677/84, ADV 27.784); pessoa jurídica não tem legitimidade para pleitear mandado de segurança para proteção de terceiros, ainda que seja um dos seus próprios diretores (TFR, MS 111.672-PE, rel. Min. Washington Bolívar, ADV 35.621; A simples alegação de doença mental pela mulher, dependendo de exame de provas, não enseja o mandado e, ademais, sem a interdição prévia não tem a mulher legitimidade para impetrá-lo (STF, MS 20.449-4-DF, ADV 26.582); a mulher, ainda que separada de fato do marido, substitui este na posição de parte locatária, pelo que tem legitimidade para impetrar mandado de segurança para continuar a locação (MS 4253, TACRJ, rel. Laerson Mauro, ADV 41.355), in *Mandado de Segurança...*, cit., pp. 232 a 234.

para impetrar mandado de segurança em nome de alunos.[148] O acórdão fundamenta o julgado no fato de que o Diretório Acadêmico não teria por finalidade própria a representação em juízo dos alunos da faculdade pelo que lhe faltaria capacidade para estar em juízo como representante de seus filiados. Assim, o Diretório careceria de aptidão para praticar atos processuais como representante dos alunos, pelo que faltaria pressuposto processual, qual seja, a *legitimatio ad processum*, com o que o processo nem sequer teria chegado a constituir-se.

O julgado entendeu, como se fossem uma coisa só, vários conceitos com definições e conseqüências diversas. Ora, como se viu, na primeira parte deste trabalho, legitimação para causa e legitimação processual são conceitos que não podem ser confundidos. A legitimidade *ad causam* é condição da ação, que acarreta a carência desta, referindo-se à titularidade de direitos. Já a *legitimatio ad processum* é pressuposto processual, cuja falta acarreta a invalidade do processo e não sua inexistência, como parece ter entendido o julgado em comento. A *legitimatio ad processum* refere-se à legitimidade específica para figurar num determinado processo. Por outro lado, a falta de representação processual acarreta a falta de um pressuposto processual que é a incapacidade para agir em juízo. Assim, são vícios diferentes que não poderiam ter sido misturados. Uma coisa é saber se o diretório acadêmico tem capacidade processual para estar em juízo até mesmo para defender direitos que lhe são próprios. Outra coisa é saber se detém legitimidade *ad causam* para defender direitos que não possui, que pertencem aos alunos, individualmente.

No mandado de segurança coletivo, como se verá no tópico específico, podem ocorrer os dois tipos de legitimidade de acordo com o direito envolvido, seja ele difuso, coletivo e individual homogêneo. Entretanto, no mandado de segurança individual, apesar de a regra geral ser a ocorrência de legitimação ordinária, é claro que há, também, hipóteses de substituição processual. Vejamos.

A primeira hipótese é a do litisconsórcio ativo facultativo,[149] prevista no § 2º do art. 1º da Lei 1.533/1951. Assim, sempre que o ato de

148. Acórdão inserto na *RT* 508/72.
149. Buzaid deixa claro que se trata de litisconsórcio facultativo quando o ato de autoridade violar o direito líquido e certo pertencente a várias pessoas quando assevera que "o litisconsorte ativo é parte principal e está equiparado ao impetrante da segurança, assumindo, ambos, a iniciativa de postular, em nome próprio, a atuação da vontade da lei, em face da autoridade coatora. Daí a formação de uma pluralidade de partes, unindo várias demandas num único processo" (*Mandado de Segurança*, p. 180). Não concordamos, entretanto, com a posição de Buzaid quando afirma que:

autoridade violar direito líquido e certo, pertencente a mais de uma pessoa, qualquer uma delas pode, individualmente, impetrar o mandado de segurança.[150] Portanto, podem ir a juízo todas juntas ou somente uma delas, isoladamente. Mesmo nesse caso, o requisito da legitimidade estará adimplido. Todos são partes legítimas e continuam sendo mesmo no caso de somente uma delas ir a juízo. Aquele que foi a juízo sozinho será substituto processual dos demais. A decisão valerá para todos.

Outra hipótese é a do art. 3º da Lei 1.533/1951. Nesse caso, também se trata de legitimação extraordinária, eis que o impetrante será substituto processual daquele que possui o direito líquido e certo a ser amparado. Se o direito do impetrante decorrer de um direito originário pertencente a outrem, que sofreu a lesão ou se encontra ameaçado de sofrê-la, cabe a este impetrante primeiramente notificar o titular do direito originário para que promova, em prazo razoável, o competente mandado de segurança. Somente se este não o fizer, no prazo constante da notificação, o impetrante poderá fazer uso do *writ*. A lei não estabelece, entretanto, qual seria esse prazo razoável.[151]

É o caso, por exemplo, de o locatário impetrar mandado de segurança para não pagar o IPTU. Nesse caso, sempre será necessário notificar o titular do direito, qual seja, o locador, antes de impetrar a segurança, porquanto é este último que, pelo art. 34 do CTN, está obrigado ao re-

---

"Ainda que a lide lhes seja comum, cada litisconsorte tem uma posição autônoma, podendo promover os atos processuais sem qualquer dependência para com o outro (ou outros)", porquanto entendemos que, no caso, trata-se de hipótese de litisconsórcio facultativo unitário. De fato, o juiz deverá, obrigatoriamente, julgar a lide de maneira uniforme para todos os litisconsortes.

150. Nesse sentido, Ernane Fidélis dos Santos explica: "Pertencendo o direito ameaçado ou violado a várias pessoas, como seria a hipótese de imóvel em condomínio que teve irregular taxação tributária, ou a de vários herdeiros, qualquer interessado, como nas hipóteses, o condômino e o herdeiro poderão impetrar o mandado de segurança (art. 2º)" (*Manual de Direito Processual Civil*, cit., vol. 3, p. 199).

151. A lição de Ernane Fidélis dos Santos dá como exemplo o estabelecimento escolar cujo fechamento foi determinado por ato de autoridade, prejudicando os alunos em pleno desenvolvimento do curso. O direito dos alunos só se restabelecerá se o ato de fechamento for levantado, cabendo à direção do estabelecimento escolar impetrar o mandado de segurança, porque ela é que tem o direito originário. Não o fazendo, porém, qualquer interessado ficará no direito de fazê-lo em defesa de seus próprios interesses, no caso, os alunos. O interessado que, para defesa de direito próprio, tem que defender o direito originário, situação a que, anormalmente, a doutrina da ação como direito concreto chama de substituição processual, deverá notificar o titular para impetrar o *writ* (apelido do mandado de segurança, em sentido geral, na técnica do *common law*), em prazo razoável (*Manual de Direito Processual Civil*, cit., vol. 3, p. 199).

colhimento do imposto.[152] Caso seja impetrado o mandado de segurança pelo terceiro, sem a anterior notificação, será caso de carência de ação por ilegitimidade de parte.[153]

Justamente porque é obrigatória a notificação do titular do direito antes da impetração, a coisa julgada que se forma nesse mandado de segurança atinge também o referido titular do direito, já que o mesmo terá consentido com a impetração.

O inc. XXI do art. 5º da Constituição Federal também alberga a legitimação extraordinária, consubstanciada na substituição processual.[154] A autorização tratada nesse dispositivo deve ser expressa, podendo constar da própria lei, dos estatutos, das assembléias ou ser dada pelos associados individualmente. Não pode ser inferida, portanto.[155] Essa autorização não é necessária no mandado de segurança coletivo, como adiante se verá.

O art. 19 da Lei 1.533/1951 determina, todavia, que todas as normas gerais relativas ao litisconsórcio sejam empregadas no mandado de segurança. A jurisprudência tem entendido que se deve mandar citar aquele que ficaria prejudicado pela concessão da segurança, como, por exemplo, o candidato que obteve a primeira colocação em concurso que o impetrante pretende anular, ou daquele que venceu uma concorrência que se procura também anular. Nesses casos e também no caso de mandado de segurança contra ato judicial, a jurisprudência tem determinado a citação do interessado como litisconsorte. Reputamos ser necessária a participação desses litisconsortes no processo tendo em vista o princípio do contraditório, por meio do qual deve haver o direito de defesa por parte de todos os interessados. É evidente, entretanto, que o interesse que torna

---

152. Nessa linha de raciocínio está o entendimento de Eduardo Arruda Alvim, *Mandado de Segurança...*, cit., pp. 47-48.

153. O julgado citado por Theotonio Negrão, na nota n. 2, ao art. 3º da Lei 1.533/1951, em seu *CPC...*, cit., p. 1.511, cuja ementa reza: "Processual. Mandado de segurança. Direito alheio. Legitimidade de parte. A substituição processual admitida pelo art. 3º da Lei 1.533 imprescinde da prévia notificação do titular do 'direito originário', como condição da postulação mandamental do 'direito decorrente'" (STJ, RMS 3.033-7-MA (Registro 93.0013254-7), rel. Min. José Dantas).

154. Conforme Nelson Nery Jr. e Rosa Nery, "embora o texto constitucional fale em representação a hipótese é de legitimação das associações para tutela de direitos individuais de seus associados, configurando verdadeira substituição processual (CPC 6º) (Barbosa Moreira, *RP* 61/190)", in *CPC Comentado*, cit., p. 75.

155. Nesse sentido, o acórdão do STJ, prolatado no MS 915 em 10.3.1992, *DJU* 18.5.1992, p. 6.957: "É indispensável a autorização expressa dos associados para entidade representativa agir, judicialmente, em defesa de seus interesses individuais. Não se conhece do mandado de segurança coletivo, carente desse pressuposto essencial".

necessária a formação do litisconsórcio deve ser jurídico e não apenas de fato, como seria o interesse de todos os candidatos que participaram do concurso que se pretende anular.[156]

Entretanto, é preciso que fique claro que, se o interessado não for provocado a integrar o litisconsórcio, no mandado de segurança, não perderá o direito de discutir, por meio de ação própria, os fatos e o direito objeto do mandado de segurança, podendo, inclusive, cobrar perdas e danos do impetrante que tenha obtido decisão que reputa injusta.

3.2.2 Legitimidade ativa no mandado de segurança coletivo

Ainda com relação ao pólo ativo, há que se falar sobre a legitimidade no mandado de segurança coletivo.

O mandado de segurança coletivo apenas se diferencia do individual em razão da legitimidade ativa para sua impetração e, conseqüentemente, da coisa julgada que se forma nesses processos.[157] Ora, o mandado de segurança coletivo não é outro tipo de mandado de segurança, mas sim o mesmo mandado, com sua legitimidade ampliada para defender interesses coletivos. Veja-se que o adjetivo coletivo se refere à forma de se exercer a pretensão mandamental e não a pretensão deduzida em si mesma,[158] ou seja, o mandado de segurança tradicional previsto no art. 5º, inc. LXIX, também poderá veicular defesa de direito individual, coletivo

---

156. Sobre o assunto, ver Ernane Fidélis dos Santos, *Manual de Direito Processual Civil*, cit., vol. 3, p. 215.
157. Ver a opinião de José da Silva Pacheco, *O Mandado de Segurança...*, cit., p. 249.
158. Conforme Nelson Nery Jr. e Rosa Nery, *CPC Comentado*, cit., p. 75. Na mesma linha de raciocínio Celso Pacheco Fiorillo, Marcelo Abelha e Rosa Nery explicam que "se o termo coletivo veio dizer respeito às regras processuais de legitimidade, e as regras materiais se encontram no inciso pertinente ao mandado de segurança tradicional, é porque o direito que ambos podem tutelar são os mesmos. Assim, o mandado de segurança tradicional – não coletivo se presta para a defesa de direitos individuais, coletivos ou difusos, só que o legitimado desta ação será um sujeito individual. Ao revés, temos que o mandado de segurança coletivo também poderá ser usado para a defesa de direito individual, coletivo ou difuso, só que o legitimado dessa ação será um sujeito não individual. Aliás, outro não poderia ser o entendimento até porque as regras de direito material, que determinam a atuação do mandado de segurança, repousam no inc. LXIX do art. 5º da Constituição Federal de 1988, e dentre estas regras vem estabelecido que tal instituto será usado para proteger direito líquido e certo. Não especifica, todavia, qual tipo de direito, de forma que todo e qualquer direito poderá ser tutelado" (*Direito Processual Ambiental Brasileiro*, pp. 196-197).

ou difuso, mas o legitimado dessa ação é um sujeito individual. O mandado de segurança coletivo, por sua vez, poderá veicular também direito individual, coletivo ou difuso, mas os legitimados serão aqueles previstos no inc. LXX do mesmo dispositivo constitucional. Em conseqüência, as condições básicas para o mandado de segurança coletivo são as mesmas do mandado de segurança individual.[159]

Portanto, não podemos concordar com a opinião esposada por Manoel Gonçalves Ferreira Filho[160] de que o mandado de segurança coletivo seria uma espécie nova de *writ*. De fato, o mandado de segurança coletivo é o mesmo mandado de segurança tradicional, apenas modificado quanto à legitimidade e à coisa julgada.

Dessa forma, as normas disciplinadoras do mandado de segurança individual, notadamente a Lei 1.533/1951, se aplicam ao mandado de segurança coletivo, mas, evidentemente, não de forma irrestrita.[161]

De fato, aplicam-se somente as normas do mandado de segurança individual que cuidem dos aspectos gerais do mandado de segurança, como requisitos para seu cabimento e condições da ação, além de aspectos procedimentais. Entretanto, é preciso ressalvar que as questões relativas à legitimação ativa, coisa julgada e concessão de liminar, por serem totalmente diversas das existentes no mandado de segurança individual, não se aplicam ao coletivo. Da mesma forma, os requisitos e limites para impetração do mandado de segurança individual, previstos no art. 5º, inc. LXIX, da Constituição Federal, são totalmente aplicáveis ao mandado de segurança coletivo. Isso porque o legislador constituinte, no inc. LXX, que trata do coletivo, não mencionou qualquer requisito especial para a impetração do mesmo. Ademais, concordamos com Nelson Nery Jr., quando salienta que o inc. LXX do art. 5º da Constituição Federal "não contém regra de direito material nenhuma",[162] mas tão-somente proces-

---

159. Nesse sentido é o parecer de Lúcia Valle Figueiredo, *Perfil do Mandado de Segurança Coletivo*, p. 7.
160. *Comentários à Constituição Brasileira de 1988*, pp. 77-78.
161. Maria de Fátima V. Ramalho Leyser salienta que "ao mandado de segurança coletivo aplicam-se os dispositivos da Lei 1.533/51 (Lei do mandado de segurança) no que se refere às generalidades do instituto, tais como as condições da ação (direito líquido e certo e o ato ilegal ou abusivo da autoridade) e disposições procedimentais, como, p.ex., o rito. O mandado de segurança coletivo difere do mandado de segurança individual, no que respeita à legitimação ativa, coisa julgada e quanto à concessão de liminar (art. 2º da Lei 8.347/92). São incompatíveis com o mandado de segurança coletivo, os dispositivos contidos nos arts. 1º, 2º, 3º e 7º, inc. II da Lei 1.533/51" ("Mandado de segurança coletivo", *RePro* 86/363).
162. "Mandado de segurança coletivo", *RePro* 57/154.

sual. Ou seja, é o inc. LXIX que agasalha regra de direito material, a qual estabelece a hipótese de cabimento para ambas as formas de impetração de mandado de segurança, qual seja, haver ameaça ou violação de direito líquido e certo, por ato de autoridade. Como o inc. LXX trata apenas da questão da legitimidade, contém regra processual e não material.

Com relação à legitimidade, que é assunto que nos interessa aqui, o art. 5º, inc. LXX, da Constituição Federal conferiu legitimidade para impetração dos mandados de segurança coletivos, na alínea "a" aos partidos políticos e na alínea "b" aos sindicatos, entidades de classe e associações.

Os partidos políticos têm legitimidade desde que tenham representação no Congresso Nacional, já que a Constituição não impõe nenhuma limitação à atuação deles.[163] Não concordamos que os partidos políticos somente teriam atuação supletiva em relação às entidades de classe. Ora, os partidos, ainda que por meros interesses eleitorais, agem na defesa dos cidadãos, não havendo motivo para restringir o direito de requerer mandado de segurança. De fato, como afirma José Afonso da Silva, "as normas constitucionais e legais vigentes permitem-nos verificar que a função dos partidos brasileiros consiste em assegurar, resguardados a soberania nacional, o regime democrático e o pluripartidarismo, a autenticidade do sistema representativo e defender os direitos fundamentais da pessoa humana (Constituição, art. 17, e LOPP, art. 2º)".[164] Assim, se os partidos devem defender os direitos fundamentais da pessoa humana, não há como se pretender restringir sua legitimidade com relação à impetração do mandado de segurança coletivo.

Nelson Nery Jr. deixa clara a função dos partidos políticos, quando ensina que: "O art. 2º da Lei Orgânica dos Partidos Políticos (Lei 5.682, de 21.7.1971, modificada pela Lei 6.767/1979), impõe-lhes o poder-dever de defenderem o regime democrático, a autenticidade do sistema representativo e a defender os direitos humanos fundamentais, definidos na Constituição. E a Constituição define mandado de segurança coletivo como direito fundamental, para proteger direito líquido e certo violado por ato de autoridade. De sorte que, havendo ato ilegal da autoridade ferindo direito líquido e certo, o Partido Político pode impetrar mandado de segurança".[165]

---

163. Nesse sentido está a opinião de Celso Agrícola Barbi, "Mandado de segurança coletivo", in Aroldo Plínio Gonçalves (coord.), *Mandado de Segurança*, p. 67.
164. *Curso de Direito Constitucional Positivo*, p. 401.
165. "Mandado de segurança coletivo", cit., p. 156.

Portanto, diante do fato de os partidos políticos terem por função proteger direitos fundamentais, entre os quais se inserem os difusos, coletivos e individuais homogêneos, não se pode fazer qualquer restrição à atuação deles quanto à propositura do mandado de segurança coletivo,[166] como fazem alguns doutrinadores. Os partidos políticos podem e devem defender quaisquer tipos de direitos, via mandado de segurança coletivo, desde que nas hipóteses da lei, ou seja, quando, por ato de autoridade, forem ameaçados ou violados direitos líquidos e certos.

Quanto aos legitimados da letra "b" do inc. LXX, quais sejam, sindicatos, associações civis ou entidades de classe, pelos mesmos motivos expostos acima também não deve existir qualquer restrição com relação à defesa dos direitos difusos, sob pena de se esvaziar o objeto do instituto, ao qual se deve dar a maior amplitude possível. Além disso, como bem ensina Ada Pellegrini Grinover,[167] é certo que se não fosse assim a norma seria supérflua e limitar-se-ia a repetir o que já consta do art. 8º, inc. III, e art. 5º, inc. XXI, da Constituição Federal, os quais prevêem a possibilidade tanto do sindicato como da associação de representarem seus associados em juízo. É evidente, pois, que existe um fator diferenciador quanto ao objetivo do disposto no art. 5º, inc. LXX, qual seja, justamente o de possibilitar a discussão de direitos difusos, coletivos e individuais homogêneos, sem restrição.

Portanto, ainda que o dispositivo que trata do mandado de segurança coletivo se refira à tutela dos direitos de seus membros ou associados, deve-se dar à norma interpretação extensiva para permitir a tutela irrestrita dos direitos difusos, coletivos e individuais homogêneos.

Por outro lado, a legitimidade dos partidos políticos, dos sindicatos e das associações para impetrarem mandado de segurança coletivo, con-

---

166. Ver a opinião de Ada Pellegrini Grinover, "Mandado de segurança coletivo: legitimação e objeto", *RDP* 93/21; do mesmo modo pensa Lúcia Valle Figueiredo, "Partidos políticos e mandado de segurança coletivo", *RDP* 95/39.

167. Sobre a legitimidade dos sindicatos e associações para propor mandado de segurança coletivo, prevista no inc. LXX do art. 5º da Constituição Federal, Ada Pellegrini Grinover assim se manifesta: "A locução parece restritiva, à primeira vista, levando eventualmente a ser interpretada no sentido de que os interesses visados são apenas os coletivos e os individuais homogêneos. Mas a interpretação que restringisse o objeto da segurança coletiva aos interesses dos membros da categoria fugiria ao critério da maior amplitude do instrumento potenciado. E, ainda, a adotar-se esta posição, chegaríamos à conclusão de que o dispositivo é supérfluo, absorvido como ficaria, para os sindicatos, pelo disposto no inc. III, art. 8º e, para entidades pelo inc. XXI do artigo 5º" ("Mandado de segurança coletivo...", cit., *RDP* 93/21). No mesmo sentido está a opinião de Celso Pacheco Fiorillo, Marcelo Abelha e Rosa Nery, *Direito Processual Ambiental Brasileiro*, p 205.

forme disposto no inc. LXX do art. 5º da Constituição Federal, é extraordinária,[168] porque essas entidades estarão em juízo, em nome próprio, defendendo direito pertencente aos indivíduos que representam. Ora, a legitimação somente seria ordinária se essas entidades estivessem, em juízo, defendendo direitos delas, exclusivamente, e não dos indivíduos. Entretanto, se isso ocorresse, o mandado de segurança não seria coletivo.[169]

Na verdade, como ensina Nelson Nery Jr., não se poderia pretender entender a legitimidade das instituições previstas no inc. LXX do art. 5º pelas regras estanques do direito processual civil ortodoxo. Não se deve recorrer, ensina referido mestre, ao direito material para explicar o fenômeno, mas, sim, se deve entendê-lo, consoante se faz no direito alemão, como legitimação autônoma para condução do processo que é um instituto destinado a fazer valer em juízo os direitos difusos, sem que se tenha de recorrer aos mecanismos de direito material.[170]

Justamente em razão disso não há necessidade de ser dada autorização, pelos associados, ou filiados, para que a entidade tenha legitimidade para a impetração do mandado de segurança coletivo.[171] Entretanto, com

168. Nesse sentido entendem Vicente Greco Filho, *Tutela Constitucional das Liberdades*, p. 169; Celso Ribeiro Bastos e Ives Granda Martins, *Comentários à Constituição do Brasil*; Lúcia Valle Figueiredo, "Perfil do mandado de segurança coletivo", *RDP* 90/20.

169. Athos Gusmão Carneiro, nesse sentido, ensina que: "Na análise do mandado de segurança coletivo, a primeira afirmação, embora possa parecer um truísmo, é de que não estamos frente a um novo instituto jurídico, mas sim a Constituição veio, apenas, ampliar o elenco das pessoas capacitadas ao ajuizamento da garantia mandamental, para tanto utilizando a técnica da substituição processual. Assim, no pólo ativo da relação processual não irá figurar somente a pessoa cujo direito subjetivo tenha sido, ou se afirma que o foi, violado por ato ilegal ou praticado com abuso de poder, por autoridade pública ou por agente de pessoa jurídica no exercício de atribuição do Poder Público, mas poderá figurar também a organização sindical, entidade de classe ou associação legalmente constituída e em funcionamento há pelo menos um ano, em defesa dos interesses de seus membros ou associados, assim como partido político com representação no Congresso Nacional (CF, art. 5º, LXIX e LXX)" ("Aspectos do mandado de segurança coletivo", *Direito & Justiça*, Brasília, Correio Brasiliense, 1992, p. 4).

170. *Princípios do Processo Civil...*, cit., p. 108. No mesmo sentido, Thereza Alvim entende que se trata de "legitimação própria para a propositura de ações civis", *O Direito Processual...*, cit., p. 119.

171. Nelson Nery Jr. e Rosa Nery entendem dessa forma, a saber: "A CF 5º, LXX, 'b', ao atribuir às associações o poder de impetrar MS coletivo em defesa de interesses de seus membros, criou caso de legitimação extraordinária que se enquadra no instituto da substituição processual, porquanto age (a associação) em nome próprio por direito de terceiros, estando legitimada a postular em juízo o direito de que

relação aos sindicatos, há acórdãos entendendo que somente poderão agir em juízo como substituto processual de seus associados se demonstrarem, de modo inequívoco, essa condição, ou seja, que se encontram autorizados, expressamente, a demandar em nome dos associados.[172]

Contudo, como já visto, estes entes não podem sofrer restrição na sua atuação na defesa de direitos fundamentais previstos na Constituição, pelo que não há que se falar em exigir autorização dos filiados.

A legitimidade dos partidos políticos, sindicatos, entidades de classe e associações, para impetrar mandado de segurança coletivo, é concorrente, porquanto a legitimidade de uns não exclui a dos outros legitimados. Vale aqui lembrar a lição de Arruda Alvim sobre o significado do termo concorrente, com relação à legitimação para as ações coletivas: "A legitimação concorrente significa que qualquer um dos legitimados *ex lege* pode agir processualmente, independente da atividade simultânea do outro legitimado, ou seja, inexiste necessidade de atividade paralela de qualquer um dos outros legitimados. Concorrente significa que a atividade de qualquer um destes legitimados concorre, se dirige ou tende para uma mesma e comum finalidade, e que, por isso mesmo, pode autonomamente ser desempenhada por qualquer outro legitimado".[173] Ambas têm legitimidade simultânea e independente.

Além de concorrente, pode-se classificar a legitimação dos partidos políticos e demais entidades referidas no art. 5º, inc. LXX, da Constituição Federal como disjuntiva. Conforme Antônio Gidi, a legitimidade é disjuntiva no sentido de "não ser complexa, vez que qualquer uma das entidades co-legitimadas poderá propor, sozinha, a ação coletiva sem

---

não é titular, por determinação da Carta Política. A entidade associativa que impetra segurança coletiva não se coloca no processo, como mandatária dos respectivos associados, razão por que se torna desnecessária a prévia autorização de seus membros (STJ *RT* 729/134)" (*CPC Comentado*, cit., p. 87). Na verdade, Nelson Nery entende que haveria aí legitimidade autônoma para condução do processo (*Princípios do Processo Civil...*, cit., p. 108). No mesmo sentido, estão os acórdãos insertos nas *RT* 720/310; *RTJ* 150/104; *RSTJ* 84/63; 96/363; 660/157; *RJTJESP* 131/198; *JTJ* 144/93; 145/260; 145/521.

172. Acórdão proferido no RMS 2.494-PR, pela 5ª Turma do STJ, rel. Min. Flaquer Scartezzini, j. 9.6.1997, *DJU* 22.9.1997, p. 46.509. No mesmo sentido, o acórdão inserto na *RF* 336/261.

173. *Código do Consumidor Comentado*, p. 181; no mesmo sentido, Antonio Gidi afirma que: "Concorrente, aqui, significa não-exclusiva de uma só entidade" ("Legitimidade para agir nas ações coletivas", *Revista de Direito do Consumidor* 14/55).

necessidade de formação de litisconsórcio ou de autorização por parte dos demais co-legitimados".[174]

Assim, o interesse ou a legitimidade de uma entidade não exclui a da outra, as quais poderão agir autonomamente, não havendo necessidade de formação de litisconsórcio. Além disso, também poderá ser admitida a legitimidade individual, ou seja, da pessoa que venha a sofrer a ameaça ou lesão a direito líquido e certo, que poderá, então, impetrar o mandado de segurança individual.[175]

Além disso, o rol dos legitimados ativos, constante do inc. LXX do art. 5º da Constituição Federal, não é taxativo. Em primeiro lugar, como já se disse, referida norma tem apenas caráter processual e não de direito material, pelo que poderia ser ampliada sem que houvesse qualquer violação à garantia constitucional expressa. Ao depois, o próprio legislador constituinte utilizou a palavra "pode" no texto do inc. LXX, permitindo que se pudesse dar ao dispositivo uma interpretação extensiva.[176]

Portanto, a tutela de direitos coletivos por via do mandado de segurança coletivo será possível pelos legitimados relacionados no art. 82 do CDC.[177]

Inclusive o Ministério Público, embora não conste expressamente do rol de legitimados do art. 5º, inc. LXX, da Constituição Federal, está perfeitamente legitimado para impetrar mandado de segurança coletivo, pelos motivos já expostos. Além disso, de acordo com a interpretação sistemática, a legitimidade do Ministério Público deflui da própria Cons-

---

174. A. Gidi, ibidem.
175. Maria de Fátima Ramalho Leyser, "Mandado de segurança coletivo", *RePro* 83/363. No mesmo sentido, Celso Agrícola Barbi, "Mandado de segurança na Constituição de 1988", in Sálvio de Figueiredo Teixeira (Coord.), *Mandados de Segurança e de Injunção*, p. 69.
176. Esta é a posição de Celso Pacheco Fiorillo, Marcelo Abelha e Rosa Nery, *Direito Processual Ambiental...*, cit., p. 199, que citam a esclarecedora lição de Nelson Nery Jr. sobre a interpretação, a qual merece ser transcrita nesse estudo: "Quando o intérprete se encontra diante de enumeração de hipóteses na lei, é preciso que verifique se trata de elenco exaustivo ou meramente exemplificativo. Se a enumeração for exaustiva, a interpretação é estrita; se houver mera enunciação exemplificativa, aquela se faz de modo mais amplo e genérico. Pois bem. Quando o legislador quer tornar evidente que a enumeração constante da lei é taxativa, utiliza-se de expressão com a finalidade de restringir o limite de abrangência da norma legal. As expressões mais empregadas para indicar que a norma refere hipóteses em *numerus clausus*, são: apenas, unicamente, só e seguinte, entre outras, precedendo o elenco de casos" (*Princípios Fundamentais...*, cit., p. 255).
177. Nesse sentido está o parecer de Celso Pacheco Fiorillo, Marcelo Abelha e Rosa Nery, *Direito Processual Ambiental...*, cit., p. 202.

tituição Federal, que nos arts. 127, *caput*, e 129, IX, determina a função institucional do MP de defender o interesse social, como é o caso das ações coletivas.[178] A legitimidade do Ministério Público somente estará excluída, por razões óbvias, quando se tratar de direito individual disponível.[179]

3.2.3 Legitimidade passiva

Com relação ao pólo passivo, muito se discute a respeito de quem seria parte no mandado de segurança. Os doutrinadores se dividem em três correntes.

Há os que entendem que parte seria a autoridade coatora, ou seja, os representantes ou administradores das entidades autárquicas e das pessoas naturais ou jurídicas com funções delegadas do Poder Público. Assim pensam Hely Lopes Meirelles,[180] José da Silva Pacheco[181] e Vicente Greco Filho.[182]

Outra corrente entende que parte seria a pessoa jurídica de direito público a que a autoridade coatora se vincula, porquanto é ela que responde pelos efeitos patrimoniais da decisão final. Essa é a posição de Pontes de Miranda,[183] Sálvio de Figueiredo Teixeira,[184] Castro Nunes,[185] José

---

178. Sobre o assunto, Celso Pacheco Fiorillo, Marcelo Abelha e Rosa Nery, ensinam que: "Como não estender a legitimidade ao Ministério Público para promover o mandado de segurança coletivo, quando se tratar de direito difuso, coletivo, individual homogêneo ou individual indisponível, se foi a própria Constituição Federal, neste artigo citado, que determinou-lhe a função institucional de promover a ação civil pública para a proteção desses direitos, sendo que, tratando-se de valores ambientais, o fez de modo expresso? Nem há que se dizer que tal artigo referir-se-ia apenas à ação civil pública, e isto não incluiria o mandado de segurança, pois usar desse argumento é ser por demais simplista e, o que é pior, é desconhecer o próprio significado do termo ação civil pública" (*Direito Processual Ambiental...*, cit., p. 201). No mesmo, ver a opinião de Maria de Fátima Ramalho Leyser, "Mandado de segurança coletivo", *RePro* 83/363.

179. Esta é a posição de Celso Pacheco Fiorillo, Marcelo Abelha e Rosa Nery, *Direito Processual Ambiental...*, cit., p. 200.

180. *Mandado de Segurança...*, cit., pp. 62-63.

181. *O Mandado de Segurança...*, cit., pp. 238 e ss.

182. *Tutela Constitucional...*, cit., p. 155.

183. *Comentários...*, t. VIII, 1, p. 189.

184. "Mandado de segurança: uma visão de conjunto", *Mandados de Segurança e de Injunção*, p. 111.

185. *Do Mandado de Segurança*, p. 313.

Carlos Barbosa Moreira,[186] Arruda Alvim,[187] Celso Agrícola Barbi,[188] Carlos Mário da Silva Velloso,[189] Cândido Rangel Dinamarco[190] e Eduardo Alvim.[191] Dentre esses, alguns entendem, como Moacyr Amaral Santos, por exemplo, que a autoridade coatora é substituto processual do Poder Público. Outros, como Dinamarco[192] e Eduardo Arruda Alvim, entendem que a autoridade coatora é representante do Poder Público. Ressalte-se que essa representação não seria aquela exigida para o incapaz, como forma de suprimento da capacidade processual. Essa representação tem uma conotação diferenciada, como veremos abaixo.

Uma terceira corrente entende que no mandado de segurança existe a formação de litisconsórcio entre a autoridade coatora e a pessoa jurídica de direito público. Esse é o entendimento de Buzaid.[193]

Há, também, aqueles que, como José Ignácio Botelho de Mesquita,[194] sustentam inexistir parte passiva no mandado de segurança, posição essa que nos parece insustentável, pois esses doutrinadores não aceitam o mandado de segurança como verdadeira ação que é. Além disso, afirmam que o mandado de segurança teria caráter apenas administrativo e

186. *Direito Processual Civil...*, cit., p. 241.
187. "Mandado de Segurança", *RePro* 6/152.
188. *Do Mandado de Segurança*, p. 159.
189. "Do mandado de segurança", *RePro* 18/174.
190. Nesse sentido há acórdão da lavra do ilustre mestre que assim se manifesta: "Se não se tratasse do mandado de segurança, para o qual a legitimidade passiva *ad causam* apresenta conotações excepcionalíssimas, o impetrante seria carecedor de ação e a preliminar posta pela Fazenda apelante mereceria diferente solução. Mas a legitimação da autoridade responsável pelo ato impugnado, na Lei do Mandado de Segurança, pouco mais significa que qualidade para prestar informações, somente. O interesse substancial em jogo e possível conflito com o do impetrante é sempre o da entidade que essa autoridade corporifica. A autoridade não comparece como substituto processual da entidade de direito público, como a um tempo pareceu à doutrina. Ela é mero representante nas primeiras fases do processo (e, em caso de recurso, passa a oficiar a própria Fazenda, pelos seus órgãos competentes). Como representante, não arca com o custo do processo, em caso de sucumbência (as custas em restituição, ficam sempre a cargo do Estado e não do funcionário)" (AC 71.484-1-SP, 1ª Câm., j. 24.6.1986, *RJTJESP* 106/167-168).
191. *Mandado de Segurança...*, cit., pp. 68 e ss.
192. Dinamarco modificou seu pensamento, pois, como se vê no artigo intitulado "As partes no mandado de segurança", publicado na *RePro* 19/199, referido mestre entendia anteriormente que a autoridade coatora era substituta processual do Poder Público.
193. *Do Mandado de Segurança*, p. 184.
194. "Do mandado de segurança", *Revista do Advogado* 7/81-87.

não jurisdicional, pelo que não necessitaria estar sujeito à existência de partes, o que não se pode admitir, principalmente em razão do enfoque processual que se imprime a este trabalho.

A dúvida sobre quem seria parte no mandado de segurança surgiu porquanto a Lei 1.533/1951 previu, em seu art. 7º, inc. I, que deveria ser notificada a autoridade coatora, e não a pessoa jurídica de direito público, dando-lhe ciência da impetração do mandado de segurança, para que apresentasse as informações que julgasse devidas. Ressalte-se que a notificação da autoridade impetrada vale como citação da pessoa jurídica de direito público. Ocorre que a lei assim previu, apenas para simplificar o procedimento, com vistas a dar maior efetividade ao instituto.[195] De fato, o Código de Processo Civil de 1939 determinava a notificação da autoridade coatora para prestar informações e também a citação da pessoa jurídica de direito público para contestar a ação, o que emperrava, em demasia, o processamento do feito.

Na verdade, o legislador, ao indicar a autoridade coatora como impetrado, copiou os modelos do *habeas corpus*, do *amparo* mexicano e dos *writs* norte-americanos, todos inspirados no direito inglês, no qual o responsável pelo ato é sempre a pessoa física que o praticou, e não a jurídica.

O inglês, por questão cultural, não possui a noção da pessoa jurídica, como entidade abstrata, como responsável pelos atos do Estado. O inglês responsabiliza a pessoa física, apenas. Por isso, no direito inglês, a lei prevê que a ação contra abuso de autoridade sempre é movida contra a pessoa física que praticou o ato.[196]

Entretanto, no nosso sistema não é assim. A pessoa jurídica de direito público é que será responsável pelo ato praticado, por um de seus prepostos, com ilegalidade ou abuso de poder, ferindo direito de um particular. De fato, a Constituição Federal, em seu art. 37, § 6º, determina que as pessoas de direito público ou de direito privado, prestadoras de serviços público, responderão pelos atos, e eventuais danos a terceiros, que seus agentes praticarem, no exercício de suas atribuições. Portanto, é a pessoa jurídica de direito público que responderá, patrimonialmente, pelos danos causados e pela sucumbência no processo. É a esfera jurídica, portanto,

---

195. Ver a opinião do Min. Carlos Velloso no voto que proferiu no acórdão prolatado no MS 21.425-2, publicado na *RT* 706/227.

196. Conforme narra Celso Agrícola Barbi, citado em voto-vista do Min. Sepúlveda Pertence no MS 21.425-2, publicado no *Boletim de Jurisprudência ADCOAS – Mandado de Segurança* – 1995, p. 45.

da pessoa jurídica de direito público que será afetada pela sentença concessiva do mandado de segurança e não da autoridade coatora. Veja-se que, como exemplifica Eduardo Alvim, na hipótese de desconstituição de auto de infração tributária, via mandado de segurança, é o Poder Público quem, em última análise, deixará de ver recolhido para seus cofres o valor correspondente à autuação.[197]

Ademais, verifica-se que não haverá qualquer modificação ou sucessão processual e nem mesmo suspensão da ação de mandado de segurança, no caso de a autoridade coatora vir a falecer, for transferida ou removida do cargo por ela ocupado, o que nos leva a crer que não há como considerá-la parte na ação.

Entretanto, para se aferir quem é parte no mandado de segurança, é preciso relembrar aqui o conceito de parte e a diferenciação feita pela doutrina entre parte em sentido processual e parte em sentido material.

Para Chiovenda, parte é "colui che domanda in proprio nome (o nel cui nome è domandata) l'attuazione di una volontà della legge, e colui di fronte al quale essa è domandata".[198] Referido mestre, portanto, diferenciava o conceito de partes da relação processual de partes da relação de direito material.[199]

Para Liebman, da mesma forma, parte é "aquela que pede ao juiz seu pronunciamento sobre determinado objeto e aquela com relação à qual tal pronunciamento lhe é pedido".[200]

Partes, portanto, são as pessoas que pedem e contra as quais é pedida a tutela jurídica.[201]

197. *Mandado de Segurança...*, cit., p. 70.
198. *Istituzione di Diritto Processuale Civile*, p. 214.
199. Da mesma maneira entendia Carnelutti, o qual ensinava que: "Che il soggetto della lite sia qui chiamato parte in senso sostanziale il lettore intenderà più tardi quando saprà che il soggetto del processo, a cui si dà pure il nome di parte, vi si contrappone come parte in senso formale" (*Sistema di Diritto Processuale Civile*, vol. 1/345).
200. *Manual...*, cit., pp. 123-124. Na mesma linha de raciocínio, Crisanto Mandrioli afirma: "Parti nel processo sono dunque quei soggetti che compiono gli atti del processo, ne subiscono gli effetti e sono perciò i destinatari dei provvedimenti del giudice. E poichè come abbiamo ampiamente veduto nei capitoli che precedono, l'atto che dà vita al processo è la domanda; ed è dalla domanda che risultano i destinatari del provvedimento richiesto al giudice, vale a dire, colui che propone la domanda e, rispettivamente, colui nei confronti la domanda è proposta, tanto basta per concludere che parti nel processo sono rispettivamente colui che propone la domanda e colui nei cui confronti da domanda è proposta" (*Corso di Diritto Processuale Civile*, vol. 1, p. 222).
201. Conforme Pontes de Miranda, *Comentários...*, cit., t. I, p. 241.

A doutrina faz distinção entre os conceitos de parte em sentido processual e parte em sentido material. Em sentido processual, parte seria aquela que está em juízo, atuando e pleiteando a tutela jurisdicional. Nesse caso, pouco importa se há coincidência entre aquele que atua em juízo e o titular do direito pleiteado. Em sentido material, parte é o real titular do direito pleiteado em juízo.[202]

Conforme vimos acima, e de acordo com os arts. 3º e 6º do CPC, um direito somente pode ser discutido em juízo pelos seus titulares, ou seja, pelo sujeito ativo e pelo sujeito passivo desse direito. Transpondo essa idéia ao mandado de segurança, verificaremos que o direito nele reclamado deve ser discutido pelos seus sujeitos, quais sejam o impetrante e a pessoa jurídica de direito público, em cujo nome foi praticado o ato considerado violador desse direito.[203] Veremos o porquê.

Em primeiro lugar, para podermos definir quem é parte no mandado de segurança, é preciso saber o que se entende por autoridade coatora. Na verdade, diante da definição constante do art. 5º, inc. LXIX, da Constituição Federal, não se pode separar o mandado de segurança da autoridade coatora. De acordo com a definição constante de tal dispositivo constitucional, autoridade coatora é a autoridade pública, ou agente de pessoa jurídica no exercício de atribuições do Poder Público, que seja responsável pelo ato praticado com ilegalidade ou abuso de poder e que feriu direito líquido e certo. Além disso, o art. 1º, § 1º da Lei 1.533/1951 define autoridade coatora como o representante ou o administrador das entidades autárquicas e das pessoas naturais ou jurídicas com função delegada do Poder Público, somente no que entender com essa função.

Portanto, se a autoridade coatora é responsável pelo ato praticado com ilegalidade ou abuso de poder, deduz-se que sua vontade de praticar o ato ou de permitir que ele se pratique é essencial na definição de quem seria esse agente coator. Dessa forma, a definição dada por Rodolfo de

---

202. Nesse sentido, Moacyr Amaral Santos ensina que: "Partes, no sentido processual, são as pessoas que pedem ou em relação às quais se pede a tutela jurisdicional. Podem ser, e geralmente são, sujeitos da relação jurídica substancial deduzida, mas esta circunstância não as caracteriza porquanto nem sempre são sujeitos dessa relação" (*Primeiras Linhas...*, vol. I, cit., p. 346). Vale a pena comentar que Salvatore Satta não concordava com a distinção entre parte em sentido processual e parte em sentido material, dizendo que também não havia que se fazer distinção entre parte legítima e parte ilegítima. Mas sua voz dissonante não prevaleceu na doutrina (*Direito Processual Civil*, vol. 1, pp. 132-133).

203. Ver a lição de Celso Agrícola Barbi, "Sujeito passivo no mandado de segurança", *RT* 589/36.

Camargo Mancuso é perfeita e deve ser adotada neste trabalho: "Autoridade para fins de mandado de segurança é o agente público investido de poder de decisão em certa escala hierárquica, que, nessa qualidade: praticou a omissão; ordenou e/ou executou o ato guerreado".[204]

De posse do conceito de autoridade coatora, podemos passar a analisar qual a natureza jurídica da relação que a mesma possui com o Poder Público. Para tanto, vale a pena transcrever a explicação de Pontes de Miranda sobre o conceito de presentação: "Observe-se que na comparência da parte por um órgão, não se trata de representação, mas de presentação. O órgão presenta a pessoa jurídica: os atos processuais do órgão são atos dela, e não do representante... De modo que há a presentação (de direito material) e a representação processual, necessariamente sem atuação em causa própria: o órgão presenta, materialmente; e, processualmente também presenta. As pessoas jurídicas, portanto, as fundações, precisam ter órgãos, tanto quanto as pessoas físicas precisam ter boca, ou, se não podem falar, mãos, ou outro órgão, pelo qual exprimam o pensamento ou o sentimento. O órgão da pessoa física – a boca, por exemplo, fá-la presente a uma reunião, na praça pública, no teatro, no tabelionato, ou no juízo".[205]

Aplicadas tais lições ao mandado de segurança, verificamos que a autoridade coatora é presentante do Poder Público porque quando age em juízo, apresentando informações, o faz enquanto órgão do próprio Poder Público, ou seja, enquanto fragmento, parte, pedaço do Poder Público.[206] Por isso mesmo, a autoridade coatora não é representante no sentido previsto no art. 8º do CPC. O representante apenas integra a capacidade do absolutamente incapaz, de forma que se este vier a juízo sem estar representado por aquele não terá capacidade processual, que é pressuposto

---

204. "Sobre a identificação da autoridade coatora e a impetração contra a lei em tese, no mandado de segurança", *RePro* 44/74. No mesmo sentido está a posição de Vicente Greco Filho, *Tutela Constitucional...*, cit., p. 156.

205. *Comentários...*, t. I, cit., p. 240.

206. Eduardo Alvim, baseado em lição de Pontes de Miranda, explica que a autoridade coatora é presentante, e não representante, do Poder Público, salientando que "não é, realmente, o que sucede no caso da atuação da autoridade coatora. Esta manifesta-se em juízo como órgão presentando a pessoa jurídica por ela integrada; age em nome da pessoa jurídica, tendo em vista situação jurídica a ela atinente. Quando a pessoa jurídica (na maior partes das vezes, de Direito Público), se manifesta no processo, o faz – sempre – por intermédio de algum órgão seu, por isso que se diz que nesse caso há presentação, pois o órgão por intermédio da qual a pessoa jurídica se manifesta é a própria pessoa jurídica (é o que sucede nas hipóteses do art. 12, incs. I a IX do CPC)" (*Do Mandado de Segurança...*, cit., p. 69).

processual de validade da relação jurídica processual. No caso do mandado de segurança, não falta ao Poder Público capacidade processual se este vier a juízo, sem estar representado pela autoridade coatora. Aliás, o Poder Público, ainda que a autoridade coatora não compareça, pode apresentar defesa. Não lhe falta capacidade, nem legitimidade[207] para tanto, como veremos adiante. Na verdade, o órgão, ou seja, a autoridade coatora, é que não possui personalidade jurídica própria. Na representação há, essencialmente, duas pessoas jurídicas distintas, uma das quais atua por conta da outra, o que não ocorre no caso do mandado de segurança.

O ato que a autoridade coatora pratica, no exercício de suas funções, vincula a pessoa jurídica de direito público a cujos quadros ela pertence; o ato é do ente público e não do funcionário.[208]

O fato de a lei prever apenas o pedido de informações e não a apresentação de defesa pelo Poder Público significa apenas mudança de técnica, em favor da brevidade do processo. É justamente por se tratar de garantia constitucional que o legislador ordinário pretendeu simplificar o procedimento da ação de mandado de segurança visando a emprestar maior efetividade ao instituto. É simplesmente por essa razão que, também, somente a autoridade coatora é citada para o processo e não o Poder Público. Mas isso não significa que seja a autoridade coatora a verdadeira parte na ação.

De fato, no acórdão proferido pela 2ª Câmara Cível do Tribunal de Justiça de São Paulo, em 17.3.1987, na Apelação 81.415-1, em que foi relator o Des. Cezar Peluso, fez-se essa transposição para concluir, corretamente, que o Poder Público é parte. No caso foi interposta apelação pelo

---

207. Correto, nesse sentido, o julgado inserto na *RT* 622/76, em que foi relator o Des. Cezar Peluso, do TJSP, o qual assim se expressou: "Na verdade, não há ilegitimidade passiva *ad causam* em mandado de segurança quando, em lugar da autoridade coatora, vem a juízo, assumindo-lhe a defesa do ato, a pessoa jurídica de Direito Público destinatária da eficácia da sentença". Em outra parte do acórdão ficou assentado que: "Sua legitimidade passiva *ad causam* é, assim, irretorquível, como é irretorquível, em conseqüência, a necessidade de se lhe reconhecer o correlato interesse processual se, ao lado ou em lugar do representante, vem a juízo defender o ato impugnado. Fazendo-o só, de nenhum modo se pode pensar ou dizer careça de legitimação ou comprometa o interesse público por tutelar".

208. Nesse sentido está a lição de Celso Agrícola Barbi, o qual exemplifica da seguinte forma: "Assim, o ato do secretário de Estado que demite um funcionário produz efeitos nas relações jurídicas entre o funcionário e o Estado, e não entre aquele e o secretário. Da mesma forma, o ato de um diretor de sociedade privada vincula a sociedade e não o diretor, uma vez que foi praticado naquela qualidade, e não na particular" (*Do Mandado de Segurança*, cit., p. 154).

impetrante do mandado de segurança contra sentença que havia acolhido preliminar de ilegitimidade passiva *ad causam*, diante da circunstância de ter sido a pessoa jurídica de direito público que assumiu a defesa e não a autoridade apontada como coatora. O Tribunal acolheu a apelação interposta para afastar a ilegitimidade declarada em primeira instância, determinando a remessa dos autos à primeira instância, para julgamento do mérito. Para fundamentar sua decisão, o referido Desembargador, brilhantemente, assevera que "é coisa hoje indiscutível na doutrina que, na legitimação ordinária, a identificação das partes legitimadas *ad causam* depende da identificação prévia da relação, estado ou situação de direito material cuja existência se afirma ou nega no processo, bem como dos respectivos sujeitos sobre cuja esfera jurídica há de recair a eficácia da sentença e que, portanto, nessa condição de destinatários do ato final, devem ser chamados a defender-se, exercitando os poderes, ônus e faculdades processuais (cf. Fazzalari, *Istituzioni di Diritto Processuale*, Pádua, CEDAM, 1ª ed., 1975, 29, § 3, e pp. 133-136, § 2). Transpostas estas noções para a disciplina normativa do mandado de segurança, não é difícil observar que, como sujeito jurídico ativo do afirmado comportamento legal e partícipe conseqüente da relação, estado ou situação de direito substancial envolvido, o destinatário dos efeitos jurídicos da sentença, enquanto ato final daquele processo, é só a pessoa jurídica de direito público a cujos quadros pertença o agente que se aponta como coator, que, via de regra, bem por isso, não suporta, em sua esfera, a eficácia da decisão. E, destarte, aquela não será parte passiva legítima *ad causam* no mandado de segurança e quem, segundo os princípios, deveria ser chamado a participar da fase preparatória à emissão da sentença".[209]

Portanto, verifica-se que o fundamento principal que o julgado em questão utilizou para definir quem seria a parte passiva no mandado de segurança foi a noção jurídica de parte. Assim, justamente porque a autoridade coatora é apenas órgão do Poder Público, porque é apenas um pedaço, um fragmento do Poder Público, sem personalidade jurídica própria, não pode ser considerada parte no mandado de segurança e nem mesmo litisconsorte do Poder Público. Por essa razão, não concordamos com os doutrinadores que entendem que há formação de litisconsórcio passivo necessário entre o Poder Público e a autoridade coatora.[210]

209. Acórdão publicado na *RT* 622/76.
210. Esse entendimento tem sido rejeitado na jurisprudência como se vê no acórdão proferido pelo STJ, no REsp 3.370-AM em que foi relator Min. Américo Luz, *DOU* 27.6.1990, p. 7.646, 2ª Col., ementa, *CPC*..., cit., de Theotonio Negrão, p. 945, nota 1 "c" do art. 7º da Lei 1.533/1951 e no acórdão do STJ, 2ª Turma, REsp

Ora, para que se vislumbre a existência de litisconsórcio ou até mesmo a possibilidade de a pessoa jurídica vir a ser assistente simples ou litisconsorcial seria preciso considerar a autoridade coatora como parte passiva principal. Entretanto, como já se viu, não há como admitir essa hipótese, já que a autoridade coatora faz parte do Poder Público. A autoridade coatora não participou da relação de direito material controvertida, em nome próprio, mas apenas como órgão da pessoa jurídica de direito público. O conflito de interesses, caracterizador da lide, dá-se entre o particular e o Poder Público, do qual a autoridade coatora faz parte. As decisões e atos da autoridade, no exercício de suas funções, não são dela próprios, mas sempre da pessoa jurídica de direito público.[211]

10.149-PR, rel. Min. Ilmar Galvão, j. 12.6.1991, *DJU* 1.7.1991, p. 9.187, Seção 1, ementa, *Boletim AASP* 1.706/232

211. Nesse sentido, vale a pena transcrever esclarecedora lição de Ariovaldo Perrone da Silva: "Ressalta-se, de imediato, que considerar a pessoa jurídica litisconsorte ou assistente, simples ou litisconsorcial, está na dependência imperiosa de se vislumbrar na relação processual parte passiva outra que não ela própria, posto que não pode existir assistente sem assistido ou litisconsorte sem parte principal anteriormente definida. Assim, para que a entidade pública assuma a posição de assistente ou litisconsorte necessário se faz seja entendida como parte passiva e principal a autoridade coatora... Mas será parte passiva legítima a autoridade coatora na ação de mandado de segurança? Sabemos que a pessoa jurídica é um ser ideal, que decide e age segundo processo volitivo constituído na interioridade psíquica de pessoas físicas responsáveis pela exteriorização no mundo fático de suas atividades específicas. A pessoa jurídica pensa e atua através de pessoas físicas, que são seu cérebro, voz e braços. No caso das pessoas jurídicas de direito público, a decisão e execução dos atos que lhe competem materializam-se a partir da deliberação de seus agentes, de tal sorte que quando um agente político ou administrativo decide e age, no exercício de obrigações funcionais, é a própria pessoa jurídica quem está decidindo e agindo, sendo diretamente responsável perante terceiros por eventuais lesões que as decisões tomadas e atos executados venham patrocinar. Se assim é, não resta dúvida que as decisões e atos de qualquer desses agentes, no desempenho da função pública, não se confundem com decisões e atos da pessoa natural; é a própria entidade pública, repita-se, decidindo e agindo. Tais decisões e atos concretizam, justos ou injustos, legais ou ilegais, a vontade da pessoa jurídica, transparecendo resultantes da necessidade de alcançar objetivos jungidos a interesses que merecem entendidos como da titularidade da entidade pública e não do agente. Em resumo: a decisão e a ação são da pessoa jurídica, assim como seus são os interesses que as impulsionaram. Por isso, agindo em nome e por conta da pessoa jurídica à qual presta serviços não está legitimado o agente público para figurar no pólo passivo da relação processual que busque retirar eficácia dos atos que, nessa condição, praticou, porquanto não participou em nome próprio na relação de direito administrativo controvertida, mas apenas como transitório representante da entidade jurídica e mercê de obrigação funcional. A relação controvertida estabeleceu-se entre o administrado, de um lado, e a administração de outro" ("A posição da pessoa jurídica de direito público...", *RT* 682/261-262). Da

Alguns autores, como Moacyr Amaral Santos,[212] entendem que a autoridade coatora seria substituto processual do Poder Público. Não podemos concordar com tal posição.

Já vimos anteriormente que existe substituição processual quando alguém pleiteia ou defende em juízo, em nome próprio, afirmação de direito alheio, em lugar de quem seria o legitimado ordinário.

Ocorre que, nesse caso, não se trata de legitimação extraordinária em função de a autoridade coatora não estar em juízo, defendendo em nome próprio um direito alheio. A autoridade coatora faz parte do Poder Público, sendo o próprio Poder Público. Assim, a autoridade coatora, quando vai a juízo, está defendendo direito dela própria.[213] A autoridade coatora não está legitimada pela lei para ir a juízo, em nome próprio, defender direito alheio; além disso, apenas tem a função de apresentar informações, não podendo recorrer em nome do Poder Público. Então, não podemos caracterizá-la como substituta processual do Poder Público. A autoridade coatora será parte processual, mas somente até a apresentação de informações. Portanto, entendemos que a autoridade coatora é apenas presentante do Poder Público, cumprindo sua função apenas apresentando informações.[214]

Como a autoridade coatora imprimiu sua vontade ao ato, deve responder por ele, porém não por si própria, mas, sim, na qualidade de presentante do Poder Público. Por isso pode ser compelida a cumprir a decisão judicial proferida no mandado de segurança sob pena de responsabilidade criminal. Entretanto, é a pessoa jurídica de direito público a que se vincula a autoridade coatora que deve responder pelos prejuízos suportados pelo impetrante, já que é ela a parte passiva legítima para a causa. Ademais, é o Poder Público quem responde pelo ônus da sucumbência e eventual litigância de má-fé. No entanto, o Poder Público tem direito à ação regressiva contra o agente que praticou o ato. O Poder Público não só pode como é obrigado a se voltar contra o agente a fim de obter ressarcimento pelos prejuízos que a demanda vier a causar.

mesma forma, estão os julgados insertos na *RJTJRS* 130/279; *RSTJ* a.8 (77)/65-121, jan. 1996, onde estão insertos os acórdãos prolatados nos seguintes processos: REsp 3.374-AM, *DJU* 6.8.1990, REsp 3.370-AM, *DJU* 13.8.1990, REsp 3.377-AM, *DJU* 1.10.1990 e REsp 10.149-PR, *DJU* 1.7.1991.

212. "Natureza jurídica do mandado de segurança", *RDP* 17/9.

213. Conforme Arruda Alvim, "Mandado de segurança", *RePro* 6/152.

214. Esse também é o entendimento de Eduardo Arruda Alvim, *Mandado de Segurança...*, cit., p. 68.

Outro fator que denota que o Poder Público é parte no processo de mandado de segurança se refere à legitimação para recorrer. Ora, é o Poder Público quem detém legitimidade recursal, e não a autoridade coatora, contra sentença que julga procedente a ação (Lei 1.533/1951, art. 12). Portanto, se a autoridade coatora fosse a parte passiva legítima para o mandado de segurança, não haveria razão para que o legislador não tivesse dado a ela legitimidade para recorrer.[215]

Dessa forma, a parte passiva legítima para o mandado de segurança será sempre a pessoa jurídica de direito público, a qual a autoridade coatora representa. A pessoa física não está legitimada a ocupar o pólo passivo da relação processual de mandado de segurança. Mesmo nas hipóteses de delegação do Poder Público, a parte passiva sempre será a pessoa jurídica de direito público.

Ressalte-se que, em função de o Poder Público ser presentado pela autoridade coatora, esta é citada para a causa, não sendo aquele obrigado a comparecer, inicialmente, ao processo, senão por meio da autoridade coatora. Entretanto, se o Poder Público resolver comparecer para apresentar sua defesa, não deverá, como já asseverado, ser impedido de fazê-lo, não havendo que se falar em ilegitimidade de parte, muito menos em falta de capacidade.

Ora, somente por razões metajurídicas, para dar maior efetividade ao processo de mandado de segurança, é que o legislador previu que a autoridade coatora, e não a pessoa jurídica, fosse citada e prestasse informações. Entretanto, essa previsão legal não significa que a pessoa jurídica de direito público esteja impedida de ir a juízo, se assim preferir, para apresentar sua defesa. Não há nada na Constituição Federal, na Lei de Mandado de Segurança, ou no sistema, que impeça a prática de tal ato.

Dessa forma, como a pessoa jurídica de direito público é a parte passiva legítima, a apresentação de defesa por ela, e não pela autoridade coatora, jamais poderá significar caracterização de ilegitimidade de parte. O Poder Público tem todo o direito de apresentar defesa. O legislador quis simplificar o procedimento, mas somente em nome da efetividade, não se pode fazer letra morta do princípio fundamental do direito de defesa. Assim, a previsão para a autoridade coatora prestar informações somente tende a facilitar o processamento da ação, sempre visando a sua efetividade. Mas sempre haverá legitimidade para o Poder Público vir a juízo apresentar sua própria defesa.

---

215. A jurisprudência é assente nesse sentido, conforme demonstram os julgados insertos nas *RDA* 150/162; 155/100; *RTJ* 104/404; 114/125.

Portanto, concluímos que a autoridade coatora não é parte no mandado de segurança, sendo apenas presentante do Poder Público.[216] Este sim deve ser considerado parte.

Em conseqüência, são incorretas as decisões judiciais que dão pela ilegitimidade passiva *ad causam* quando o impetrante indica incorretamente a autoridade coatora.[217]

Em primeiro lugar porque, às vezes, é muito difícil verificar quem é a correta autoridade coatora, dentre o emaranhado de leis, decretos, portarias, delegações etc. Assim, pequenas falhas, como chamar o gerente administrativo de superintendente, de diretor-geral, não devem ser capazes de causar a extinção do processo. O que importa é que seja possível identificar a autoridade coatora e verificar a competência do juízo para a causa.[218]

Ocorre que, às vezes, o erro é mais grave. Entretanto, tendo em vista que a autoridade coatora não é parte, mas sim o Poder Público, não se

216. Essa é a inclinação do Tribunal de Justiça de São Paulo, como se nota através dos acórdãos insertos nas revistas *RJTJSP* 106/167; 108/173; e *RT* 622/76.
217. É o entendimento esposado, por exemplo, pelo STJ, no Confl 302-RS (Registro 89.0008102-0), em que foi relator o Min. Vicente Cernicchiaro, publicado na *RSTJ* 4/1.283, cuja ementa reza: "Conflito de competência. Mandado de segurança. Ilegitimidade passiva. No mandado de segurança, a autoridade apontada como coatora integra a relação processual. Indicação errônea repercute em condição da ação – ilegitimidade passiva 'ad causam'. O impetrante, por isso, é carecedor do direito da ação". Nessa mesma linha, julgando o impetrante carecedor da ação, por indicação incorreta da autoridade coatora estão os julgados proferidos na APMS 10.703, 1ª Turma do TRF, 3ª Região, rel. Juiz Silveira Bueno, RTRF 4/251. No mesmo sentido estão os julgados insertos em RTRF-3ª Região 4/129 e *Boletim do TRF-3ª Região* 5/91, p. 28. O STJ firmou posição nesse sentido, entendendo de forma majoritária que a indicação equivocada da autoridade coatora resultará na carência da ação, como exemplificam os acórdãos insertos nos *Boletins da AASP* 1.609/256 e 1.647/169, bem como os seguintes julgados: "Mandado de segurança. Se há erro na indicação da autoridade tida como coatora, implicando em ilegitimidade passiva *ad causam*, deve extinguir-se o processo sem julgamento do mérito (art. 267, VI, do CPC), não podendo o juiz substituí-la de ofício" (STJ, 3ª Seção, MS 3.357-DF, rel. Min. Felix Fischer, j. 27.5.1998, julgaram extinto o processo, sem apreciação do mérito, v.u., *DJU* 29.6.1998, p. 16); "Sendo o ato impugnado um mero lançamento tributário, a autoridade que diretamente pratica aquele ato, considerado lesivo a direito do contribuinte, é que deve responder ao mandado de segurança. O Secretário que expediu Resolução de caráter genérico e abstrato é parte ilegítima" (STJ, 2ª Turma, REsp 1.485-RJ, rel. Min. Hélio Mosimann, j. 6.3.1991, deram provimento, v.u., *DJU* 8.4.1991, p. 3.869, in Theotonio Negrão, *CPC*..., cit., p 1.580). Da mesma forma, o julgado inserto em RTRF-3ª Região 1, jan.-mar. 1990, que julgou a inicial inepta por entender não se tratar de ato de autoridade.
218. Nesse sentido, Lúcia Valle Figueiredo, "Mandado de segurança individual", *RDP* 96/207.

poderia dizer que a incorreta indicação da autoridade coatora levasse à decretação da ilegitimidade *ad causam*. A autoridade coatora age apenas como presentante do Poder Público. O vício existente, então, jamais levaria à hipótese de carência de ação. Na verdade, o que ocorre, nesse caso, é falta de um pressuposto processual, qual seja, a *legitimatio ad processum*. É caso de ilegitimidade *ad processum*, que, como vimos acima, diz respeito ao agir no processo. A *legitimatio ad processum* é a capacidade de estar em juízo especificamente para determinada lide, ou seja, o processo somente será válido se aquele determinado sujeito estiver em juízo agindo. Somente ele tem capacidade de agir em juízo e não outro. Portanto, diferentemente da legitimidade *ad causam*, a *legitimatio ad processum* não se refere à titularidade da relação jurídica de direito material que está sendo discutida em juízo.[219]

E se é assim, conclui-se que também são absolutamente equivocados os julgados que decretam a ilegitimidade *ad causam* quando o impetrante indica a própria pessoa jurídica de direito público, e não a autoridade coatora, no pólo passivo da ação de mandado de segurança.[220] Nesse caso, haveria ilegitimidade *ad processum* e não *ad causam*.

Pode-se exemplificar tal entendimento com o julgado do TJSP, em que foi relator o Des. Álvaro Lazzarini, no qual se decidiu, incorretamente, pela carência da ação de mandado de segurança, por ilegitimidade *ad causam*, tendo em vista que teria sido indicada como autoridade coatora

219. Teresa Arruda Alvim Wambier, sobre o assunto, esclarece que: "A 'legitimidade processual' será a possibilidade de pedir algo em juízo, ou de se defender de algo que é pedido, não porque se apresenta ser titular de alguma relação de direito material (que seria a legitimidade *ad causam*), mas porque a lei processual o diz. O marido, no exemplo anteriormente dado (acadêmico, desusado e revogado, embora muito expressivo), relativamente à hipótese da defesa dos bens dotais da mulher, não tem legitimidade *ad causam*, já que ele próprio não é, nem apresenta ser, o titular da relação de direito material, e não sofrerá, por conseguinte, os efeitos da sentença, isto é a sentença não terá repercussão alguma sobre seu patrimônio" (*Nulidades do Processo...*, cit., p. 70).

220. Como se vê, por exemplo, no seguinte julgado: "Mandado de segurança – Impetração em face de pessoa jurídica diversa de autoridade coatora – Ilegitimidade passiva *ad causam* – Carência. Ausente a legitimidade passiva *ad causam* por ter o mandado de segurança sido impetrado em face de pessoa jurídica que não é autoridade coatora, admissível a extinção do mesmo sem apreciação do mérito, sendo o autor carecedor da segurança" (REO 576.710-00/3, 3ª Câm., rel. Juiz Ribeiro Pinto, j. 22.2.2000.). No mesmo sentido, o acórdão prolatado no REsp 47.478-7-SP, STJ, 1ª Turma, rel. Min. Humberto Gomes de Barros, j. 14.12.1994, *DJU* 6.3.1995, p. 4.319 e também os julgados insertos nas seguintes revistas: *RSTJ* 77/22; *RTRF-3ª* 34/89; *RTRF* 146/339; *RJTJSP* 49/104.

a própria Prefeita de São Paulo e não o administrador regional da Mooca, como seria correto.[221]

Ora, a parte legítima, que é o Poder Público, no caso a Prefeitura de São Paulo, estará participando do processo, apenas sendo presentado por autoridade coatora equivocada. Há legitimidade *ad causam*, portanto. Contudo, a autoridade coatora, que estaria capacitada a agir em juízo, em relação a essa específica lide, não foi chamada. Podemos dizer que há defeito nessa representação, o que torna o processo inválido, por falta de pressuposto processual, o que levaria à extinção do mesmo, sem julgamento do mérito.

Entretanto, há que se fazer uma diferenciação, no sentido de que a indicação incorreta da autoridade coatora pode levar, algumas vezes, à ilegitimidade *ad causam* e, em outras, à ilegitimidade *ad processum*. Assim, se a autoridade coatora indicada representar a mesma pessoa jurídica a quem a verdadeira autoridade coatora estiver ligada, será caso de legitimidade *ad processum*, ou seja, falta de pressuposto processual de validade, o que levaria à extinção do processo, sem julgamento do mérito. No caso, porém, de se indicar autoridade coatora vinculada a uma autarquia federal, quando a verdadeira autoridade coatora fosse ligada a um Estado federado, por exemplo, haveria, na espécie, ilegitimidade *ad causam*, pois a parte passiva, ou seja, a pessoa jurídica de direito público, teria sido indicada erroneamente.[222]

Portanto, se o erro quanto à autoridade coatora levar, em conseqüência, a equívoco com relação à entidade que o agente representa, será caso, sim, de ilegitimidade *ad causam*, havendo carência de ação. Mas se o engano apenas for quanto à própria autoridade coatora, indicada erroneamente, o erro será de legitimidade *ad processum* e não se poderá falar em carência da ação.[223]

Por outro lado, o juiz poderia, em qualquer caso, conhecer de ofício do vício respeitante à indicação errônea da autoridade coatora, como permitem os arts. 267, § 3º, e 301, § 4º. Entretanto, há que se fazer mais uma ressalva. O órgão julgador deve, sempre, conceder a oportunidade do art.

---

221. Acórdão proferido no Mandado de Segurança 133.563-1, j. 4.9.1990, publicado na *RJTJESP* 130/388. No mesmo sentido está o aresto inserto na *RJTJESP* 111/182.

222. Conforme Eduardo Arruda Alvim, *Mandado de Segurança...*, cit., p. 79.

223. Nesse sentido também é a opinião de Ernane Fidélis dos Santos, *Manual de Direito Processual Civil*, vol. 3, cit., p. 214.

284 do CPC para regularização[224] e, somente depois, extinguir o processo, se o impetrante não atender à determinação. A oportunidade deve ser dada, principalmente, porque, na prática, é tarefa das mais intrincadas, muitas vezes, identificar quem é a autoridade coatora. É preciso ressaltar, no entanto, que num e noutro caso será preciso verificar a questão da competência absoluta, que, em conseqüência do erro quanto à entidade de direito público ou autoridade coatora, poderá ter sido indicada de forma também errada, havendo necessidade de regularização quanto a esse aspecto.[225]

A indicação correta da autoridade coatora depende da identificação da autoridade que detém competência para corrigir a ilegalidade apontada.[226]

Quando o ato coator for baseado em lei ou em instruções normativas, será coatora a autoridade que tiver praticado o ato e não o órgão que elaborou a lei.[227]

Quando há delegação de competência, deve-se impetrar a segurança contra a autoridade que exerce a competência delegada e praticou o ato, conforme Súmula 510 do STF. Nesse caso, a autoridade coatora é o agente que está no exercício da função pública delegada como, por exemplo, o diretor de faculdade privada.[228]

224. Há decisão entendendo que o juiz não pode substituir, de ofício, a autoridade coatora indicada de forma errônea, como se verifica do seguinte acórdão: "A autoridade judiciária não dispõe de poder, para, agindo de ofício, substituir, em sede mandamental, o órgão apontado como coator pelo impetrante do *writ*. Falece-lhe competência para ordenar a mutação subjetiva no pólo passivo da relação processual" (RMS 21.362, rel. Celso de Mello, *RTJ* 141/478). Também há acórdão entendendo que o processo deve ser extinto, sem julgamento de mérito, por falta de condição da ação, sem que se dê prazo para regularização, com o acórdão prolatado no MS 21.813-RJ, rel. Min. Sydney Sanches, j. 5.8.1994, *RTJ* 157/545.

225. Conforme informa Theotonio Negrão (*CPC*..., cit., p. 1.581): "Segundo algumas decisões, o juiz pode mandar substituir o sujeito passivo do mandado de segurança, chamando a juízo a verdadeira autoridade coatora (*RTFR* 122/313) ou remetendo os autos ao juiz competente, com a mesma finalidade (STJ, 1ª Turma, REsp 34.317-7-PR, rel. Min. Garcia Vieira, j. 16.8.1993, negaram provimento, maioria, *DJU* 13.9.1993, p. 18.546; *RTFR* 159/289, *JTJ* 180/254)".

226. Conforme Hely Lopes Meirelles, *Mandado de Segurança*..., cit., pp. 50-51.

227. Conforme Luiz Pinto Ferreira, *Teoria e Prática do Mandado de Segurança*, p. 22, 23 e 24, citado por Carlos Augusto de Assis, *Sujeito Passivo no Mandado de Segurança*, p. 16. No mesmo sentido Hely Lopes Meirelles, *Mandado de Segurança*..., p. 63.

228. Nesse sentido, a orientação de nossos tribunais, como se vê em *RJTJSP* 114/242-246: "Mandado de Segurança – Autoridade Coatora – Diretor da Divisão Re-

Conforme Hely Lopes Meirelles, "ato complexo é o que se forma pela conjunção de vontades de mais de um órgão administrativo. O essencial, nesta categoria de atos, é o concurso de vontades de órgãos diferentes, para a formação de um ato único".[229] Por exemplo, a investidura de um funcionário, em cargo público, necessita da nomeação pelo chefe do Executivo e da posse e exercício dados pelo chefe da Repartição. Nesse caso, devem ser citadas todas as autoridades que participam da formação do ato, sendo que a autoridade de mais alta hierarquia definirá a competência.[230]

Nos atos compostos, a autoridade superior apenas chancela o que tiver sido feito pela anterior, ou seja, o ato da autoridade superior é condição de eficácia do ato da autoridade inferior, pelo que a autoridade coatora é aquela da qual emanou o ato aprovado.[231] Ora, o ato, nesse caso, só foi praticado em função da vontade de um único órgão, do qual dependia a eficácia do ato. Esta autoridade é que deve responder, portanto.[232]

Assim, quando o ato coator é praticado em função de ordem recebida de superior hierárquico, é a autoridade superior que deve ser apontada como coatora. No entanto, somente será considerado coator aquele que praticou ou ordenou concreta e especificamente a execução ou inexecução e se responsabiliza pelas conseqüências administrativas do ato.[233] Contudo, se a autoridade inferior pratica o ato por simples recomendação da autoridade superior, é ela, e não o superior, que deverá ser indicada

---

gional de Ensino da Capital – Autorização para instalação e funcionamento de cursos de ensino – legitimidade – atividade delegada pela Secretaria de Estado da Educação" (AC 92.767-1-SP, 1ª Câm. Civil).

229. *Direito Administrativo Brasileiro*, 32ª ed., Malheiros Editores, 2006, p. 171.

230. Nesta linha de raciocínio está a posição de Eduardo Arruda Alvim, *Mandado de Segurança...*, cit., p. 86.

231. Idem, ibidem, p. 83. A jurisprudência também é assente nesse sentido, conforme se vê em MS 22.042-2-RR COAD-ADV 23/355 e *RSTJ* 1/551.

232. No mesmo sentido está a opinião de Hely Lopes Meirelles, *Mandado de Segurança...*, cit., pp. 52-53.

233. Conforme os seguintes julgados insertos em Theotonio Negrão, *CPC...*, cit., p. 1.580, a saber: "Autoridade coatora é aquela que ordena (ainda que manifestamente incompetente para sua prática: *RSTJ* 96/376) ou omite a prática do ato impugnado, e não o superior que recomenda ou baixa normas para sua execução" (STJ, 1ª Turma, REsp 62.174-7-SP, rel. Min. Demócrito Reinaldo, j. 7.6.1995, negaram provimento, v.u., *DJU* 14.8.1995, p. 23.989; *RJTJESP* 90/229, *JTJ* 142/283); isto é, "autoridade coatora é aquela que, ao executar o ato, materializa-o" (*RTFR* 152/271). No mesmo sentido: TFR, Pleno, MS 105.867-DF, rel. Min. Geraldo Sobral, j. 27.6.1985, v.u., *apud Bol. do TFR* 84/14; *RJTJESP* 111/180.

como autoridade coatora. Nessa linha de raciocínio, Eduardo Alvim assevera: "Cumpre extremar, ainda, a hipótese de o ato ter sido praticado como decorrência de ordem de superior hierárquico daquela em que o ato é praticado por conta do próprio agente. Se a autoridade de menor grau hierárquico limitar-se a obedecer ordem superior, como decorrência desse vínculo hierárquico, é a autoridade superior que deve ser apontada como coatora – e não as duas, a superior e a inferior – mesmo porque com a concessão da ordem, bastará que a autoridade superior, administrativamente, determine à inferior que se abstenha da prática do ato (ou que pratique o ato a respeito do qual indevidamente se tenha omitido)".[234]

Em procedimentos administrativos, há uma seqüência de atos intermediários tendentes à obtenção de um ato final. Cada um desses atos intermediários é suscetível de ser impugnado, o que contamina os demais a ele posteriores ou que dele dependam, ao contrário do que ocorre com os atos complexos, os quais somente depois de aperfeiçoados é que poderão ser impugnados. Um exemplo de procedimento administrativo é a licitação. Assim, não há necessidade de se esperar o ato final, que é o ato de homologação ou adjudicação. Desde o edital de licitação pode haver coações indevidas e todas elas sujeitas ao mandado de segurança. Nesse caso, a autoridade coatora será aquela que tiver praticado o ato impugnado e somente ela.[235]

Entretanto, será considerado coator o presidente de órgão colegiado que subscreveu e irá responder pelo ato impugnado.[236]

Muitas vezes, a sentença a ser proferida no mandado de segurança pode afetar a esfera jurídica de terceiros, os quais estão legitimados a integrar o pólo passivo da relação processual. O litisconsórcio no caso será necessário e unitário, porque a sentença há de ser uniforme para todos os litisconsortes. O reconhecimento jurídico do pedido pela autoridade coatora afetará todos os integrantes do litisconsórcio, já que não se pode reconhecer para um e para outro não.[237]

234. *Mandado de Segurança...*, cit., p. 84.
235. Ver a opinião de Hely Lopes Meirelles, *Mandado de Segurança...*, cit., pp. 52-53.
236. Esse é o entendimento de Hely Lopes Meirelles, ibidem, e José de Moura Rocha, *Mandado de Segurança – A Defesa dos Direitos Individuais*, p. 181. Vicente Greco Filho e Lucia Valle Figueiredo entendem que a autoridade coatora deveria ser o próprio órgão colegiado, que seria representado pelo presidente. Não concordamos com essa opinião porquanto o mandado de segurança não pode ser impetrado contra o órgão, mas apenas contra o agente.
237. Nesse sentido a opinião de Buzaid: "Em muitos casos a sentença a ser proferida no mandado de segurança não se limitará às partes; ela pode atingir outras

O terceiro que deveria ter participado do processo como litisconsorte necessário, e não o foi, poderia, no caso da decisão judicial, lesionar sua esfera jurídica, interpor recurso de terceiro prejudicado. Caso esse recurso não tenha efeito suspensivo ou, mesmo tendo, exista risco de dano irreparável, é perfeitamente cabível o mandado de segurança.

3.2.4 Legitimidade passiva no mandado de segurança contra ato judicial

As hipóteses de cabimento do mandado de segurança contra ato judicial serão especificamente examinadas no tópico referente ao interesse processual no mandado de segurança contra ato judicial.

Nesse momento, basta ter bem definido o objeto do mandado de segurança contra ato judicial, ou seja, determinar qual o direito que se pretende proteger. A pergunta que deve ser feita, para alcançar tal intento, não é mais se o que se busca com o mandado de segurança contra ato judicial é a reforma ou anulação do ato judicial, praticado com ilegalidade ou abuso de poder, ou apenas o efeito suspensivo da decisão atacada, sendo sucedâneo de recurso.[238] A indagação que se deve fazer, após a reforma processual que modificou a sistemática do agravo, é se a parte está sujeita a sofrer os efeitos de decisão judicial ilegal ou abusiva, apesar das modificações trazidas, principalmente no que se refere ao regime do agravo e ao advento da antecipação da tutela.[239]

---

pessoas. Isso ocorre amiúde nos casos, já decididos pela jurisprudência, como de nomeação ou de promoção de funcionários, de impugnação de ato judicial, e muitos outros. Em todos eles há litisconsórcio necessário, devendo o juiz, de ofício ou a requerimento do interessado, ordenar a citação daqueles que vão integrar a relação jurídica processual" (*Do Mandado de Segurança*, cit., pp. 181-182).

238. Teresa Arruda Alvim Wambier, antes da reforma, asseverava que o mandado de segurança contra ato judicial visa a atacar diretamente o ato e não somente obter o efeito suspensivo para recurso que dele é desprovido. O mandado de segurança visa a proteger direito líquido e certo violado por ilegalidade e abuso de poder, não havendo razão para se entender de forma diferente no caso da impetração contra ato judicial. Afirmava ela: "Na realidade, tecnicamente, não se deveria pedir que se desse efeito suspensivo ao recurso, mas que se suspendessem os efeitos da medida judicial ilegal, que poderiam causar dano a direito líquido e certo da parte, pois esta era a única forma de protegê-lo. Por isso, considerávamos esta solução também inortordoxa também admissível. Isto porque, não se obtinha, na verdade, efeito suspensivo. O que se obtinha, realmente, era uma suspensão de eficácia do ato ilegal impugnado, através da liminar, o que acabava por fazer às vezes do efeito suspensivo do recurso" (*O Novo Regime do Agravo*, pp. 248-249).

239. Nesse sentido, Teresa Arruda Alvim Wambier, *Os Agravos no CPC Brasileiro*, p. 306.

Sobre o assunto, Teori Albino Zavascki afirma que o mandado de segurança contra ato judicial "tem por objeto a defesa do direito ao devido processo legal, nele compreendido o direito à efetividade das sentenças e dos recursos assegurados pelas leis processuais. O que se busca obter é medida de tutela provisória apta a assegurar a eficácia prática da tutela definitiva em vias de formação".[240]

Correto o entendimento de referido Autor, eis que o mandado de segurança contra ato judicial será cabível sempre que for único meio eficaz para resguardar o direito da parte e tornar a tutela pleiteada efetiva. Além disso, como o mandado de segurança contra ato judicial pretende atacar o ato judicial eivado de ilegalidade, é evidente que também visará à preservação do devido processo legal, ou seja, da manutenção de um processo justo, com sentença justa.

Pois bem, no caso do mandado de segurança contra ato judicial, embora alguns doutrinadores, como Celso Agrícola Barbi, entendam que a Administração Pública não tem interesse no desfecho da causa, bem como que o juiz tem interesse apenas moral em sustentar a legalidade de seu ato,[241] concluímos que não há razão para se analisar a questão da legitimidade passiva de forma diferente dos mandados de segurança em geral. O instituto é o mesmo e deve ser estudado da mesma forma.

Na verdade, como lembra Teresa Arruda Alvim Wambier, não se pode criar uma teoria do mandado de segurança contra atos administrativos e outra, diferente, contra atos judiciais, pois a medida é regulada pelos mesmos dispositivos, quer em nível constitucional, quer em nível infraconstitucional.[242]

---

240. O entendimento do referido autor vale a pena ser transcrito. Diz ele: "Em outras palavras: se, por força da Constituição, têm os litigantes o dever de submissão às vias processuais estabelecidas, também por força constitucional, têm eles o direito de não sofrer danos irreparáveis no curso do processo, enquanto não esgotados os meios e recursos inerentes ao contraditório e à ampla defesa. Do dever de submissão à jurisdição do Estado decorre, portanto, a utilidade do processo, do direito de não sofrer prejuízos irreparáveis enquanto não entregue, de modo definitivo, a prestação jurisdicional assegurada pela Constituição. O mandado de segurança, nestes casos, outro objeto não tem senão o de assegurar a efetivação da garantia outorgada pelo art. 5º, inc. LV, da Constituição, a que ambas as partes, aliás, têm direito, de modo a que se chegue a uma sentença potencialmente efetiva" (*Antecipação da Tutela*, pp. 123 e ss.).

241. "O mandado de segurança contra atos jurisdicionais", in *Mandado de Segurança*, coord. Aroldo Plínio Gonçalves, Del Rey, 1996, p. 101.

242. *Medida Cautelar...*, cit., p. 61.

Ora, nos mandados de segurança em geral, como já visto, a parte passiva legítima é o Poder Público, e não a autoridade coatora, já que é o Poder Público que deverá responder pelo ato, bem como arcar com as custas processuais.

Em conseqüência, o Poder Público é a parte passiva legítima do mandado de segurança contra ato judicial, porque é ele que responderá pelo ato e assumirá as custas do processo.[243]

Portanto, o juiz não é sujeito passivo do mandado de segurança contra ato judicial, devendo apenas figurar como autoridade coatora.

Por outro lado, ocorre litisconsórcio entre o Poder Público e a parte adversa do impetrante. Isso porque o adversário do impetrante, na realidade, suportará os efeitos da decisão, pois a ordem a ser concedida no mandado de segurança atingirá sua esfera jurídica.

O mandado de segurança contra ato judicial tem como partes principais o impetrante e o Poder Público, representado pelo juiz, como autoridade coatora. O terceiro, a outra parte da ação em que foi proferida a decisão impugnada, será citada como litisconsorte necessário, porque poderá ter sua esfera jurídica atingida pela decisão que vier a ser proferida no mandado de segurança. De fato, o impetrante, caso seja concedida a ordem, ficará em situação de vantagem em relação à parte contrária. Por conseguinte, esta deverá ser citada, sob pena de se configurar cerceamento do direito de defesa.[244]

Na verdade, a sentença proferida no mandado de segurança desconstituirá o ato judicial impugnado, e a alteração não se dará apenas em relação ao impetrante, mas atingirá igualmente seu adversário.[245] Assim, inegavelmente há litisconsórcio necessário entre o Poder Público e o adversário do impetrante. Se o impetrante deixar de promover a citação de seu adversário, o mandado de segurança deverá ser extinto, sem julgamento do mérito, por falta de legitimidade processual.

---

243. Nesse sentido, de que o Poder Público (e seus litisconsortes) e não o juiz, que deve arcar com as custas processuais, está o entendimento de Ada Pellegrini Grinover, "Mandado de segurança contra ato jurisdicional penal", cit., p. 35.

244. Ver a lição de Nelson Nery Jr. e Rosa Nery, *CPC Comentado*, p. 1.817.

245. Este também é o entendimento de Celso Agrícola Barbi ao sustentar que: "A sentença que os cassar em recurso ou em mandado de segurança, terá, assim, natureza constitutiva, pois virá modificar um estado jurídico existente. Essa alteração não pode ser apenas em relação ao impetrante, pois deve produzir efeitos igualmente em face do outro interessado. Estaremos, assim, frente à hipótese de 'litisconsórcio necessário', pois este existe sempre que a sentença for constitutiva" (*Do Mandado de Segurança*, p. 164).

3.2.5 Legitimidade passiva no mandado de segurança coletivo

A legitimidade passiva no mandado de segurança coletivo é idêntica àquela vista para o mandado de segurança individual. A única ressalva a ser feita é a de que a autoridade coatora não pode ser aferida em função do caso concreto, já que o sujeito ativo, na inicial, é indeterminado, embora passível de determinação. Essa indeterminação, conforme Calmon de Passos, causa a indeterminação do ato coator.[246] Por isso, segundo Vicente Greco Filho, a autoridade coatora será aquela que tiver atribuições sobre todos os beneficiários da ordem, mesmo que não pratique em concreto o ato coator e mesmo que esses beneficiários estejam sob área de atuação de autoridades diferentes.[247]

3.3 *Interesse processual*

O interesse processual é outra condição da ação. Traduz-se o interesse processual na necessidade de ir a juízo para fazer valer direitos, bem como na utilidade representada pela vantagem prática a ser obtida com a ação. Ambas estão ligadas à adequação do meio processual escolhido para tanto.

A necessidade advém do fato de o autor ter a ação como único meio de conseguir obter a satisfação de seu direito. Seria a necessidade concreta da jurisdição.[248] Deve-se dar ao suposto devedor a oportunidade de satisfazer voluntariamente a obrigação, para somente depois acionar o Estado. Na verdade, por questão de economia processual, não se deve utilizar o Poder Judiciário, desperdiçando tempo e dinheiro públicos, quando tal atividade seria totalmente dispensável.

Entretanto, tendo em vista a teoria do direito abstrato de ação, não se deve identificar a idéia de interesse com a de lesão. Na verdade, se houve lesão, a única forma útil de repará-la é por meio do Poder Judiciário. O interesse em obter a prestação jurisdicional surge porque ocorreu a lesão, mas jamais se poderá dizer que o interesse é a própria lesão.[249]

---

246. *Mandado de Segurança Coletivo, Mandado de Injunção, Habeas Data, Constituição e Processo*, p. 26.
247. *Tutela Constitucional...*, cit., pp. 171-172.
248. Nas palavras de Sérgio Shimura, a "necessidade concreta da jurisdição significa que o processo é um instrumento secundário, que o Estado coloca à disposição do pretendente apenas em caso de frustração do primeiro dos instrumentos – a obrigação. Antes do vencimento da dívida, por exemplo, o direito não exige ainda do devedor qualquer prestação" (*Título Executivo*, p. 60).
249. Conforme Teresa Arruda Alvim Wambier salienta que a noção de interesse deve ser entendida "numa formulação hipotética com o seguinte sentido: *se houve*

O requisito da utilidade significa que se deve, também, obter, com a ação, alguma vantagem do ponto de vista prático. Além disso, a utilidade deve ser jurídica. Nesse sentido, seria *inutilidade jurídica* a propositura de dez ações para a cobrança de dez aluguéis de um mesmo réu, quando se poderia obter o mesmo resultado com uma só ação.[250]

Quanto ao requisito da adequação, o autor deve escolher o meio processual adequado para a obtenção de sua pretensão. A utilização de procedimento incorreto também redundará na falta de interesse processual. Por isso, a adequação deriva da noção de utilidade e necessidade da jurisdição.

É o que ensina Donaldo Armelin: "Destarte, não basta, apenas, que haja utilidade para o titular do interesse na atuação do Judiciário sobre um caso concreto, mas, também, que a utilidade ressume de uma atuação adequada daquele Poder. Isto porque a opção por um provimento ou procedimento inadequado retira em grande parte a utilidade da ação, obrigando a máquina judiciária a esforço inócuo e, sob o prisma da administração da Justiça, detrimental para a coletividade".[251]

Portanto, o interesse processual reside na necessidade e utilidade da jurisdição. Existe interesse processual quando a parte tem necessidade de ir a juízo para alcançar a tutela pretendida, e, ainda, quando essa tutela jurisdicional pode trazer-lhe alguma utilidade do ponto de vista prático.[252]

Movendo ação errada ou utilizando procedimento inadequado a alcançar os objetivos, o provimento jurisdicional não será útil, o que acarretará a falta de interesse processual. Por exemplo, se a parte já possui título

lesão, a única forma, útil e necessária de repará-la é o lançar mão da atuação do Poder Judiciário". E exemplifica: "Assim, dizer-se que quem propõe ação de cobrança de determinada dívida, cujo vencimento já teve lugar, tem interesse (diferentemente daquele que pretende cobrar judicialmente uma dívida não vencida) não é igual dizer-se *ter havido lesão*. É, isto sim, dizer que *se houve lesão* – se, por hipótese, não houve pagamento – a única forma de ser obtido é por meio de atuação do Poder Judiciário, visto que a oportunidade em que o pagamento deveria ter sido espontaneamente efetuado, não o foi, já terá passado" (*Nulidades do Processo...*, cit., p. 47).

250 Exemplo de Teresa Arruda Alvim Wambier, ibidem, pp. 48-49.

251. *Legitimidade...*, cit., p. 59.

252. No mesmo sentido, Nelson Nery Jr. afirma que o interesse processual (de agir) reside na necessidade e utilidade da jurisdição, salientando que "existe interesse processual quando a parte tem necessidade de ir a juízo para alcançar a tutela pretendida e, ainda, quando essa tutela jurisdicional pode trazer-lhe alguma utilidade do ponto de vista prático. Movendo ação errada ou utilizando-se do procedimento incorreto, o provimento jurisdicional não lhe será útil, razão pela qual a inadequação procedimental acarreta a inexistência do interesse processual" ("Condições da ação", *RePro* 64/37).

executivo, tem direito de cobrar o crédito por meio de execução. Assim, não necessita entrar com ação de conhecimento. Se o faz, evidentemente, lhe faltará interesse processual.[253]

Dessa forma, fica claro que o interesse processual alberga também o cabimento da ação, ou seja, se a ação não é cabível, a via processual escolhida é inadequada, pelo que não haverá interesse processual.

Barbosa Moreira, em fórmula eficiente e sucinta, ensina que "o interesse processual repousa no binômio utilidade + necessidade".[254]

Antonio Carlos Marcato,[255] por sua vez, entende que o binômio se daria entre necessidade e adequação, no que é acompanhado por Ada Pellegrini Grinover.[256] Já para Cândido Rangel Dinamarco, "é preciso que o processo aponte para um resultado capaz de ser útil ao demandante, removendo o óbice posto ao exercício do seu suposto direito, e útil também segundo o critério do Estado, estando presentes os requisitos da necessidade e adequação".[257]

Entretanto, por tudo o que se disse, o interesse, na verdade, repousa no trinômio necessidade + utilidade + adequação,[258] já que, para ter interesse processual, a parte deve necessitar da ação como único meio de conseguir a satisfação de seu direito; deve também obter com a ação alguma vantagem do ponto de vista prático, além de ter que utilizar o meio processual adequado para obter a satisfação do direito.

O interesse processual não tem relação direta com o direito material, uma vez que, mesmo que o direito material inexista, ou seja, quando a ação é julgada improcedente, haverá interesse processual. De fato, não se

---

253. Donaldo Armelin salienta que "a opção por um provimento ou procedimento inadequado retira em grande parte a utilidade da ação, obrigando a máquina judiciária a esforço inócuo e sob o prisma da administração da Justiça, detrimental para a coletividade. Se o direito processual estatuiu padrões para a atuação da jurisdição na conformidade com o objeto litigioso veiculado no processo, o fez estabelecendo a craveira para a utilidade dessa atuação. Violar tais padrões atinentes aos provimentos e procedimentos será minimizar a utilidade operacional da máquina judiciária, que, se impossível a compatibilização do atritante pedido com os cânones procedimentais, deverá rechaçá-lo, por inadmissível" (*Legitimidade...*, cit., p. 59).

254. "Ação declaratória e interesse", *Direito Processual Civil...*, cit., p. 17.

255. *Procedimentos Especiais*, p. 9.

256. *As Condições da Ação Penal (uma Tentativa de Revisão)*, pp. 88-89.

257. *Execução Civil*, p. 421.

258. Para Teresa Arruda Alvim Wambier, a adequação estaria embutida na utilidade, pois "se a via escolhida é *inadequada*, por conseguinte, é *inútil*", *Nulidades do Processo...*, cit., p. 47.

pode identificar a idéia de interesse com a de lesão. Esta é analisada pelo órgão julgador, quando da aferição do interesse processual, apenas numa situação hipotética. Portanto, o interesse não se confunde com o direito material alegado no processo.[259]

O interesse processual, na verdade, antecede o direito de ação, sendo dele condicionante.[260]

Da mesma forma, há interesse processual quando se postula ação declaratória de inexistência do direito. Ora, nesse caso o direito inexiste, mas o interesse processual está presente. O direito material, porém, pode existir e não ensejar atuação vantajosa do Judiciário.

Portanto, o interesse processual é instrumento do direito material. Dessa forma, o cabimento da ação deve resultar do direito processual, que irá determinar a via processual adequada. No entanto, há casos em que fica difícil dissociar o direito material do cabimento da ação.

É que o interesse de agir deve ser analisado à luz da utilidade e adequação da utilização máquina jurisdicional em função dos fatos que embasam o pedido, como a exigibilidade na ação de condenação, a incerteza, na declaratória, a urgência, na cautelar. Nesse sentido, o cabimento pode se confundir com o mérito. Para resolver o problema, Donaldo Armelin sugere conceituar "o interesse de agir como resultante da idoneidade objetiva do pedido, para o autor, de provocar uma atuação potencialmente útil da jurisdição. Esta idoneidade pressupõe uma *causa petendi* também idônea, sem o que o pedido careceria de condições de provocar aquela atuação útil da jurisdição".[261]

O interesse processual seria aferido em função da utilidade do exercício da jurisdição. Sempre que a atuação for inútil, não haverá interesse processual.

Nesse sentido, o interesse processual, em que se inclui a questão do cabimento, será inconfundível com a existência ou não do direito material, aferida em função do direito processual apenas.[262]

---

259. Nesse sentido, idem, ibidem.
260. Donaldo Armelin afirma que "o interesse para agir é condicionante do exercício do direito de ação, não se confundindo com o direito material alegado no processo, em relação ao qual é secundário, instrumental, posterior, nem com o próprio direito de ação, ao qual antecede" (*Legitimidade...*, p. 58).
261. Ibidem, p. 64.
262. Donaldo Armelin, nesse sentido assevera que "com isso, parece ficar destacado o interesse de agir emergente do pedido, ou pretensão, de caráter exclusivamente processual e inconfundível com o direito material, do próprio interesse material,

Assim, é perfeitamente possível separar o interesse processual do mérito na hipótese de ações em que o mérito seria acolhível, mas não há utilidade jurídica para a atuação da jurisdição, porque o processo é simulado ou a ação foi feita com abuso de direito, por exemplo.

Entretanto, essa separação se torna difícil quando o pedido também é em si infundado e inadmissível, como ocorre, por exemplo, numa ação de usucapião em que o autor não comprova o requisito da posse pelo tempo hábil a gerar o direito de propriedade. Nesse caso, a inexistência do direito é matéria de mérito, o que faria com que a decisão fizesse coisa julgada material, impedindo a repropositura da ação. Contudo, nosso sistema jurídico permite considerar como inútil a atuação da jurisdição antes da implementação do período aquisitivo de propriedade. E temos que a falta do direito acarretaria falta de interesse processual, com o que a parte poderia, posteriormente, quando completasse o período, propor novamente a ação.[263]

Portanto, há casos em que o cabimento da ação é aferido em função do mérito, em função de não ser possível dissociar os fundamentos do pedido do interesse processual. Entretanto, na generalidade dos casos, o cabimento é aferido em função do direito processual.

Vale a pena ressaltar que não há qualquer exigência específica, nos diversos ramos de direito público, em termos de aferição do interesse de agir. De fato, qualquer que seja o ramo de direito público, o interesse processual tem que ser analisado em vista da necessidade, utilidade e adequação.

3.4 Interesse processual no mandado de segurança

É evidente que, no mandado de segurança, como em qualquer outra ação, o interesse processual será aferido em função da necessidade, utilidade e adequação. Portanto, as hipóteses em que se constata a falta de

---

e, ainda, do direito de ação, cuja regularidade de exercício é inferida através de tal idoneidade, por concernir ao pedido e à utilidade jurídica da atuação da jurisdição. A utilidade jurídica repele ações ajuizadas com abuso de direito ou com fins subalternos ou ilícitos, e compreende, em seus graus, desde a necessária atuação do Judiciário, no caso de determinadas ações constitutivas, até a inadequação do provimento ou procedimento postulados, tendo, por outro lado, a vantagem de conectar o exercício do direito de ação com o princípio da economia processual, que veda a atuação inócua ou despicienda da jurisdição. Assim, independentemente da existência do direito veiculado na pretensão ou do acolhimento desta, a ação será inadmissível sempre que do exame da pretensão se inferir uma atuação inútil da jurisdição. Essa inutilidade, remarque-se, é exclusivamente, jurídica, e deve ser constatada em face do sistema processual vigente" (*Legitimidade...*, cit., pp. 64-65).

263. Nesse sentido, Donaldo Armelin, ibidem, p. 65.

interesse processual, de um modo geral, serão as mesmas encontradas em qualquer outra ação.[264]

Especificamente no que se refere à ação de mandado de segurança, surgem questões interessantes no tocante ao interesse processual, que merecem ser analisadas, principalmente quanto a este instituto contra omissões do Poder Público; mandado de segurança contra simples ameaça; contra ato judicial e contra lei em tese.

As questões que redundariam em impossibilidade jurídica do pedido poderiam ser enquadradas no aspecto do interesse processual.[265] Assim, nas hipóteses abaixo, veremos que, mesmo nos casos em que o pedido seria juridicamente impossível por estar proibido no sistema, surgindo o interesse processual, a fim de evitar dano irreparável, o mandado de segurança passa a ser cabível.

De fato, as questões de cabimento do mandado de segurança podem tanto ser analisadas sob a ótica da impossibilidade jurídica do pedido, como faremos adiante, como também sob a ótica do interesse processual. É o que sucede, por exemplo, no caso de impetração de mandado de segurança, quando a medida judicial cabível seria o *habeas data* ou o *habeas corpus*. Na verdade, poderíamos inserir tais hipóteses no requisito da adequação. É o que ocorreria, também, no caso de se impetrar mandado de segurança e não ação popular ou ação declaratória de inconstitucionalidade. Ou, ainda, de se impetrar mandado de segurança coletivo, quando a hipótese seria de ação civil pública.

3.4.1 Omissão/ameaça

Podemos definir ato coator como a ação ou *omissão* praticada pelo Poder Público, com ilegalidade ou abuso de poder. É possível a inclusão da omissão na definição de ato coator porque, na verdade, o art. 1º da Lei 1.533/1951 não menciona a palavra ato. Apenas se refere à violação ou justo receio de sofrê-la, por parte de autoridade que pode fazer parte da Administração, do Poder Judiciário ou também do Legislativo.

Desse modo, tanto pode causar lesão ou ameaça de lesão uma vontade manifestada por meio de ato escrito, como a omissão, o silêncio da Administração.[266]

---

264. Conforme Sérgio Shimura, haveria falta de interesse na hipótese de impetração de mandado de segurança para prestar vestibular, quando o exame já tivesse sido realizado (*Título Executivo*, p. 166).

265. Nesse sentido opina Arruda Alvim, *Tratado...*, vol. 1, cit., p. 380.

266. Sobre o assunto, Hely Lopes Meirelles deixa assente a possibilidade de a omissão ser objeto de impetração de mandado de segurança, salientando que: "Equi-

A caracterização da omissão da autoridade depende do caso concreto.[267] É o que ocorre, por exemplo, com os pedidos de informação, de certidão, de vista de processo, baseados no art. 5º, incs. XXX e XXXIV, da Constituição Federal, em que a autoridade se recusa a fornecer.[268]

Celso Antônio Bandeira de Mello alarga, consideravelmente, a definição de ato coator para incluir também os comportamentos administrativos, expressão que abrange fatos, comportamentos omissivos, comissivos materiais e jurídicos. Portanto, não haveria necessidade de ato já concretizado, mas o mero comportamento da autoridade que venha a lesar direito do impetrante. Com essa definição basta que exista o justo receio de que a lesão venha a ocorrer. São comportamentos administrativos o uso de sinais, cartazes, propaganda etc.[269]

Nesse sentido, Lúcia Valle Figueiredo explica que "(...) pode inexistir ato administrativo, porém, mero comportamento da autoridade que propicie o mandado de segurança. Digo 'mero comportamento', porém, claro está que não se trata de qualquer comportamento. Trata-se de *comportamento constritor*, de comportamento que estava causando constrangimento ilegal, como nos diz a Constituição. E o comportamento de autoridade, descompassado do ordenamento jurídico, pode ocasionar realmente constrição indevida, ou então, justo receio de que a constrição venha a ocorrer".[270]

Os comportamentos administrativos podem ser atos materiais da Administração, que não se expressam por ato administrativo propriamente dito, mas sim pela simples vontade e produzem efeitos jurídicos no caso

param-se a *atos de autoridade* as *omissões administrativas* das quais possa resultar lesão a direito subjetivo da parte, ensejando mandado de segurança para compelir a Administração a pronunciar-se sobre o requerido pelo impetrante, e durante a inércia da autoridade pública não corre o prazo de decadência da impetração" (*Mandado de Segurança...*, cit., p. 34).

267. Conforme Eduardo Arruda Alvim, *Mandado de Segurança...*, cit., p. 109.

268. Nesse sentido há acórdão do STJ decidindo que "configura-se o ato omissivo pela recusa da autoridade em praticá-lo. A falta de resposta a requerimento que lhe foi dirigido, seja concedendo ou negando o pedido em prazo razoável, caracteriza a omissão da autoridade apontada como coatora" (MS 1.212/91-DF, rel. Min. Peçanha Martins, *DJU* 24.2.1992, p. 1.847). No mesmo sentido, está o acórdão prolatado pelo TJMG, na Apelação 69.533, em que foi relator o Des. Walter Veado, *DOU* 24.9.1987, cuja ementa reza: "Por ferir preceito constitucional, cabe mandado de segurança contra a Fazenda Pública, que se recusa a expedir ao contribuinte certidão relativa à sua situação fiscal, sob alegação de débito inscrito na dívida ativa", ADV 35.714.

269. *Curso de Direito Administrativo*, Cap. XX.

270. "Mandado de segurança individual", *RDP* 96/207.

concreto. Ocorre que a simples execução dos atos materiais, ainda que inexista ato escrito a ser impugnado, pode causar lesão ou ameaça de lesão, como, por exemplo, há a apreensão de mercadorias, pela Administração; quando esta sinaliza as vias públicas, quando fecha, por meio de cartazes ou faixas, determinadas ruas ou praias, executa uma obra etc.[271]

É preciso, nesses casos, a existência do justo receio. Assim, não é preciso esperar a concretização do ato para se ter direito ao mandado de segurança, pois se correria o risco do direito que se quer proteger vir a perecer. Portanto, basta que exista a ameaça, ou seja, comportamento de autoridade pública que demonstre, de forma palpável, o justo receio de sofrer constrangimento considerado ilegal.

Sobre o conceito de justo receio falaremos adiante, quando o tratarmos como condição específica de admissibilidade do mandado de segurança preventivo. Por ora, basta saber que o interesse processual para a impetração do mandado de segurança surgirá na medida em que houver justo receio de sofrer lesão.

3.4.2 Ato de que caiba recurso administrativo com efeito suspensivo

Com relação aos atos administrativos, o art. 5º, inc. I, da Lei 1.533/1951 determina que não se dará mandado de segurança contra ato de que caiba recurso administrativo com efeito suspensivo, independentemente de caução.

Já a Súmula 429 do STF determina que "a existência de recurso administrativo com efeito suspensivo não impede o uso do mandado de segurança contra omissão de autoridade".

Na verdade, o sentido da norma é o de que o ato administrativo para ser passível de mandado de segurança deve ser operante e exeqüível. Ora, se o interessado apresenta recurso administrativo, que tenha efeito suspensivo, não haverá interesse na interposição do mandado de segurança.

Assim, o dispositivo não obriga a parte a exaurir a via administrativa, mas impede o mandado de segurança enquanto existir recurso, com efeito suspensivo. Ou seja, se o recurso administrativo for utilizado, a parte deverá aguardar o resultado, para só então procurar o Judiciário. Ademais, caso renuncie ao recurso administrativo ou deixe transcorrer o prazo para sua manifestação, poderá, desde logo, impetrar a segurança.

---

271. Exemplos de Maria Sylvia Zanella Di Pietro, "Mandado de segurança: ato coator e autoridade coatora", cit., p. 153.

O mandado de segurança também será possível se a autoridade deixar transcorrer o prazo legal para proferir decisão no processo administrativo, já que nesse caso estaremos ante uma omissão.[272]

Na verdade, nas omissões, como, por exemplo, quando a autoridade se nega a fornecer uma certidão ou o registro de um diploma, o efeito suspensivo do recurso administrativo de nada adiantará, pelo que se pode, desde já, ter acesso ao mandado de segurança. O mesmo se dá quando o fundamento do mandado de segurança é a inconstitucionalidade, já que somente o Poder Judiciário poderá declará-la.

O ato administrativo, de que caiba recurso com efeito suspensivo, se torna operante e exeqüível e poderá ensejar a impetração nos seguintes casos: (a) se a parte deixar de interpor o recurso suspensivo ou renunciá-lo; (b) se, pela sua natureza, o ato impugnado não admitir efeito suspensivo ao recurso; e (c) no caso de ser inútil a manifestação do recurso com efeito suspensivo.[273]

O inc. I, do art. 5º, da Lei 1.533/1951 não tem o sentido de obrigar o interessado a exaurir a via administrativa para que se configure o interesse processual na impetração do mandado de segurança. O que a lei pretende, como já dito acima, é que o mandado de segurança somente seja utilizado quando o ato coator for exeqüível e operante. Enquanto existir recurso administrativo, com efeito suspensivo, não há interesse processual em impetrar mandado de segurança.[274] Entretanto, o impetrante terá sempre garantido o seu direito de ir ao Judiciário por meio do mandado de segurança, quando desistir do recurso administrativo ou renunciar a ele, ou quando o julgamento do mesmo for proferido na Administração. Se o recurso administrativo não tiver efeito suspensivo, ou for exigida caução para o seu exercício, ou ainda quando se tratar de omissão, também seu direito ao mandado de segurança estará garantido.

Desse modo, se a lei viesse a impor a necessidade de prévia exaustão da via administrativa para a emergência do interesse processual em impetrar mandado de segurança, seria ela inconstitucional, pois estaria retirando do particular o direito de acesso ao Poder Judiciário, direito esse que é garantido constitucionalmente. Ora, o princípio da inafastabilidade do controle jurisdicional não admite exceções.

272. Idem, ibidem.
273. Ver, Antonio da Pádua Ribeiro, "Mandado de segurança: alguns aspectos atuais", *RDP* 38/39.
274. Conforme a opinião de Hely Lopes Meirelles, *Mandado de Segurança...*, cit., p. 43.

3.4.3 Atos judiciais

O art. 5º, inc. II, da Lei 1.533/1951 prevê não ser cabível mandado de segurança contra atos judiciais de que caiba recurso ou correição, razão pela qual, inclusive, analisaremos adiante novamente essa questão, sob a ótica da impossibilidade jurídica do pedido.

Ocorre que a lei foi elaborada quando da vigência do Código de Processo Civil de 1939, em que o agravo não era recurso cabível contra todas as decisões interlocutórias, indiscriminadamente. Ademais, não se pode dizer que, em princípio, haveria ofensa a direito líquido e certo, por decisão contra a qual ainda há a possibilidade de ataque por meio de recurso, principalmente tendo em vista que a regra geral é a de que os recursos têm efeito suspensivo.[275]

De outra parte, o campo próprio do mandado de segurança não é o ato jurisdicional, além do que, para atacar decisões judiciais, há remédio próprio, que são os recursos.[276]

Por isso, diante dos termos da lei, muito se discutiu na doutrina sobre o cabimento do mandado de segurança para atacar atos judiciais. No início, partiu-se da negativa completa, discutindo-se se o juiz se encaixava na definição de autoridade pública. Depois, numa segunda fase, passou-se a admitir o mandado de segurança apenas quando não houvesse recurso previsto para o ataque da decisão que se queria impugnar. Entretanto, a doutrina e a jurisprudência evoluíram até a aceitação, por poucos, do cabimento do mandado de segurança contra a coisa julgada.

Ocorre que, como o meio próprio para atacar decisões judiciais é o recurso, foi preciso que se concebesse uma qualidade específica de que deveria estar revestida a ofensa ao direito do lesado, para que tais decisões judiciais pudessem ser atacadas por mandado de segurança. Essa qualidade específica é o risco, a potencialidade de dano irreparável.[277]

A partir daí inaugurou-se uma terceira fase quanto à doutrina do cabimento do mandado de segurança contra ato judicial, passando-se a entender *dano irreparável* como aquele não corrigível por apelação e, mesmo depois de seu provimento, corrigível com grande dificuldade ou parcialidade.[278]

---

275. Teresa Arruda Alvim Wambier, *Medida Cautelar...*, cit., p. 71.

276. Idem, ibidem, p. 61.

277. Idem, ibidem, p. 69.

278. Calmon de Passos, no entanto, entende que o requisito da irreparabilidade é totalmente dispensável para o cabimento do mandado de segurança, pois para

Concordamos com Teresa Arruda Alvim Wambier no sentido de que o conceito de dano irreparável comporta gradações, pois a jurisprudência considerava o *writ* cabível quanto mais concreta, fática e palpavelmente fosse de difícil reparação o prejuízo causado pela eficácia da decisão impugnada.[279]

Com a reforma processual, entretanto, o sistema passou a dispor de meios eficazes para obstar a eficácia da decisão causadora do dano irreparável, como a antecipação de tutela e a possibilidade de concessão de efeito suspensivo aos recursos, inclusive ao agravo. Assim, uma quarta fase foi inaugurada, na qual o mandado de segurança contra ato judicial somente será cabível quando o ato do juiz for capaz de gerar lesão grave e de difícil reparação e chegar a ser eficaz, apesar dos meios postos a disposição pela lei processual para impedir que tal eficácia ocorra.[280]

Portanto, atualmente, para que o mandado de segurança contra ato judicial seja cabível, é preciso aliar ao requisito da irreparabilidade a possibilidade de a decisão impugnada se tornar eficaz. Além disso, esses requisitos devem ser somados aos pressupostos constitucionais, quais sejam: a existência de direito líquido e certo e a prática de ato ilegal ou com abuso de poder. Esses requisitos somados fazem com que nasça o interesse processual para a impetração de mandado de segurança contra ato judicial.

Após a edição da Lei 9.139/1995, que modificou a sistemática do recurso de agravo, estabelecendo no art. 558, *caput*, parágrafo único, a possibilidade de concessão de efeito suspensivo ao recurso, bem como com a previsão da possibilidade de concessão de tutela antecipada recursal, o campo profícuo para a impetração de mandado de segurança contra atos judiciais ficou consideravelmente reduzido.[281]

---

ele basta que exista a ilegalidade e a violação de direito líquido e certo, que já se incluiriam no conceito de dano irreparável ("O mandado de segurança contra atos jurisdicionais", cit.).

279. Ob. cit., mesma página.
280. Conforme Teresa Arruda Alvim Wambier, *Os Agravos no CPC*, pp. 305-306.
281. Nesse sentido a jurisprudência tem indeferido o processamento de mandado de segurança visando dar efeito suspensivo a recurso, uma vez que essa possibilidade pode ser obtida por meio do recurso de agravo: "Mandado de segurança – Decisão judicial – Efeito suspensivo a recurso que não o tem – Descabimento – Artigo 527, II, do Código de Processo Civil (Lei 9.139/95) – Cabimento de Agravo de Instrumento. A via processual adequada para obter a atribuição de efeito suspensivo ao recurso de apelação, objeto do presente *writ*, é o agravo de instrumento, porque, de acordo com

Essa era justamente a vontade do legislador, na época, qual seja, diminuir a intensidade de impetração de mandado de segurança contra ato judicial, que sobrecarregava, em demasia, os tribunais do país. Assim, deu-se ao agravo de instrumento a feição de mandado de segurança, fazendo com que o mesmo por si só bastasse para proteger o direito da parte recorrente.

Em conseqüência, após a Lei 9.139/1995, o mandado de segurança contra ato judicial permaneceu cabível em algumas poucas hipóteses, o que, efetivamente desafogou o Tribunal.

Com o advento da Lei 11.187, de 20.10.2005, porém, que estabeleceu a interposição do agravo retido, como regra, ainda que a intenção do legislador tenha sido a de agilizar a prestação da tutela jurisdicional, o que se verifica é que a impetração do mandado de segurança contra ato judicial voltou a ser extremamente necessária como único meio de evitar a lesão e proteger o direito da parte.

Assim, as alterações trazidas pela Lei 11.187/2005 representam, na verdade, um retrocesso no direito processual civil, possibilitando a volta do congestionamento de mandados de segurança contra ato judicial, que havia antes da edição da Lei 9.139/1995.

o disposto no artigo 527, inc. II, da lei processual adjetiva, os impetrantes poderiam obter o almejado efeito suspensivo (MS 598.437-00/9, 3ª Câm., rel. Juiz Ferraz Felisardo, j. 9.11.1999)", in Theotonio Negrão, *CPC...*, cit., 30ª ed., nota 3 ao art. 527, p. 547, e nota 8 ao art. 558, p. 593. No mesmo sentido: *JTA* (LEX) 162/570 (em.) AI 477.444, 1ª Câm., rel. Juiz Renato Sartorelli, j. 16.12.1996; AgRg 508.746, 3ª Câm., rel. Juiz João Saletti, j. 7.10.1997; "Mandado de segurança – Ato judicial. Decisão impugnável mediante agravo de instrumento. Falta de interesse processual. Inocorrência, ademais, de ilegalidade flagrante e vício de caráter teratológico. Aplicação do artigo 5º, II, da Lei n. 1.533/51 e da Súmula 267 do Supremo Tribunal Federal. Extinção do processo sem julgamento do mérito. Não se admite mandado de segurança contra decisão judicial impugnável mediante agravo de instrumento" (MS 115.451-4-SP, TJSP, 2ª Câm. de Dir. Priv., 24.8.1999, v.u., rel. Des. Cezar Peluso, *Jornal Tribuna do Direito*, Caderno de Jurisprudência, ano 6, n. 64, p. 256). Da mesma forma, os seguintes julgados: "Está afastada a admissibilidade do uso da ação cautelar ou do mandado de segurança para o fim de pleitear o efeito suspensivo à apelação, pelo advento da Lei 9.139, de 30.11.1995" (MS 473.918-00/6, rel. Juiz Oswaldo Breviglieri, 2º TACivSP, j. 30.1.1997); e "O certo, portanto, é que ficou definitivamente afastada a admissibilidade do uso da ação cautelar ou o mandado de segurança para pleitear-se o efeito suspensivo à apelação" (Ap. 472.003-00/8, rel. Juiz Ladislau Lamotta, 2º TACivSP, 5ª Câm., j. 18.12.1996, *apud* José Miguel Garcia Medina, "Antecipação da tutela recursal e efeito suspensivo – análise de alguns problemas decorrentes da aplicação do art. 558 do CPC", in Teresa Arruda Alvim Wambier e Nelson Nery Jr. (coord.), *Aspectos Polêmicos e Atuais dos Recursos Cíveis de Acordo com a Lei 9.756/1998*, p. 350).

Ocorre que a nova lei alterou o art. 522 do CPC, para constar que a interposição do agravo se dará, em regra, pela forma retida. Portanto, o que antes poderia ser uma opção da parte recorrente, agora passou a ser uma imposição. O campo profícuo para a impetração do mandado de segurança contra ato judicial se ampliou profundamente. Em primeiro lugar, porque o agravo retido não tem o menor condão de evitar a irreparabilidade do dano. Ao depois, porque a Lei 11.187/2005 limitou a interposição de recurso de agravo de instrumento somente a três hipóteses, quais sejam, quando a decisão tratar de inadmissão de recurso de apelação; dos efeitos em que esse recurso é recebido e nos casos em que exista possibilidade de lesão grave e de difícil reparação.

Poder-se-ia entender que a própria lei fez a previsão de uso do agravo de instrumento, nas hipóteses de possibilidade de ocorrência de lesão grave e de difícil reparação e que, portanto, não haveria necessidade do mandado de segurança. Ocorre que lesão grave e difícil reparação é conceito vago e dependente da ótica subjetiva do intérprete para verificação de sua caracterização. Ora, a constatação da hipótese que pode causar lesão grave e de difícil reparação dependerá do entendimento subjetivo do relator, no tribunal, quando do recebimento do recurso de agravo de instrumento. Realmente, pode ocorrer de a parte considerar hipótese de urgência, mas o relator entender que não o é. Nesse caso, a lei concede poderes extremos ao relator para receber o agravo de instrumento como retido e devolver o recurso à primeira instância. É nesse caso que surge a necessidade do mandado de segurança contra ato judicial, como única forma de evitar a ocorrência do dano.

De fato, a lei manteve o poder concedido ao relator de devolver o recurso para a primeira instância, para ficar retido nos autos, quando constatar não se tratar de hipótese de lesão grave e de difícil reparação (CPC, art. 527, II).

Além disso, o legislador determinou, no parágrafo único do art. 527 que a decisão liminar, proferida nos casos dos incs. II e III do mesmo artigo, somente é passível de reforma no momento do julgamento do agravo, salvo se o próprio relator a reconsiderar. Ou seja, no caso de o relator manter seu entendimento, somente poderá haver reforma da decisão que causou prejuízo irreparável à parte, quando do julgamento do agravo.

A nova lei prevê também que as decisões proferidas em audiência, de instrução e de julgamento, estarão sujeitas somente a agravo retido, que deverá ser interposto oral e imediatamente (CPC, art. 523, § 3º). Nesse caso, as razões do recorrente deverão constar, de forma sucinta, do termo de audiência. Referida imposição, além de afrontar os princípios da ampla defesa e do devido processo legal (CF, art. 5º, inc. LIV), por retirar a possibilidade de fundamentação exaustiva e profunda, também não é capaz de proteger o direito da parte, nas hipóteses de urgência pela possibilidade de causar prejuízo irreparável, como é o caso, por exemplo, da decisão que defere, ou indefere, tutela antecipada, na própria audiência.

Portanto, a nova sistemática implantada pela Lei 11.187/2005 acarretou justamente aquilo que pretendeu evitar: a sobrecarga dos tribunais, eis que criou inúmeras hipóteses em não haverá como impedir a lesão e, em conseqüência, haverá a necessidade de se impetrar mandado de segurança contra ato judicial como única maneira de proteger o direito líquido e certo da parte agravante.

Sem a pretensão de esgotar o assunto, vamos, pois, analisar algumas hipóteses em que se poderá vislumbrar o interesse processual na impetração do mandado de segurança contra ato judicial.

a) Contra decisão do relator que converte o agravo de instrumento interposto pela parte, em retido, como permite a atual redação do art. 527, inc. II, nas hipóteses em que esteja presente o perigo de lesão grave e de difícil reparação.

Nesse caso, o mandado de segurança contra ato judicial é a única possibilidade de evitar a lesão, tendo em vista que a redação dada ao parágrafo único do art. 527 retirou a possibilidade de interposição do chamado agravo interno. Há a previsão de reforma da decisão do relator no momento do julgamento do agravo, mas essa solução não seria capaz de evitar a lesão, principalmente porque o agravo retido seria julgado somente por ocasião do recurso de apelação, ou seja, muito tempo depois. O legislador também previu a hipótese de o próprio relator reconsiderar sua decisão. É claro que a parte deverá, para tanto, apresentar pedido de reconsideração. No entanto, esse expediente não tem o condão de suspender a eficácia da decisão causadora do dano irreparável, além do que se fica na dependência da mera possibilidade do magistrado voltar atrás no seu entendimento o que, no mais das vezes, é muito difícil de ocorrer.

Também podemos inserir nessa hipótese os casos em que o relator, erroneamente, vier a converter, em retido, os agravos de instrumento tirados contra decisões que decidirem sobre a liquidação de sentença e/ou a impugnação à execução de sentença, após a vigência da Lei 11.232/2005. É que os arts. 475-H e 475-M, § 3º, prevêem expressamente o agravo de instrumento para esses casos. Na verdade, em todos os casos em que a lei determinar, de forma expressa, o cabimento de agravo de instrumento (art. 522) e o relator determinar a conversão para retido, o mandado de segurança contra ato judicial surge como único meio de proteger o direito da parte.

O cabimento do mandado de segurança contra ato judicial, portanto, fica plenamente justificado, eis que não há previsão do recurso na espécie.

Uma questão que surge é relativa a saber se poderia a câmara ou turma, no tribunal, converter o agravo para a forma retida, depois de o relator ter admitido o agravo de instrumento e mandar processá-lo. Cândido Rangel Dinamarco responde que não porquanto a essa altura "tudo o que se queria evitar já estaria consumado (o acúmulo de recursos chegando aos colegiados recursais)".[282]

b) Nos casos em que o relator negar, ou conceder, o efeito suspensivo ou a antecipação da tutela recursal (o chamado efeito suspensivo ativo) previstos no art. 527, III do CPC.

Da mesma forma que na hipótese anterior, a Lei 11.187/2005 retirou a possibilidade de interposição de agravo interno contra a decisão do relator que, ao receber o agravo de instrumento, nega, ou concede, efeito suspensivo ou antecipação da tutela recursal, determinando que a revisão somente poderá ocorrer por ocasião do julgamento do agravo, ou, quando o próprio relator, houver por bem acolher meros pedidos de reconsideração efetuados pela parte.

Em conseqüência, tal decisão do relator não está sujeita a recurso, pelo que o mandado de segurança contra ato judicial será o único meio de se evitar a lesão irreparável.

No regime anterior, alguns doutrinadores já expressavam o entendimento de que contra decisão que nega efeito suspensivo ao recurso de agravo cabe mandado de segurança, por não haver previsão legal de nenhum outro recurso.[283] Outros, como Teresa Arruda Alvim Wambier, entendiam que da decisão em comento caberia o agravo do art. 557, § 1º, do CPC.[284] Outros, ainda, como Nelson Nery Jr., entendiam que, contra essa decisão, caberia o agravo do art. 557, § 1º, para o órgão colegiado,

---

282. *A Reforma da Reforma*, p. 172.

283. Nesse sentido, está a opinião de Eduardo Talamini, "A nova disciplina do agravo e os princípios constitucionais do processo", *RePro* 80/136; José Miguel Garcia Medina entendia que cabia o agravo do art. 557, parágrafo único do CPC, mas afirmava que "não se admitindo o uso do agravo, na situação, impõe-se a possibilidade de utilizar o mandado de segurança" ("Antecipação de tutela recursal e efeito suspensivo...", cit., p. 354).

284. *O Novo Regime do Agravo*, cit., p. 246.

mas também seria possível a impetração de mandado de segurança, justamente para dar efeito suspensivo a esse recurso, que dele seria desprovido.[285-286] No entanto, no atual regime, parece-nos que não há possibilidade de interposição do agravo do art. 557, § 1º, do CPC, uma vez que a redação dada ao parágrafo único do art. 527 é clara no sentido de descaber recurso contra a decisão liminar do relator, nas hipóteses dos incs. II e III do *caput* do mesmo artigo. Desse modo, a única forma de impedir a lesão é a impetração de mandado de segurança.

285. *Atualidades sobre o Processo Civil*, p. 192. Valentina Jungmann Cintra Alla é da opinião de que contra a decisão que nega o efeito suspensivo cabia apenas o agravo do art. 557 do CPC ("O recurso de agravo: perspectivas de novas alterações", in *Aspectos Polêmicos e Atuais dos Recursos Cíveis de Acordo com a Lei 9.756/1998*, p. 596).

286. Há acórdãos que admitem o mandado de segurança quando o relator denega o efeito suspensivo ao agravo, como se vê do seguinte julgado do STJ: RMS 7.246-RJ (Reg 96.0035567-3), sendo relator o Min. Humberto Gomes de Barros, j. 5.9.1996, inserto na *RSTJ* 90/68, cuja ementa reza: "Processual – Mandado de segurança – Ato judicial – Agravo de instrumento – Efeito suspensivo – CPC, art. 558 (Lei 9.139/95). I – Desde o advento da Lei 9.139/95, o Mandado de Segurança, para imprimir efeito suspensivo à decisão judicial, só é admissível após o impetrante formular e ver indeferido o pedido a que se refere o art. 558 do Código de Processo Civil. II – Se o pedido de Segurança é anterior à Lei 9.139/95, nem por isto o agravante perde a oportunidade de pedir ao relator, a suspensão do ato recorrido. Em tal circunstância, desaparece o interesse em obter o Mandado de Segurança". No mesmo sentido está o julgado constante da *RSTJ* 95/56.

Além disso, como se vê da nota 3 ao artigo 527, no *CPC...*, cit., de Theotonio Negrão, p. 560, há julgados que entendem que "A decisão do relator que indefere efeito suspensivo a agravo de instrumento é irrecorrível" (*JTJ* 202/288; no mesmo sentido: *JTJ* 203/229). Também não comporta recurso algum a decisão liminar concessiva de efeito suspensivo ao agravo (*RF* 338/309), pelo que o mandado de segurança seria o único meio processual cabível para atacar o ato impugnado. Entretanto, algumas decisões entendem que também não cabe mandado de segurança. É o que se vê, do julgado do TJSP, prolatado no MS 17.567-4, em que foi rel. o Des. Gildo dos Santos, inserto na *JTJ* 187/145, cuja ementa reza: "Mandado de segurança – Ato judicial – Impetração contra decisão já impugnada por meio de agravo de instrumento, ao qual se negou efeito suspensivo – Não cabimento – Carência de ação".

Ainda sobre o assunto, na nota 4 do art. 527, do *CPC...*, cit., de Theotonio Negrão, p. 560, está indicada a conclusão do 6º CETARS, que decidiu: "Não cabe agravo regimental das decisões atinentes à agregação de efeito suspensivo ao agravo de instrumento, bem como daquelas em que o relator deferir antecipação de tutela ou tutela cautelar". Nesse sentido, quanto ao não cabimento de agravo regimental contra decisão do relator que concede ou nega efeito suspensivo a agravo, estão indicados os seguintes julgados: *JTJ* 185/239, 205/277, *RJTJERGS* 187/166. Portanto, se se entender que não é cabível o agravo regimental, o único meio processual capaz de impedir o dano irreparável seria o mandado de segurança.

Vale a pena ressaltar que, nos casos em que a decisão recorrida seja negativa, ou seja, em que o juiz tenha deixado de conceder o pedido formulado pela parte, como uma liminar, por exemplo, não basta, apenas, obter a suspensão da decisão atacada, mas também a própria concessão antecipada da providência negada pelo órgão *a quo* e que se busca por meio do recurso. Nessa hipótese, há possibilidade de concessão, pelo relator, do próprio pedido que foi negado pelo juiz de primeira instância. É a antecipação da tutela recursal ou o chamado efeito ativo, no dizer de Eduardo Talamini, citado por Teresa Arruda Alvim Wambier.[287]

Muito se discutiu na doutrina sobre a possibilidade e o fundamento para a concessão do efeito suspensivo ativo, e se o melhor caminho não seria o mandado de segurança. A posição que nos parecia mais correta era a de que haveria a possibilidade de concessão, pelo tribunal, da antecipação da tutela recursal, com fundamento no art. 273 do CPC, pelo que não seria cabível o mandado de segurança.[288] Entretanto, a Lei 10.352/2001 veio pôr fim às discussões estabelecendo, no inc. III, segunda parte, do art. 527 do CPC, que o Relator poderá deferir, em antecipação da tutela, total ou parcialmente, a pretensão recursal. Assim, o legislador deixou assente que, de fato, a concessão do efeito ativo aos recursos não tem fundamento somente no art. 558 do CPC, mas também no art. 273 do CPC. Trata-se de verdadeira antecipação da tutela recursal.[289]

287. *O Novo Regime...*, cit., p. 246.
288. Nesse sentido está a nova posição de Teresa Arruda Alvim Wambier, que assim se expressa: "Hoje pensamos que, nesta hipótese, em vez de se fazer diretamente uso do mandado de segurança, o correto é considerar-se que o próprio relator possa conceder efeito 'ativo' ao agravo, adiantando o 'provável' julgamento do recurso, enquanto este está tramitando (e se diz provável, porque a parte deve demonstrar aparência de bom direito) não com base no art. 558, *caput*, que é regra excepcional, mas com base no art. 273, I do CPC, do mesmo modo deve ocorrer com relação à apelação" ("Efeito suspensivo do agravo e recorribilidade da decisão judicial que o concede (ou não concede) e outros assuntos", in *Aspectos Polêmicos e Atuais dos Recursos*, p. 643.
289. A jurisprudência tem entendido que: "Ainda que a decisão interlocutória seja de conteúdo negativo, a via adequada para impugná-la é o recurso de agravo de instrumento, ao qual pode ser conferido o denominado 'efeito suspensivo ativo'" (STJ, 2ª Turma, RMS 8.516-RS, rel. Min. Adhemar Maciel, j. 4.8.1997, negaram provimento, v.u., *DJU* 8.9.1997, p. 42.435). No mesmo sentido: "Pode o relator conceder tutela antecipada ou cautelar, quando o agravo ataca decisões indeferitórias (arts. 273 e parágrafos, e 800, parágrafo único, do CPC)" (4ª conclusão, fundamentada, do CETARS). Igualmente: *RT* 731/446, *Lex-JTA* 163/361, *JTAERGS* 100/376, *RTJE* 152/243. Ainda: "No agravo de instrumento é possível a concessão liminar da tutela jurisdicional negada pela decisão agravada" (IX ETAB, 1ª conclusão; maioria), tudo como se vê da nota 4ª do art. 527 do *CPC...*, cit., de Theotonio Negrão, p. 560.

Realmente, pensamos que a antecipação de tutela pode ser exercitada em qualquer fase do processo, desde que esteja presente relevante fundamentação e fundado receio de dano grave ou de difícil reparação.[290] Na verdade, existe bastante semelhança entre os requisitos previstos no art. 558 do CPC para concessão do efeito suspensivo e os expostos no art. 273, referentes à antecipação da tutela. A semelhança se encontra, fundamentalmente, na exigência da relevância da fundamentação prevista no art. 558 do CPC. É certo, no entanto, que esse requisito, além de constar do art. 273, também é exigido pelo art. 798 do CPC, referente às medidas cautelares. Entretanto, o fundamento para concessão do efeito ativo aos recursos não se funda nesse último dispositivo, eis que o *fumus* que se exige para as cautelares é bem menos robusto do que aquele exigido para a concessão de antecipação de tutela, ou seja, o grau de convencimento exigido do julgador deve ser maior para deferir a antecipação da tutela do que para deferir medida cautelar.[291]

Ocorre que, como a Lei 11.187/2005 retirou a possibilidade de recurso de agravo interno contra decisão do relator que concede ou nega a antecipação da tutela recursal, pelo que, nesse caso, é plenamente admissível a impetração de mandado de segurança.

c) Nos casos em que o relator negar o efeito suspensivo às apelações não encartadas no art. 520 do CPC, já que se deve dar interpretação extensiva ao disposto no art. 558 do CPC, para abranger também todas as apelações, dispostas em leis esparsas, desprovidas desse efeito.

Alguns doutrinadores entendem que se deve dar interpretação restritiva ao art. 558 do CPC, o qual abrangeria somente as apelações previstas no art. 520 do CPC.

Entretanto, tal entendimento não pode ser mantido porquanto o relator poderá conceder efeito suspensivo ao recurso de apelação dele

---

290. Nesse sentido estão os posicionamentos de Humberto Theodoro Jr., *O Processo Civil Brasileiro no Liminar do Novo Século*, p. 190; William Santos Ferreira, *Tutela Antecipada no Âmbito Recursal*, p. 244; Roberto Armelin, "Notas sobre a antecipação de tutela em 2º grau de jurisdição", in Teresa Arruda Alvim Wambier (coord.), *Aspectos Polêmicos da Antecipação de Tutela*, p. 310; e José Miguel Garcia Medina, "Antecipação da tutela recursal e efeito suspensivo...", cit., p. 350.

291. Conforme Victor A. A. Bonfin Marins, "Antecipação da tutela e tutela cautelar", in *Aspectos Polêmicos da Antecipação de Tutela*, p. 565. Nesse mesmo sentido está a opinião de Teresa Arruda Alvim Wambier, "Da liberdade do juiz na concessão de liminares e tutela antecipatória", *Aspectos Polêmicos da Antecipação de Tutela*, coord. da mesma autora, p. 537.

desprovido, quer com base no art. 558, quer com base no art. 273, I, do CPC.[292]

Na verdade, o entendimento de que se deve dar interpretação restritiva ao art. 558 do CPC não poderia vingar porque as hipóteses de concessão do efeito suspensivo previstas no art. 558 do CPC abrangem, também, qualquer outra previsão, mesmo que constante de leis esparsas, de recurso de apelação, a ser recebido somente no efeito devolutivo. De fato, não há motivo para haver diferenciação entre as hipóteses previstas no art. 520 do CPC e aquelas constantes de outros dispositivos do Código ou de leis extravagantes. Aliás, estabelecer essa diferenciação seria ferir o sistema. Na verdade, não é crível afastar o direito à obtenção do efeito suspensivo, disposto no art. 558 do CPC, apenas por uma "razão meramente topográfica", nas palavras de William Santos Ferreira.[293]

Como ensina o referido autor, o art. 520 do CPC estabelece regra geral e não de exceção, pois determina o recebimento da apelação nos efeitos suspensivo e devolutivo para todas as apelações, desde que não exista previsão legal nos incisos do art. 520 ou em qualquer lei esparsa. A norma do *caput* é de caráter geral, ou seja, na omissão de casos expressos, há o efeito suspensivo, sendo que a especificidade se encontra nos incisos ou em leis esparsas.[294]

Nelson Nery Jr., sobre o assunto, afirma que "o juiz pode conceder efeito suspensivo à apelação, com fundamento na norma ora analisada, não apenas nos casos do CPC 520, mas em todos os casos em que o sistema processual civil preveja para esse recurso o efeito apenas devolutivo, como, por exemplo, quando interposta contra sentença de interdição (CPC, 1.184) ou quando interposta nas ações fundadas na Lei 8.245/1991 (LI 58 V). A regra geral do sistema recursal civil brasileiro é o recebimento da apelação em ambos os efeitos. Assim, o CPC 520 e 1.184, bem como a LI 58 V, são normas de exceção e se interpretam restritivamente. Como a norma comentada abriu oportunidade ao juiz para voltar a aplicar a regra geral, deve ser interpretada ampliativamente".[295]

Não há que se falar, ainda, que o art. 558 é norma restritiva e estaria remetendo apenas às hipóteses do art. 520 do CPC. Isso porque, como assevera William Santos Ferreira, "o que faz referido comando normativo

---

292. Nesse sentido está a posição atual de Teresa Arruda Alvim Wambier, que modificou seu entendimento anterior ("Efeito suspensivo do agravo...", cit., p. 641).
293. *Tutela Antecipada...*, cit., p. 264.
294. Ibidem, p. 266.
295. *CPC Comentado*, p. 803.

é remeter o cabimento aos casos do art. 520; ora, como sistematicamente este dispositivo (art. 520) não tem uma vocação exclusivamente específica (só seus incisos), mas também de regra geral, este fator combinado à característica de que o traço comum em todas as suas hipóteses é ausência de efeito suspensivo *automático*, deve-se admitir que o pedido de concessão de efeito suspensivo seja admitido em todas as hipóteses em que a apelação deste seja desprovida".[296]

Portanto, todas as hipóteses de apelação despida de efeito suspensivo, não mencionadas no art. 520, podem receber o tratamento do art. 558 do CPC. Assim, nesses casos, não será admissível o uso do mandado de segurança. Entretanto, se o entendimento judicial for no sentido de que o art. 558 se aplica somente às hipóteses do art. 520 do CPC, o mandado de segurança será a única alternativa para se obter o referido efeito suspensivo.[297] Em conseqüência surgirá o interesse processual na impetração.

Outra questão que surge aqui é a possibilidade de impetração de mandado de segurança contra a decisão do juiz de primeira instância que nega efeito suspensivo a recurso de apelação que dele não era desprovido, ou que nega esse efeito, nas hipóteses do art. 558 do CPC.

Na doutrina muito se discute se o juiz de primeira instância teria competência para conceder o efeito suspensivo nas hipóteses do art. 558 do CPC, ou se essa competência seria exclusiva do relator.

O juiz de primeira instância pode e deve deliberar sobre a possibilidade de concessão de efeito suspensivo do recurso de apelação, tendo em vista a demora para a apreciação da questão pelo tribunal. De fato, a apelação tem seu processamento inicial na primeira instância, razão pela qual, se a parte fosse obrigada a esperar o recurso chegar ao tribunal para somente depois conseguir o efeito suspensivo, o direito que pretendia preservar já teria sofrido dano irreparável.[298]

296. *Tutela Antecipada...*, cit., p. 266.
297. Ver a opinião de Flávio Luiz Yarshell, *Tutela Jurisdicional*, p. 155.
298. Esta é a opinião de Theotonio Negrão, como se vê da nota 5 ao art. 558, em seu *CPC...*, cit., p. 609: "Na hipótese do 'caput', em que cabe agravo de instrumento, e este pode ter efeito suspensivo (art. 527-II), o agravante terá facilidade em obter, a brevíssimo prazo, a suspensão pretendida. Mas, na hipótese do parágrafo único, em que o recurso cabível é a apelação, com efeito meramente devolutivo, os autos só chegam ao relator depois de um demorado processamento do recurso, em primeiro e segundo graus de jurisdição. Essa demora em que o relator decida se lhe dará ou não efeito suspensivo pode causar prejuízo de difícil reparação à parte. Como proceder? Admitir que o interessado oponha, desde logo, agravo de instrumento pleiteando efeito suspensivo à apelação, enquanto esta se processa, ou até mesmo antes de interposta? Parece, a nosso ver, esta a única solução razoável".

Assim, para tornar a tutela efetiva, o juiz de primeira instância poderia conceder o efeito suspensivo pretendido.[299] Entretanto, se o juiz denegar o efeito suspensivo, o recurso cabível deve ser o de agravo de instrumento e não retido,[300] conforme a nova redação dada ao art. 522 do CPC.

Entretanto, caberá mandado de segurança, por exemplo, se o agravo contra a decisão que trata dos efeitos da apelação for recebido, pelo juiz, na forma retida, já que a nova redação do art. 522 do CPC determina que a forma cabível para tais decisões é o agravo de instrumento.[301] Ora, o agravo retido será conhecido somente por ocasião do julgamento da apelação, pelo que não haveria outra meio de se evitar a lesão ao direito da parte a não ser pela impetração do mandado de segurança.[302]

d) Nos casos de interposição de agravo retido, oral e imediato, nas decisões proferidas em audiência, que causem prejuízo irreparável.

A nova redação dada ao artigo pela Lei 11.187/2005 obriga a parte a interpor recurso de agravo retido, oral e imediato, nas decisões proferidas em audiência.

No entanto, muitas vezes, o agravo retido não será capaz de evitar a ocorrência de lesão, como poderia ocorrer, por exemplo, na hipótese de decisão que defere, ou indefere, tutela antecipada. Nesse caso, enten-

299. Conforme o julgado inserto na *JTA* 163/473: "Também o juiz 'a quo' pode conceder efeito suspensivo ao recurso, desde que com o andamento do processo possa resultar ao agravante 'lesão grave e de difícil reparação, sendo relevante a fundamentação'".

300. Teresa Arruda Alvim Wambier entende que a solução mais satisfatória seria aquela apontada por Sérgio Bermudes, no sentido de que o juiz de primeira instância não teria competência para decidir sobre a concessão do efeito suspensivo, e a parte deveria apresentar perante o tribunal petição com cópia do recurso, pleiteando tal efeito, petição essa que seria designada ao relator sorteado, ficando a câmara preventa ("Efeito suspensivo...", cit., p. 651).

301. Há que se fazer aqui uma ressalva: Antes do advento da Lei 10.352/2001 já se entendia que o agravo contra decisão que tratava dos efeitos em que a apelação é recebida só podia ser de instrumento. O agravo retido não permitia a preservação do direito. Ora, na hipótese tratada, o agravo retido não teria qualquer finalidade, sendo necessário, para evitar o *periculum in mora*, o agravo de instrumento, com o fim de obter efetivamente a suspensão dos efeitos da sentença. Na verdade, quando o recurso era recebido na forma retida, porque a lei assim o previa, então a única solução era impetrar mandado de segurança para evitar a lesão ao direito. Esse também é o entendimento de Flávio Luiz Yarshell, *Tutela Jurisdicional*, p. 154. Eduardo Arruda Alvim é da mesma opinião, *Mandado de Segurança...*, cit., p. 309.

302. Nessa linha de raciocínio está a opinião de Nelson Nery Jr., *Atualidades...*, cit., p. 193.

demos que a parte deve interpor o agravo retido, para evitar a preclusão do direito e, posteriormente, impetrar mandado de segurança justamente para dar efeito suspensivo (ou suspensivo ativo) a esse recurso, que dele é desprovido.

Ora, a interposição do agravo retido, no caso, não seria apta a evitar o dano ao direito causado pela concessão ou negativa da antecipação de tutela, tendo em vista a demora na apreciação do tribunal, que somente se daria por ocasião de eventual apelação. Assim, para solucionar o problema ou se admite a interposição de agravo de instrumento, mesmo sendo contra a determinação legal, com fundamento no princípio da instrumentalidade do processo, ou se admite a utilização do mandado de segurança.[303]

Ainda sobre o assunto, é preciso ressalvar que a nova redação do art. 522 permite a interposição de agravo de instrumento desde que exista o perigo de dano irreparável. O legislador andou bem quando assim determinou, já que inúmeras hipóteses podem surgir em que o agravo retido não seria capaz de evitar a lesão de difícil reparação. Nesses casos, o agravo de instrumento é fundamental para evitar, inclusive, a necessidade de interposição de mandado de segurança. Entretanto, o legislador pecou quando conferiu ao relator um poder incomensurável de converter o agravo de instrumento, interposto pela parte, em agravo retido, em decisão irrecorrível. Ora, pode acontecer de a parte necessitar interpor agravo de instrumento, quando a hipótese seria de agravo retido, por entender que está presente o perigo de lesão grave e de difícil reparação e o relator converter o referido agravo em retido, por entender o contrário. Nesse caso, a única solução que se apresenta é a impetração de mandado de segurança.

e) Nos casos de indeferimento da inicial do mandado de segurança, cautelares ou ações com pedido de tutela antecipada.

Nesses casos, ainda que se interponha apelação, é evidente que a tramitação do processo até chegar ao tribunal será demorada, sendo, talvez, incapaz de evitar o dano irreparável. Portanto, caberia o mandado de segurança.[304]

303. Ver as opiniões de Athos Gusmão Carneiro, *O Novo Recurso do Agravo e outros Estudos*, p. 29; e Teori Albino Zavascki, *Antecipação da Tutela*, p. 122.

304. Teori Albino Zavascki, ibidem, p. 122. Sobre tema o TJSP assim decidiu: "Mandado de segurança – Ato jurisdicional que antecipou a tutela em embargos de declaração opostos contra sentença de procedência do pedido deduzido na exordial – Emprego como sucedâneo de recurso – Impossibilidade – Inadequação do remédio heróico – Ausência, ademais, de necessidade do *writ* – Julgamento dos embargos de

Outra hipótese de cabimento do mandado de segurança se dá quando o pedido de antecipação de tutela é deferido com a própria sentença. Nesse caso, ainda que o art. 520 preveja o recebimento do recurso de apelação, sem efeito suspensivo, a morosidade na tramitação do feito pode levar a necessidade de mandado de segurança. Esse interesse processual também pode surgir se o juiz houver por bem receber, erroneamente, o recurso de apelação, no efeito suspensivo.

f) Hipótese de decisão que indefere liminar em mandado de segurança.

Contra decisão que indefere liminar em mandado de segurança cabe o recurso de agravo.[305] Entretanto, como a jurisprudência ainda é controvertida nesse aspecto, caso não se admita o agravo de instrumento contra decisão que indefere liminar em mandado de segurança, será possível a impetração de outro mandado de segurança.[306]

declaração que se integrou na sentença – Apelo interposto contra esta última recebido no duplo efeito – Falta de interesse processual – Carência da ação – Extinção do processo sem julgamento do mérito – Artigo 267, VI, do Código de Processo Civil. A antecipação da tutela concedida em embargos de declaração passou a integrar o conteúdo da sentença, complementando-a, e, sendo interposta apelação, esta foi recebida em ambos os efeitos, resultando, assim, em absoluta ausência de interesse processual nesta via, quer pela desnecessidade do remédio heróico, quer por sua inadequação" (MS 596.085-00/0, 3ª Câm., rel. Juiz Milton Sanseverino, j. 7.12.1999).

O acórdão está correto porque, na hipótese, o impetrante do mandado de segurança era a parte contra a qual a antecipação de tutela foi deferida. É evidente a falta de interesse processual porquanto a decisão estaria suspensa pelo recurso de apelação. Entretanto, a parte contrária, ou seja, aquela que obteve a concessão de antecipação de tutela através dos embargos de declaração teria interesse processual na impetração para conseguir efetivar a referida tutela antecipada.

305. Esse também é o entendimento de Teresa Arruda Alvim Wambier, *Medida Cautelar...*, cit., p. 26; Lúcia Valle Figueiredo, *Mandado de Segurança*, pp. 159-160; Sérgio Ferraz, "Da liminar em mandado de segurança", *RDP* 74/157; Betina Rizzato Lara, *Liminares...*, cit., p. 151; e Maria de Fátima V. Ramalho Leyser, "O sistema recursal no mandado de segurança", in Eduardo Arruda Alvim, Teresa Arruda Alvim Wambier e Nelson Nery Jr. (coord.), *Aspectos Polêmicos e Atuais dos Recursos*, p. 479.

306. Conforme o entendimento de Rubens Camargo Mello, "Mandado de segurança contra indeferimento de liminar em mandado de segurança anterior", *RePro* 58/232. Da mesma forma pensa Teori Albino Zavascki, o qual esclarece que a jurisprudência é controvertida no que se refere à admissão de outro mandado de segurança contra denegação de liminar em mandado de segurança, afirmando: "(...) não é pacífico, na jurisprudência, o acolhimento de nova impetração em tais casos". No Superior Tribunal de Justiça, por exemplo, há julgados no sentido de que "o mandado de segurança é remédio eficaz contra ato judicial que, diante dos pressupostos inscritos no art. 7º, II, da Lei 1.533/1951, denega liminar em anterior processo de mandado de

Analisando a questão sob outro prisma, o mesmo não poderia ocorrer com relação à decisão que defere a medida liminar em mandado de segurança. Como vimos no tópico 2.4, do Cap. I, referente à aplicação dos conceitos da teoria geral do processo na ação de mandado de segurança, entendemos que contra essa decisão cabe o recurso de agravo de instrumento. Mas, na hipótese de o mesmo ser inadmitido, o Poder Público não teria interesse processual na impetração do mandado de segurança, uma vez que há a possibilidade de obter a suspensão da medida por meio do previsto no art. 4º da Lei 4.348/1964, combinado com o art. 25 da Lei n. 8.038/1990.[307]

g) Outra hipótese interessante de surgimento de interesse processual na propositura de mandado de segurança contra ato judicial se verifica no caso da sentença denegatória de mandado de segurança, que conseqüentemente também acarretará a cassação da medida liminar concedida no

segurança" e cita o acórdão proferido em ROMS 342-90, 1ª Turma, rel. Min. Humberto Gomes de Barros, j. 9.12.1992, *DJU* 1º.3.1993. E continua: "e há julgados em sentido exatamente oposto, inclusive ao fundamento de que é 'manifestamente injurídica a interpretação de que a lei (art. 5º da Lei n. 1.533) de regência admite segurança (contra decisão judicial) quando o código não oferece recurso adequado (ou correição). Essa compreensão alarga demasiadamente o campo de aplicação do remédio constitucional, transformando uma ação (de segurança) em recurso de caráter genérico, cabível toda a vez em que a lei não preveja uma forma recursal específica, ampliando o sentido que a lei precisamente pretendeu restringir'. E cita os seguintes acórdãos: ROMS 4.897-94, 1ª Turma, rel. Min. Demócrito Reinaldo, j. 10.5.1995; MS 460-PR, 1ª Seção, rel. Min. Garcia Vieira, j. 25.9.1990, *RSTJ* 38/23; RMS 1.070-PR, 2ª Turma, rel. Américo Luz, j. 5.5.1993, *RSTJ* 48/510, entre outros" (*Antecipação da Tutela*, cit., p. 129).

307. Nesse sentido há o julgado proferido pela 1ª Turma do STJ, no MS 5247-8-GO, cujo relator foi o Min. Demócrito Reinaldo, j. 30.8.1995, publicado no *Boletim AASP* 1.960/225, cuja ementa reza: "Mandado de segurança – Suspensão de liminar através de outra segurança. Impossibilidade. No sistema jurídico-processual brasileiro, é impraticável a suspensão de liminar concedida em mandado de segurança, de forma oblíqua, mediante o conferimento de efeito suspensivo a agravo de instrumento contra aquela (liminar), interposto. Contra o deferimento de liminar em mandado de segurança descabe qualquer outro remédio processual, senão aquele (suspensão) previsto no artigo 4º da Lei 4.348/64, em combinação com o artigo 25 da Lei 8.038/90, cujo procedimento não pode ser substituído por liminar em outra segurança. A jurisprudência tem proclamado ser inviável o agravo de instrumento, em mandado de segurança, porquanto, os recursos cabíveis, em primeira instância, são os definidos na lei específica (Lei 1.533/51, arts. 8º e 12). Recursos a que se nega provimento. Decisão unânime". Ressalvamos nossa discordância parcial com o entendimento constante do agravo no que tange à possibilidade de interposição de agravo contra a decisão que defere ou indefere liminar em mandado de segurança, já que, como asseverado no texto, entendemos plenamente admissível referido recurso na ação de mandado de segurança.

bojo do processo. Nesse caso, a apelação, ainda que recebida com efeito suspensivo, não teria o condão de manter os efeitos da liminar cassada. Dessa forma, como já decidiu o STJ,[308] o único meio hábil seria, além de interpor apelação, impetrar outro mandado de segurança. É que nesse caso "a lei ordinária não contém medida eficaz para resguardar o direito da parte", como leciona Teresa Arruda Alvim Wambier.[309]

h) Outra hipótese se refere à impetração de mandado de segurança contra omissão do juiz.

Embora a hipótese seja de difícil configuração, na vida prática, há casos em que poderá ocorrer. Pense-se, por exemplo, na hipótese de se requerer ao juiz a suspensão da realização de leilão de determinado bem penhorado, que está marcado para o dia seguinte, e o juiz, no lugar de decidir a respeito, refutando ou deferindo o pedido, limita-se a determinar que a parte contrária se manifeste, no prazo legal. Ou ainda, imagine-se que o juiz se limite a despachar a conclusão dos autos, sem nada decidir, nem mesmo no dia do leilão, por mais que suplique o requerente. Está configurada a omissão, capaz de dar ensejo à interposição de mandado de segurança.

i) Hipótese de concessão de efeito suspensivo ao agravo do art. 557, § 1º, do CPC.

O art. 557, § 1º, prevê a hipótese de interposição de recurso de agravo, no prazo de cinco dias, o chamado agravo interno, contra decisões interlocutórias do relator que tenham negado seguimento a recurso manifestamente inadmissível, improcedente, prejudicado ou em confronto com súmula ou com jurisprudência dominante do respectivo Tribunal Federal, ou Tribunal Superior. No entanto, não há previsão de concessão

---

308. Há julgado com a seguinte ementa: "Efeitos do recurso de sentença denegatória – Liminar – Restauração através de outro *mandamus* – Possibilidade – A apelação da sentença denegatória de segurança tem efeito suspensivo e devolutivo, ficando em conseqüência da denegação, cassada a liminar anteriormente concedida. Contudo, em casos excepcionais, como na hipótese *sub examen*, nos quais não for possível a recomposição material de uma situação fática, como salientado no v. aresto hostilizado, é possível manter os efeitos da liminar através de outro *mandamus*, até o julgamento da apelação. Recurso especial a que se nega provimento" (STJ, 1ª Turma, REsp 85.207-RO, rel. Min. José de Jesus Filho; j. 28.3.1996, *DJU* 20.5.1996, p. 16.679, in *Boletim AASP* 1.955/46).

309. *O Novo Regime do Agravo*, cit., p. 222. No mesmo sentido, William Santos Ferreira salienta que "sem solução através do sistema recursal, os sucedâneos recursais, invariável e necessariamente, serão utilizados. Têm-se, nestes casos, nítidos remédios subsidiários ou complementares em relação ao sistema recursal" (*Tutela Antecipada...*, cit., p. 220).

de efeito suspensivo para referido agravo interno. Desta forma, a única forma de evitar a ocorrência de dano irreparável é a interposição de mandado de segurança, visando dar efeito suspensivo a referido recurso.

j) Decisões interlocutórias na Justiça do Trabalho

É certo que, também, podem ser incluídas, na relação das hipóteses de cabimento do mandado de segurança contra ato judicial, quase todas as decisões interlocutórias proferidas no âmbito da Justiça do Trabalho, eis que, nessa esfera, o recurso de agravo somente é cabível contra decisões que indeferem o processamento de recursos.

Enfim, o interesse processual na impetração continuará a surgir na medida em que o recurso cabível contra o ato que se quer impugnar não seja capaz de evitar o dano irreparável ao direito da parte.

Assim, ante os termos da Lei 11.187/2005, que alterou a sistemática do recurso de agravo, o mandado de segurança contra ato judicial voltou a ter posição de destaque no que se refere às decisões interlocutórias e à obtenção de efeito suspensivo para os recursos dele desprovidos.[310]

Nessa linha de raciocínio, Cássio Scarpinela Bueno esclarece que o mandado de segurança contra ato judicial será cabível: "em todo aquele ponto em que o sistema recursal não se demonstrar apto o suficiente para impedir a consumação da lesão (é dizer: implicar em uma situação de desproteção à ameaça à afirmação de direito)". E exemplifica: "Assim, na demora da distribuição do recurso de agravo que pode ocasionar a ocorrência da lesão que se quer evitar, na demora injustificada do relator em decidir sobre a concessão, ou não, da liminar, na hipótese de seu indeferimento de plano e da situação fática de dano daí oriunda (CPC, art. 557, em sua nova redação, caso não se entenda que o agravo previsto no parágrafo único deste dispositivo possa ser processado, quando o caso, com efeito suspensivo), etc. Nesses casos, ainda, será cabível o mandado de segurança para fins de obtenção da liminar negada em primeiro grau de jurisdição".[311]

---

310. Por exemplo, antes do advento da Lei 9.139/1995, admitia-se a impetração de mandado de segurança contra decisão que indeferia liminar em outro mandado de segurança. Com o advento da Lei 9.139/1995 o problema se resolvia apenas com o recurso de agravo. Nesse sentido, o acórdão prolatado no RMS 5.854-PE, rel. Min. Ferreira Maciel, 17.2.1997, *DJU* 10.3.1997, p. 5.940. Entretanto, hoje, seria novamente necessário o mandado de segurança contra ato judicial, na hipótese de o relator entender que a modalidade cabível na hipótese seria o agravo retido.

311. "Novas perspectivas do recurso de agravo", in *Aspectos Polêmicos e Atuais dos Recursos Cíveis de acordo com a Lei 9.756/98*, p. 154. [*Ressalte-se que a obra citada é de 1999, ocasião em que havia parágrafo único no art. 557. O parágrafo único, hoje, é o § 1º*].

Assim, para ser cabível o mandado de segurança, é necessário que o ato judicial a ser atacado não seja passível de recurso, ou, se o for, que os efeitos desse recurso não evitem a ocorrência do dano.[312]

Alguns doutrinadores salientam que há abusos na utilização do mandado de segurança para dar efeito suspensivo a recurso que não o tenha. Realmente haverá abusos na utilização do mandado de segurança como se fosse medida cautelar, mas não haverá quando o juiz tenha de fato ferido direito líquido e certo do impetrante, lesão essa que trará prejuízo irreparável. Nesse caso, o mandado de segurança pode perfeitamente ser utilizado contra ato judicial.

De fato, a jurisprudência tem entendido que, ainda que o recurso contra a decisão que se quer impugnar não tenha efeito suspensivo, a admissibilidade do mandado de segurança é limitada aos casos de erro manifesto, ilegalidade, abuso ou configuração de casos conhecidos como teratológicos.[313]

Por outro lado, o Supremo Tribunal Federal já decidiu que não há qualquer restrição ao uso do mandado de segurança com relação aos atos de índole puramente administrativa praticados pelo juiz, no exercício do poder de polícia, com ilegalidade ou abuso de poder. Nesse caso haveria interesse processual na impetração, independentemente do recurso ter efeito suspensivo ou não.[314]

312. Exemplificando a questão do interesse processual está o acórdão do TJSP, que indeferiu o processamento de mandado de segurança por absoluta falta de interesse processual, tendo em vista ter sido interposta apelação, que foi recebida nos dois efeitos: "Mandado de segurança – Ato jurisdicional que antecipou a tutela em embargos de declaração opostos contra sentença de procedência do pedido deduzido na exordial – Emprego como sucedâneo de recurso – Impossibilidade – Inadequação do remédio heróico – Ausência, ademais, de necessidade do *writ* – Julgamento dos embargos de declaração que se integrou na sentença – Apelo interposto contra esta última recebido no duplo efeito – Falta de interesse processual – Carência da ação – Extinção do processo sem julgamento do mérito – Artigo 267, VI, do Código de Processo Civil. A antecipação da tutela concedida em embargos de declaração passou a integrar o conteúdo da sentença, complementando-a, e, sendo interposta apelação, esta foi recebida em ambos os efeitos, resultando, assim, em absoluta ausência de interesse processual nesta via, quer pela desnecessidade do remédio heróico, quer por sua inadequação" (MS 596.085-00/0, 3ª Câm., rel. Juiz Milton Sanseverino, j. 7.12.1999).

313. Nesse sentido, ver acórdão publicado na *RT* 697/101.

314. Acórdão proferido no RE 107.687-GO (STF, 2ª Turma, j. 25.2.1986). No acórdão em questão, da lavra do Ministro Carlos Madeira, deferiu-se o mandado de segurança contra ato do juiz que, em processo de inventário, suspendeu o direito de vista dos autos fora de cartório ao advogado do inventariante, tendo em vista que o mesmo havia retido os autos em seu poder por período superior ao permitido. Do corpo

Portanto, pode-se concluir que a intenção do legislador foi impedir o uso promíscuo do mandado de segurança contra ato judicial, o qual ficou reservado, apenas, para aqueles casos em que, efetivamente, sejam descartadas todas as demais possibilidades de proteção, previstas nos sistema.[315]

Voltaremos à questão do cabimento do mandado de segurança contra atos judiciais quando analisarmos a possibilidade jurídica do pedido em relação a ele.

3.4.4 Mandado de segurança contra lei em tese

Quando do advento do instituto do mandado de segurança, entendia-se que este somente era cabível contra atos da Administração, jamais con-

do acórdão constou o entendimento de que: "Por outro lado, o ato do juiz suspendendo o direito do recorrente de ter vista dos autos do processo fora de Cartório, não é, propriamente, um ato judicial, nos estritos termos do art. 162 do Código de Processo Civil. Trata-se do exercício do poder de polícia, inerente à função do juiz no processo, que Adolfo Schonke refere como 'policía de las vistas', para manter o processo livre dos influxos extremos que dificultam sua tramitação (*Direito Processual Civil*, ed. espanhola, 1950, p. 115). Esse poder não se confunde com o poder hierárquico, que recai sobre as pessoas ligadas por dependência ao juízo, pois, segundo expressa Moniz de Aragão, 'alcança as pessoas que participam da relação processual, embora desvinculadas do juiz por serem desvinculados da hierarquia, sendo exemplo testemunhas, peritos, advogados, ou outros, sobre os quais o magistrado exerce fiscalização de maior ou menor intensidade' (*Comentários ao CPC*, ed. Forense, vol. II, p. 42). A natureza desses atos de direção e disciplina do processo distingue-os do conceito de ato judicial e, na sua prática, pode ocorrer que o juiz se haja com abuso de poder, dando margem ao mandado de segurança. Nesta hipótese, prescinde-se do pressuposto do recurso sem efeito suspensivo, para a impetração do *writ*, pois o ato violador do direito do participante da relação processual é de índole administrativa. É o que se me afigura na hipótese presente: a sanção imposta ao recorrente pode figurar um abuso de poder, não sendo necessário que do ato do juiz tenha havido recurso sem efeito suspensivo para dar ensejo ao mandado de segurança". Entretanto, ouso discordar desse douto entendimento tendo em vista que o termo "atos judiciais" não engloba somente os pronunciamentos previstos no artigo 162 do CPC, os quais são apenas pronunciamentos. Há atos materiais que o juiz pratica, por exemplo, quando realiza audiência de instrução de julgamento, que são também atos judiciais. Entendemos que, se causarem prejuízos às partes, estarão também sujeitos a recursos. Não há que se fazer essa diferenciação, no tocante aos atos materiais praticados pelo juiz, como é o caso do acórdão em questão.

315. Como salienta Cássio Scarpinella Bueno, "a impetração do mandado de segurança contra ato judicial, (qualquer que seja esse ato) será reservada para aqueles casos em que, efetivamente, sejam descartadas todas as possibilidades de eficácia concedidas pelo sistema processual. Trata-se, em verdade, de reconduzir o mandado de segurança (contra ato judicial) a sua finalidade específica e constitucionalmente prevista, vedando-se seu uso promiscuamente" (*Liminar em Mandado de Segurança – Um Tema com Variações*, p. 299).

tra atos do Judiciário ou do Legislativo. Entretanto, com o advento da Lei 191/1936 passou-se a admitir o mandado de segurança contra autoridades legislativas e contra juiz ou tribunal.

Assim, a princípio, não há impedimento contra impetração de mandado de segurança contra atos legislativos. Contudo, a Súmula 266, do STF, veda o seu cabimento contra lei em tese. Na verdade, contra lei em tese existe o meio próprio de ataque que é a ação direta de inconstitucionalidade, pelo que não seria cabível o mandado de segurança.

Dessa forma, para que o mandado de segurança seja cabível, é preciso que a lei que se quer atacar traga efeitos concretos à esfera do impetrante. Nesse sentido, o mandado de segurança teria o caráter preventivo, podendo ser admitido.

Na verdade, o atrelamento a uma situação concreta traz como conseqüência o surgimento de interesse processual na impetração do mandado de segurança. De fato, o interesse processual, como visto acima, pressupõe o trinômio necessidade + utilidade + adequação do provimento jurisdicional pleiteado, pelo que inexiste interesse processual se a esfera jurídica do impetrante não tenha sido concretamente afetada ou não tenha correlação com o objeto da segurança. É justamente em função desse atrelamento que a impetração contra lei de efeitos concretos se torna possível. Ora, se a lei o está atingindo, há utilidade na impetração do mandado de segurança.[316]

Assim, como veremos adiante, o que faz surgir o interesse processual e desaparecer a impossibilidade jurídica do pedido quanto à impetração contra lei em tese é o fato de a lei poder atingir concretamente a esfera jurídica do impetrante.[317]

---

316. Nesse sentido, Eduardo Alvim expõe que: "Com efeito, se a existência de interesse processual pressupõe o binômio necessidade + utilidade do provimento jurisdicional pleiteado, deflui evidentemente inexistir qualquer necessidade ou utilidade de um provimento jurisdicional, se a particular situação do impetrante não tem qualquer correlação com o objeto da segurança" (*Mandado de Segurança...*, cit., pp. 137-138).

317. Nesse sentido, o seguinte julgado do STJ, inserto na *RSTJ* 2/439, em que foi relator o Ministro Vicente Cernicchiaro, decidiu que: "A súmula tomada como paradigma tem este enunciado: 'Não cabe mandado de segurança contra lei em tese'. Essa conclusão ajusta-se perfeitamente à Teoria Geral do Processo Civil. O interesse de agir nasce com a lesão ou probabilidade de dano ao direito de alguém e, quanto aos denominados direitos difusos, ao interesse da coletividade. A prestação jurisdicional, como regra, opera na experiência jurídica. Interpretação de lei em tese é excepcional".

3.4.5 Mandado de segurança enquanto pende pedido de antecipação de tutela

Outra questão que surge é saber se estando pendente pedido de antecipação de tutela, em ação de procedimento comum ordinário, subsiste interesse de agir para impetração de mandado de segurança objetivando exclusivamente essa mesma antecipação.

Tanto a antecipação de tutela como a liminar em mandado de segurança têm a mesma natureza de antecipação dos efeitos da sentença proferida a final. No entanto, mesmo que esteja pendente pedido de antecipação de tutela em ação de procedimento comum ordinário, subsiste interesse processual para a impetração do mandado de segurança, objetivando exclusivamente essa mesma antecipação, tendo em vista o caráter imperativo do mandado de segurança. A ordem concedida no mandado de segurança não poderá ser recusada pela autoridade, o que poderá deixar de ocorrer na antecipação de tutela a ser concedida em uma simples ação condenatória.

São, porém, intercambiáveis mandado de segurança e ação cautelar com o mesmo objetivo porque, embora ambos tenham por escopo impedir a ocorrência de dano irreparável, se este for praticado, ou existir ameaça por parte de autoridade, a cautelar somente deverá ser utilizada quando não for possível ao particular obter a prova documental de que necessita para impetrar mandado de segurança. Assim, sempre que for necessária a dilação probatória, será cabível a medida cautelar e não o mandado de segurança.

Da mesma forma decidiu o relator Vicente Cernicchiaro em outro julgado, inserto na *RT* 676/180 que: "A Portaria é lei em sentido material. Em não gerando situação específica e pessoal, insuscetível de afrontar direito individual, revela-se imprópria para exame de legalidade via mandado de segurança." (MS 552-DF, j. 11.6.1991).

Da mesma forma, o seguinte aresto decidiu: "Mandado de segurança impetrado contra ato do Ministro de Estado que aprovou, em caráter normativo, parecer da Procuradoria da Fazenda, no sentido da legalidade da cobrança de correção monetária nos contratos de crédito rural. Por se tratar de ato administrativo normativo, que tem natureza de lei em sentido material, porque visa a disciplinar a conduta da Administração Pública, com as características de impessoalidade e generalidade, não causa, por si só, lesão a direito individual, do mesmo modo como ocorre com a lei material. Esses preceitos abstratos somente podem causar lesão a direito quando aplicados em concreto. Não cabimento, contra tais atos, do mandado de segurança, dado que não cabe mandado de segurança contra lei em tese" (MS 80-DF, rel. Min. Carlos Velloso, *DJU* 11.6.1990, p. 5.348).

3.5 Possibilidade jurídica do pedido

A doutrina tem definido a possibilidade jurídica do pedido como a previsão, em tese, pela lei da pretensão do autor, ou como a não proibição do referido pedido no ordenamento jurídico, ou seja, abstratamente, o pedido é tutelado pelo direito objetivo.[318] Desde que o pedido esteja, pelo menos em tese, previsto no ordenamento jurídico, ou não esteja proibido, estará presente essa condição da ação. A previsão em tese significa que mesmo que não exista lei expressa sobre o pedido, este será admitido desde que esteja compreendido no ordenamento jurídico, como um todo. Arruda Alvim, nesse sentido, ensina que haverá possibilidade jurídica do pedido se o direito, ainda que não previsto em lei, for objeto de súmula, por exemplo. É que aí se pode inferir que o pedido está permitido no sistema jurídico.[319] Entretanto, a possibilidade jurídica do pedido, no âmbito do direito privado, deveria estar restrita à não proibição em lei, pois se o pedido não está proibido, ele pode ser admitido e compreendido pelo sistema jurídico.

Assim sendo, dá-se impossibilidade jurídica do pedido sempre que o mesmo esteja proibido pelo ordenamento jurídico. E só. Sempre que o pedido for proibido expressamente por lei, ou incompatível com o sistema, ele será juridicamente impossível.

É preciso, porém, ressalvar que, no âmbito do direito público, o pedido será juridicamente impossível se não estiver previsto expressamente em lei, já que somente será permitido aquilo que a lei expressamente autorizar. É o caso do direito tributário e do direito administrativo.[320] Por outro lado, concordamos com Nelson Nery Jr., quando entende que é preciso analisar a possibilidade jurídica do pedido, não em seu sentido estrito de mérito, mas conjugado com a causa de pedir.[321]

Cândido Rangel Dinamarco é da mesma opinião quando trata da impossibilidade jurídica da demanda, salientando que essa noção "permite que se compreenda por que às vezes é algo referente ao próprio *petitum* que exclui a ação e impede o exercício consumado da jurisdição, outras

---

318. Conforme Moacyr Amaral Santos, *Primeiras Linhas...*, cit., vol. 1, p. 170; Vicente Greco Filho, *Direito Processual Civil Brasileiro*, vol. 2, p. 103; Nelson Nery Jr., *CPC Comentado*, p. 531; Eduardo Arruda Alvim, *Curso...*, cit., vol. 1, p. 158.

319. *Manual...*, cit., vol. 1, p. 368.

320. Nesse sentido esclarecem Luiz Rodrigues Wambier, Flávio Renato Correia de Almeida e Eduardo Talamini, *Curso...*, cit., vol. 1, pp. 132-133.

321. *CPC Comentado*, cit., p. 531. No mesmo sentido, Donaldo Armelin, *Legitimidade...*, p. 51.

vezes, é algo situado na *causa petendi* (dívida de jogo), outras é alguma especial condição da pessoa (não se faz execução contra pessoa jurídica de direito público)".[322]

Se a causa de pedir está em conflito com o ordenamento jurídico, embora o pedido esteja previsto em lei, também estará caracterizada a impossibilidade jurídica do pedido. Essa é a hipótese típica do mandado de segurança. Ora, essa ação está prevista em lei, inclusive na própria Constituição Federal, sendo plenamente admissível o pedido de concessão da segurança no nosso ordenamento jurídico. Entretanto, se a causa de pedir para a concessão da segurança estiver proibida, não haverá, em conseqüência, possibilidade jurídica do pedido. É o que ocorreria, por exemplo, caso determinada empresa pretendesse impetrar mandado de segurança para liberar mercadorias, apreendidas na alfândega, as quais foram por ela contrabandeadas.[323]

Conforme se viu, alguns autores, como Donaldo Armelin, Buzaid, Lopes Costa e o próprio Liebman, entendem que a possibilidade jurídica do pedido não diz respeito à admissibilidade, mas sim ao próprio mérito, razão pela qual não poderia ser considerado como condição da ação.[324]

Entretanto, entendemos perfeitamente possível separar o exame da possibilidade jurídica do pedido do mérito da ação. Ora, o juiz, quando analisa se esta condição da ação está presente, verifica apenas se há previsão no sistema daquele tipo de providência jurisdicional que está sendo pleiteada, ou se ela não está proibida. Apenas isso. O juiz, nesse momento, não irá analisar se o autor da ação tem razão no seu pleito.

Sobre o assunto, Celso Pacheco Fiorillo, Marcelo Abelha e Rosa Nery exemplificam da seguinte forma: "Veja o exemplo: 'A' pede o despejo de 'B' por falta de pagamento. Basta ao juiz a análise superficial e a verificação se tal situação é prevista (despejo por falta de pagamento) no nosso ordenamento jurídico, sem adentrar contudo em considerações fático-jurídicas do problema. Veja que ele não irá dizer, naquele momento, se 'B' vai ser despejado, mas apenas se existe no nosso ordenamento jurídico a hipótese invocada".[325]

322. *Execução Civil*, pp. 400-401.
323. Portanto, discordamos da opinião de Rodrigo da Cunha Lima Freire, para quem a licitude ou possibilidade jurídica da causa de pedir, ou qualquer outra situação não podem ser incluídos no conceito de possibilidade jurídica. Para ele, há necessidade de haver previsão legal expressa nesse sentido (*Condições da Ação...*, cit., p. 73).
324. *Apud Legitimidade...*, cit., p. 40.
325. *Direito Processual Ambiental...*, cit., p. 67.

O exemplo é bastante esclarecedor e permite verificar que são duas situações diferentes. Quando o juiz examina a possibilidade jurídica do pedido não chega a verificar se o autor tem razão ou não em seu pleito, mas apenas aprecia a questão referente à sua previsão ou proibição no ordenamento jurídico.

Por isso discordamos da opinião de Humberto Theodoro Júnior, que resolve o problema lembrando a classificação dos pedidos em mediato e imediato. Diz ele que "o pedido que o autor formula ao propor a ação é dúplice: 1º, o pedido imediato, contra o Estado, que se refere à tutela jurisdicional; e 2º, o pedido mediato, contra o réu, que se refere à providência de direito material. A possibilidade jurídica, então, deve ser localizada no pedido imediato, isto é, na permissão, ou não, do direito positivo a que se instaure a relação processual em torno da pretensão do autor".[326]

Enfim, para que se reconheça se o pedido é juridicamente possível, o que realmente importa não é o mérito, mas sim a possibilidade dentro do ordenamento jurídico, em abstrato, daquilo que se pede.[327]

Em conclusão, entendemos que a possibilidade jurídica do pedido não se confunde com o mérito, caracterizando-se como condição da ação, tal como previsto no nosso ordenamento jurídico. Entretanto, como a impossibilidade jurídica do pedido causa necessariamente a falta de interesse processual, inexiste rendimento desta categoria jurídica dentro do sistema.

326. *Curso...*, cit., p. 54.
327. Sobre o assunto diz Eduardo Arruda Alvim que "O que importa para que se reconheça a possibilidade jurídica do pedido não é o mérito, mas a possibilidade – em abstrato – daquilo que se pede, dentro do ordenamento jurídico. Ou, ainda, o reconhecimento da possibilidade jurídica do pedido não demanda a análise dos fatos retratados na petição inicial em concreto, mas, apenas e tão-somente, do quadro fático, tal como delineado pelo autor, em abstrato" (*Curso...*, cit., vol. 1, p. 159). O autor cita, ainda, interessante acórdão da lavra do Des. Cezar Peluso, quando ainda era juiz do 2º TACivSP, inserto na *JTACSP*, o qual, de forma brilhante, esclarece a distinção, pelo que vale a pena ser aqui transcrito, também: "A distinção se houver, está apenas no grau de evidência da inexistência do direito. Enquanto, nas demais hipóteses, o reconhecimento da ausência do direito material depende de apreciação menos sumária da falta de fundamentos fáticos ou jurídicos, exigindo oportunidade de dilação probatória ou, pelo menos, de instauração do contraditório, e os casos de impossibilidade jurídica do pedido assoalham tão patente inexistência do direito material, assentada em categóricos preceitos, quase sempre enunciados em proposições negativas, que o ordenamento jurídico lhes autoriza decretação liminar, no átrio do processo".

3.6 Impossibilidade jurídica do pedido no mandado de segurança

A própria Constituição Federal, bem como a lei ordinária estabelecem as hipóteses que podemos considerar como de impossibilidade jurídica do pedido de concessão da segurança. Vejamos.

3.6.1 Atos praticados por pessoas físicas ou jurídicas que não se enquadrem na definição de autoridade pública

Do próprio texto da Constituição Federal, qual seja o art. 5º, inc. LXIX, infere-se que somente haverá possibilidade jurídica do pedido de mandado de segurança quando o mesmo tiver sido impetrado contra ato de autoridade pública. Sobre o conceito de autoridade pública já tratamos, quando falamos da legitimidade para a causa, conceito esse que inclui o ato de pessoa jurídica no exercício de atribuições do Poder Público.

Assim, é fácil perceber que o ato praticado por pessoa, física ou jurídica, que não seja prestadora de serviço público, ainda que acometido de ilegalidade ou abuso de poder, não poderá ser objeto do mandado de segurança.

Portanto, será juridicamente impossível o pedido formulado por determinado impetrante contra ato de pessoa física ou jurídica que não esteja incluída na definição de autoridade pública. É a própria Carta Magna que estabelece a exclusão.

José da Silva Pacheco[328] nos dá conta de outras exclusões constitucionais, no que tange à definição de autoridade pública para fins de impetração do mandado de segurança, quais sejam, os sindicatos, serviços sociais autônomos (SENAI, SENAC, SESI, SESC), serviços auxiliares de infra-estrutura aeronáutica, instituições financeiras que não sejam delegadas do Poder Público, empresas públicas, sociedades de economia mista e fundações não delegadas do Poder Público. Em todos esses casos, o impetrante de mandados de segurança contra atos praticados por esses entes será carecedor da ação por impossibilidade jurídica do pedido.

Vale a pena ressaltar que os atos dos sindicatos não estão sujeitos ao mandado de segurança, por não terem conotação de natureza pública. Já as instituições financeiras poderão estar sujeitas ao mandado de segurança se estiverem enquadradas na definição do art. 192 da Constituição Federal como instituições oficiais ou públicas. É o caso da Caixa Econômica Federal. As Caixas Econômicas Estaduais se equiparam à

---

328. *O Mandado de Segurança...*, cit., p. 213.

Caixa Econômica Federal, conforme o art. 24, parágrafo único, da Lei 4.595/1964. No entanto, o Banco Central é autarquia federal, pelo que seus atos estarão sempre sujeitos ao mandado de segurança. O mesmo se dá com o Conselho Monetário Nacional.

Além disso, conforme explana José da Silva Pacheco: "Se o banco, pouco importa a caracterização de público ou privado, atua no exercício de atribuições do Poder Público, pode ser pertinente o mandado de segurança. Assim, por exemplo, o Banco do Brasil tem personalidade jurídica de direito privado, mas poderá estar sujeito ao mandado de segurança, já que pode atuar como instrumento de execução da política creditícia e financeira do Governo Federal. O mesmo ocorre com o BNDES que é instrumento da política de investimento do Governo Federal".[329]

Veja-se que as hipóteses acima, inclusive com relação aos atos de particulares, não são hipóteses de ilegitimidade *ad causam*, porquanto o não cabimento do mandado de segurança se dá por proibição da própria lei e da Constituição Federal e não por falta de titularidade do direito ou porque o mesmo foi impetrado contra pessoa, física ou jurídica, errada, ou seja, que não tenha praticado o ato coator.

3.6.2 Atos passíveis de serem atacados por *habeas corpus* ou *habeas data*

O próprio texto constitucional, no inc. LXIX do art. 5º, nos dá os requisitos constitucionais do mandado de segurança, os quais são repetidos pelo art. 1º da Lei 1.533/1951. Assim, verifica-se que haverá impossibilidade jurídica do pedido sempre que o direito que se pretenda tutelar por meio do mandado de segurança seja passível de amparo por *habeas corpus* e *habeas data*.

Portanto, ainda que exista violação ou simples ameaça de violação a direito líquido e certo, por ato de autoridade, praticado com ilegalidade ou abuso de poder, não será cabível o mandado de segurança, se o direito violado for passível de ser garantido por *habeas corpus* ou *habeas data*. Nesse caso, o interessado será carecedor da ação de mandado de segurança, devendo o feito ser extinto, sem julgamento do mérito.

O *habeas corpus*, como já vimos, visa a amparar o direito de locomoção, violado, ou ameaçado de sofrer violência ou coação, por ilegalidade ou abuso de poder. Essa hipótese está descrita no inc. LXVIII do art. 5º da Constituição Federal.

---

329. Idem, Ibidem, p. 215.

A ameaça e a lesão se originam de violência ou coação. A primeira consiste no emprego de força física e a segunda no cerceamento ou impedimento da liberdade de locomoção por outros meios. Já a ilegalidade, no caso, decorre: a) da inexistência de previsão legal e b) da incompetência ou falta de atribuição legal. O abuso de poder provém do desvio de finalidade prevista em lei.[330]

Entretanto, o que verdadeiramente diferencia as hipóteses de cabimento do mandado de segurança e do *habeas corpus* é a ameaça ou violação ao direito de locomoção.

O *habeas data*, entretanto, assegura o direito de obter informações dos registros oficiais ou de retificá-las, hipótese prevista no inc. LXXII do art. 5º da Constituição Federal.

Dessa forma, ainda que esteja presente direito líquido e certo ameaçado ou violado por ato de autoridade, se esse direito envolver o de obter as informações acima referidas, não será cabível o mandado de segurança. No caso de impetração do *mandamus*, nessa hipótese, deverá ser decretada a carência de ação, devendo o feito ser extinto sem julgamento do mérito.

3.6.3 Objeto proibido pelo art. 5º da Lei 1.533/1951

Ademais, o próprio art. 5º da Lei 1.533/1951 traz algumas exclusões que caracterizam a impossibilidade jurídica do pedido de mandado de segurança. Vejamos.

3.6.3.1 Ato de que caiba recurso administrativo com efeito suspensivo e sem exigência de caução – Sempre que o ato que se quer impugnar for passível de recurso administrativo, que tenha efeito suspensivo, entende-se que primeiramente deve ser esgotada a instância administrativa, para somente depois permitir o uso do mandado de segurança. Portanto, na hipótese de não ser cumprida essa exigência estaremos ante um caso de impossibilidade jurídica do pedido.

A Constituição anterior previa no § 4º do art. 153 a permissão de que "o ingresso em juízo poderá ser condicionado a que se exauram previamente as vias administrativas desde que não exigida garantia de instância, nem ultrapassado o prazo de cento e oitenta dias para decisão sobre o pedido". Não houve reprodução desse dispositivo na atual Constituição, mas é assente, tanto na jurisprudência como na doutrina, que não se pode

---

330. Idem, ibidem, p. 227.

impedir o acesso ao Judiciário, se o recurso administrativo não tiver efeito suspensivo (nesse sentido, foi editada a Súmula 430 do STF), ou se mesmo havendo esse efeito for exigida caução para o recurso.

Da mesma forma, o art. 217, §§ 1º e 2º, da Constituição Federal determina que o Poder Judiciário somente admitirá ações relativas à disciplina e às competições desportivas após se esgotarem as instâncias relativas à justiça desportiva. Essa decisão deve ser proferida no prazo de sessenta dias. Assim, somente poderá ser cabível a impetração de mandado de segurança após a decisão da justiça desportiva ou após o término do prazo de sessenta dias sem que tenha havido decisão no processo iniciado na justiça desportiva. Somente se o ato que se queira impugnar não for relativo às competições desportivas ou não se trate de ato disciplinar é que caberá mandado de segurança independentemente da prévia exaustão das instâncias desportivas. Entretanto, é preciso ressalvar que, se o ato que se quer impugnar não tiver efeito suspensivo, não poderá ser impedido o uso do mandado de segurança.

3.6.3.2 Despacho ou decisão judicial pendente de recurso ou correição – Como já visto, o inc. II do art. 5º da Lei 1.533/1951 proíbe o uso do mandado de segurança contra despacho ou decisão judicial pendente de recurso ou correição. No mesmo sentido foi editada a Súmula 267 do STF.

No entanto, havendo risco de dano irreparável ou decisão proferida com erro manifesto, ilegalidade, abuso ou configuração de casos conhecidos como teratológicos, há possibilidade jurídica do pedido de mandado de segurança contra ato judicial. Assim, exceto nessas hipóteses, haverá impossibilidade jurídica do pedido de mandado de segurança para impugnar decisões judiciais.

De fato, o mandado de segurança não pode ser utilizado como sucedâneo de recursos, quando, por exemplo, se tenha perdido o prazo para a interposição do recurso cabível.[331] É justamente por isso que o uso do

331. Ver a jurisprudência: "Na verdade é orientação tranquila nesta Corte que a não utilização do remédio específico no momento oportuno opera preclusão, obstativa de reapreciação da questão, ainda que pela via transversa do mandado de segurança, indevidamente utilizada como sucedâneo do recurso adequado" (1º TACivSP, MS 526.350-5, rel. Juiz Bruno Netto, *JTAC* 130/162).

"O mandado de segurança não pode constituir-se em sucedâneo recursal, sendo admitido pela jurisprudência apenas para (salvante casos excepcionais de erro teratológico ou de ofensa ostensiva e direta a norma constitucional relevante) atribuir efeito suspensivo ao agravo cabível" (STJ, 4ª Turma, RMS 1.362, rel. Min. Athos Carneiro, j. 12.5.1992, *DJU* 1.6.1992, p. 8.047, Nelson Nery Jr. e Rosa Nery, *CPC Comentado*, cit., p. 2.202).

mandado de segurança contra ato judicial ficou bastante reduzido após o advento da Lei 9.139/1995. Ocorre que referida lei possibilitou, por meio da redação dada ao art. 558 e seu parágrafo único, a obtenção de efeito suspensivo a recurso. Com o advento da Lei 11.187/2005, que determinou a interposição de agravo retido como regra e que excluiu o recurso de agravo interno, das decisões do relator que tratam do recebimento e efeitos do agravo de instrumento, a possibilidade jurídica do pedido da ação de mandado de segurança voltou a se ampliar.

Portanto, fora dos casos excepcionais acima mencionados, o mandado de segurança deverá ser indeferido por impossibilidade jurídica do pedido.[332]

3.6.3.3 Ato disciplinar/ato discricionário
Sobre o ato disciplinar já tratamos um pouco quando falamos do objeto do mandado de segurança.

O art. 5º, inc. III, da Lei 1.533/1951 dispõe que não se dará mandado de segurança ao se tratar de "ato disciplinar, salvo quando praticado por autoridade incompetente ou com inobservância de formalidade essencial".

Celso Agrícola Barbi entende que a norma se justifica tendo em vista a natureza discricionária do ato disciplinar. Assim, a intervenção do Poder Judiciário estaria limitada ao exame apenas da legalidade do ato disciplinar e não de sua justiça.[333] Os que pensam como ele, entendem que a apreciação de outros aspectos, que não a forma e a competência, significaria o exame do mérito do ato disciplinar, o que não pode ocorrer, já que cabe à Administração praticar o ato disciplinar conforme sua conveniência e oportunidade.

Entretanto, a ilegalidade do ato administrativo pode estar em qualquer um de seus elementos, seja no sujeito, na forma, no objeto, no motivo e na finalidade, o que não significaria que seu exame fosse de mérito.

---

332. Nesse sentido já decidiu o STJ, em acórdão muito bem fundamentado, da lavra do Ministro Sálvio de Figueiredo Teixeira, prolatado no ROMS 8.873-SP, *DJU*, I, 6.4.1998, e citado por Cássio Scarpinella Bueno, em seu *Liminar...*, cit., p. 300, cuja ementa reza: "Processual Civil. Mandado de Segurança. Ataque a ato judicial recorrível. Impossibilidade jurídica do pedido. Disciplina após a Lei 9.139/95. Possibilidade de conferir-se efeito suspensivo a agravo e à apelação dele desprovidos (art. 558, *caput* e par. ún., CPC). O mandado de segurança voltou às suas origens, ao seu leito normal, sendo inadmissível, por impossibilidade jurídica do pedido (art. 5º, II, da Lei 1.533/51)".

333. *Mandado de Segurança*, p. 96.

Seria o caso, por exemplo, de se determinar a apreensão de determinado veículo, em função de simples infração de trânsito, quando a lei não tivesse sequer previsto tal hipótese. A ilegalidade estaria no objeto. Ou mesmo se a multa fosse aplicada, quando o particular pudesse comprovar que o veículo estava numa oficina mecânica. O vício estaria no motivo.[334]

Assim, nesses casos, se o particular fosse impedido de ir a juízo, violar-se-ia o princípio da inafastabilidade do controle jurisdicional, conforme entende Carlos Mário da Silva Velloso.[335]

Há, porém, que se fazer uma ressalva quanto à possibilidade de o mandado de segurança ser afastado por impossibilidade de comprovação, de plano, do desvio de poder, por exemplo. Isso poderia ocorrer com mandado de segurança contra qualquer tipo de ato e não só com o ato disciplinar. Inclusive quanto aos motivos, no mandado de segurança, apenas se verificará a ocorrência ou não da infração, ou seja, o exame de provas do processo administrativo em que se deu a punição. Se o impetrante apresentar as provas, não há porque negar o direito ao mandado de segurança.

É certo que não é dado ao Judiciário controlar o mérito do ato administrativo, com relação à oportunidade e conveniência de sua prática. Entretanto, não é menos certo afirmar que é preciso impedir as arbitrariedades que a Administração Pública pratica sob o pretexto de agir discricionariamente em matéria de mérito. Assim, em questões em que se discute legalidade e moralidade administrativas é possível a atuação judicial, por meio do mandado de segurança.[336]

Por conseguinte, com relação aos atos discricionários, há possibilidade jurídica e também interesse processual para a impetração do mandado de segurança quando o administrador desbordar dos limites traçados pela lei.

334. Conforme Maria Sylvia Zanella Di Pietro, "Mandado de segurança...", cit., p. 153.
335. *Temas de Direito Público*, pp. 154-155.
336. Maria Sylvia Zanella Di Pietro salienta que "Não se pode negar a veracidade da afirmação de que ao Judiciário é vedado controlar o mérito, o aspecto político do ato administrativo, que abrange, sinteticamente, os aspectos de oportunidade e conveniência. O que não é aceitável é usar-se o vocábulo mérito como escudo à atuação judicial em casos que, na realidade, envolvem questões de legalidade e moralidade administrativas. É necessário colocar-se a discricionariedade em seus devidos limites, para impedir as arbitrariedades que a Administração Pública pratica sob o pretexto de agir discricionariamente em matéria de mérito" ("Mandado de Segurança...", cit., p. 153).

Para Hely Lopes Meirelles, "poder discricionário é o que o direito concede à Administração de modo explícito ou implícito, para a prática de atos administrativos, com liberdade na escolha de sua conveniência, oportunidade e conteúdo".[337]

Celso Antonio Bandeira de Mello afirma que a discricionariedade é "a margem de liberdade conferida pela lei ao administrador afim de que este cumpra o dever de integrar com sua vontade ou juízo a norma jurídica, diante do caso concreto, segundo critérios subjetivos próprios, a fim de dar satisfação aos objetivos consagrados no sistema legal";[338] explica, ainda, que, ao contrário, na vinculação "a Administração não dispõe de liberdade alguma, posto que a lei já regulou antecipadamente em todos os aspectos o comportamento a ser adotado".[339]

E Hely Lopes Meirelles ressalta que "a faculdade discricionária distingui-se da vinculada pela maior liberdade de ação que é conferida ao administrador. Se para a prática de um ato vinculado a autoridade pública está adstrita à lei em todos os seus elementos formadores, para praticar um ato discricionário é livre, no âmbito em que a lei lhe concede essa faculdade. Por aí se vê que a discricionariedade é sempre relativa e parcial, porque, quanto à *competência*, à *forma* e à *finalidade* do ato, a autoridade está subordinada ao que a lei dispõe, como para qualquer ato vinculado. Com efeito, o administrador, mesmo para a prática de um ato discricionário, deverá ter *competência legal* para praticá-lo; deverá obedecer à *forma legal* para a sua realização; e deverá atender à *finalidade legal* de todo ato administrativo, que é o interesse público. O ato discricionário praticado por autoridade incompetente, ou realizado por forma diversa da prescrita em lei, ou informado de finalidade estranha ao interesse público, é ilegítimo e nulo. Em tal circunstância, deixaria de ser ato *discricionário* para ser ato *arbitrário* – ilegal, portanto".[340]

Assim, a liberdade de que goza o administrador, nos atos discricionários, sempre deve ser exercida dentro de parâmetros fornecidos pela própria lei. Por isso não existe lugar, no Estado de Direito, para a arbitrariedade. Esta é medida ilegal porque adotada ao arrepio da norma. No dizer de Bandeira de Mello, é "ao agir *arbitrariamente* o agente estará agredindo a ordem jurídica, pois terá se comportado fora do que lhe permite a lei. Seu ato, em conseqüência, é ilícito (...)".[341] Já Hely Lopes

---

337. *Direito Administrativo Brasileiro*, p. 118.
338. *Curso de Direito Administrativo*, p. 412.
339. Idem, p. 410.
340. *Direito Administrativo Brasileiro*, cit., p. 119.
341. *Curso de Direito Administrativo*, cit., p. 412.

Meirelles salienta que "*poder discricionário* não se confunde com *poder arbitrário*. Discricionariedade e arbítrio são atitudes inteiramente diversas. Discricionariedade é liberdade de ação administrativa, dentro dos limites permitidos em lei; arbítrio é ação contrária ou excedente da lei. Ato discricionário, quando autorizado pelo direito, é legal e válido; ato arbitrário é sempre ilegítimo ou inválido".[342]

Por todo o exposto, nota-se que, mesmo com relação aos atos discricionários, a Administração não pode praticar o ato a seu bel-prazer. Deve sempre observar os limites traçados em lei. Se o administrador fugir a esses limites, o ato será arbitrário e ilegal. Em conclusão, é evidente que, nas hipóteses em que o administrador desborda os limites traçados em lei para os atos discricionários, o mandado de segurança será cabível.

Essas concepções atinentes aos atos administrativos podem ser levadas aos diversos ramos do direito público.

No plano da Administração, a discricionariedade admite certa margem de liberdade na escolha da melhor solução possível para determinado caso, entre as várias apontadas pela norma. Desse modo, o administrador diante de um caso concreto poderá, dentre as várias soluções previstas pela norma, escolher a que melhor se ajusta: o poder discricionário está justamente nessa liberdade de escolha que a lei lhe permite.

No plano do Judiciário, contudo, não há essa margem de escolha. O juiz não tem liberdade em escolher os caminhos, ou seja, o tipo de atuação para proteger o interesse público. Só um caminho é o correto e obrigatório.[343]

342. *Direito Administrativo Brasileiro*, cit., pp. 118-119.
343. Como ensina Teresa C. Arruda Alvim Wambier: "Não tem o magistrado (como tem o funcionário da Administração) liberdade em escolher os 'caminhos', ou seja, o tipo de atuação para proteger o interesse público. Só um caminho é o correto, é o admissível, é obrigatório: mandar intimar o Ministério Público. Já o funcionário da administração, para resumir em uma frase, exerce poder discricionário (e este sim é o poder tradicionalmente, tido como sendo realmente discricionário!) quer para eleger os caminhos, quer para conceber abstratamente o que seria 'conveniência e oportunidade', quer para aferir da 'conveniência' e da 'oportunidade' no caso concreto (e nestas duas últimas hipóteses, não se pode falar em discricionariedade propriamente dita). Haverá, pois, para a administração mais de um caminho possível, jurídico. Entretanto, a solução passa a ser uma só em face do caso concreto. Esta liberdade com relação ao Poder Judiciário não se dá na escolha dos caminhos, mas exclusivamente com relação ao encaixe do fato na norma no exemplo dado. Trata-se, então, propriamente, não de atividade discricionária, mas de preenchimento de conceito vago, através de atividade eminentemente interpretativa" (*Medida Cautelar...*, cit., p. 123).

Logo, no Poder Judiciário não há que se falar em discricionariedade porquanto ao juiz não é dada liberdade de decidir dessa ou daquela forma, como bem entender. O que se possibilita ao magistrado é a interpretação de conceitos vagos. Entretanto, por exemplo, se todos os pressupostos da norma para a concessão de medida liminar foram preenchidos, o juiz está obrigado a concedê-la. Se uma decisão é reformada pela instância superior, isso não significa que ambas as opiniões estavam corretas e que o Tribunal apenas tinha uma outra opinião. Não! Significa que a decisão de primeira instância estava errada. Isso porque na órbita do Poder Judiciário apenas uma solução é a correta. Na verdade, a diferença entre a discricionariedade administrativa e a judicial está em que esta última é marcadamente vocacionada à produção de uma única solução, enquanto o administrador pode escolher uma entre as várias soluções possíveis que atendam ao bem comum, todas elas soluções previstas e queridas pela norma.

Portanto, nessas hipóteses, que a doutrina convencionou chamar de discricionariedade judicial, como, por exemplo, o art. 588 do CPC, seria cabível o mandado de segurança. Em caso de denegação de efeito suspensivo cabe agravo interno e o mandado de segurança deverá ser impetrado para dar efeito suspensivo ao referido recurso, do qual é desprovido. Mas mesmo nessa hipótese, o mandado é impetrado contra a decisão que negou o efeito suspensivo, quando deveria concedê-lo, e não apenas para obter o almejado efeito suspensivo.

Pelos mesmos motivos cabe mandado de segurança contra ato decorrente do poder de polícia que tenha desbordado dos limites traçados para a Administração ou que tenha sido realizado com desapego à competência, finalidade e forma.

O mesmo se dá com relação aos atos *interna corporis* do Legislativo. Conforme elucida Hely Lopes Meirelles, atos "*interna corporis* são só aquelas questões ou assuntos que entendem direta e imediatamente com a economia interna da corporação legislativa, com seus privilégios e com a formação ideológica da lei, que, por sua própria natureza, são reservados à exclusiva apreciação e deliberação do Plenário da Câmara. Tais são os atos de escolha da Mesa (eleições internas), os de verificação de poderes e incompatibilidades de seus membros (cassação de mandatos, concessão de licenças etc.) e os de utilização de suas prerrogativas institucionais (modo de funcionamento da Câmara, elaboração de regimento, constituição de comissões, organização de serviços auxiliares etc.) e a valoração das votações".[344]

---

344. *Direito Administrativo Brasileiro*, cit., p. 712.

Assim, essas hipóteses, que se incluem na exclusiva competência discricionária do Plenário, da Mesa ou da Presidência, não admitem revisão pelo Poder Judiciário, pelo que também, nesses casos, não se admitirá a impetração de mandado de segurança para discussão das mesmas.[345] No entanto, sempre haverá a possibilidade de o Poder Judiciário perquirir se o ato praticado obedeceu às prescrições constitucionais, legais ou regimentais, atendendo às condições, formas ou ritos estabelecidos para a prática do mesmo.[346]

345. Nesse sentido a jurisprudência, conforme se vê do acórdão prolatado pelo STF, no MS 20.471-1-DF, em que foi relator o Min. Francisco Rezek, inserto na *RDA* 160/173 cuja ementa reza: "Congresso Nacional – Processo legislativo – Matéria *interna corporis* – Processo legislativo no Congresso Nacional. *Interna corporis* – Matéria relativa à interpretação, pelo presidente do Congresso Nacional, de normas de regimento legislativo é imune à crítica judiciária, circunscrevendo-se no domínio *interna corporis* – Pedido de segurança não conhecido". Da mesma forma, o acórdão do STF prolatado no MS 21.374-DF, em que foi relator o Min. Moreira Alves, publicado na *RTJ* 144/448, deixou assente que: "Mandado de segurança que visa a compelir a Presidência da Câmara dos Deputados a acolher requerimento de urgência urgentíssima para discussão e votação imediata de projeto de resolução de autoria do impetrante. Em questões análogas à presente, esta Corte (assim nos MS 20.247 e 20.471) não tem admitido mandado de segurança contra atos do Presidente das Casas Legislativas, com base em regimento interno delas, na condução do processo de feitura de leis. Mandado de segurança indeferido". Pela clareza da lição, vale a pena transcrever parte do acórdão, constituído do voto do Ministro Celso de Mello: "Tratando-se de matéria sujeita à exclusiva esfera da interpretação meramente regimental, não há como incidir a *judicial review*, eis que – tal como proclamado pelo Supremo Tribunal Federal – a exegese de normas de regimento legislativo é imune à crítica judiciária, circunscrevendo-se no domínio *interna corporis*" (*RTJ* 112/1.023, rel. Min. Francisco Rezek). Questões *interna corporis* excluem-se, por isso mesmo, em atenção ao princípio da divisão funcional do poder, da possibilidade de tutela jurisdicional, devendo resolver-se, exclusivamente, na esfera de atuação da própria instituição legislativa. A jurisprudência constitucional do Supremo Tribunal Federal tem reafirmado essa orientação em sucessivos pronunciamentos, nos quais ficou assentado que, em se tratando de questão *interna corporis*, deve ela ser resolvida, com exclusividade, "(...) no âmbito do Poder Legislativo, sendo vedada sua apreciação pelo Judiciário" (*RTJ* 102/27, rel. Min. Moreira Alves). O sentido dessas decisões da Corte – a que se pode acrescentar o julgamento plenário do MS 20.464-DF, rel. Min. Soares Muñoz (*RTJ* 112/598) – consiste no reconhecimento da soberania dos pronunciamentos, deliberações e atuação dos órgãos do Poder Legislativo, na esfera de sua exclusiva competência discricionária, ressalvadas, para efeito de sua apreciação judicial, apenas as hipóteses de lesão ou de ameaça a direito. No mesmo sentido estão os arestos insertos na *RSTJ* 105/78 e *RSTJ* 105/87.

346. Nesse sentido o acórdão do STJ, prolatado no RMS 7.313 – RS (Reg 96.0038038-4), tendo sido relator o Min. Humberto Gomes de Barros, publicado na *RSTJ* 98/79, cuja ementa reza: "Processual e Constitucional – Mandado de segurança – Processo legislativo – Desrespeito ao regimento interno de assembléia legislativa – Conceito de questão *interna corporis* – Controle judicial – Dispositivo constitu-

Para esclarecer o quanto se disse, Hely Lopes Meirelles exemplifica: "(...) se numa eleição de Mesa, o Plenário violar o regimento, a lei ou a Constituição, o ato ficará sujeito a invalidação judicial, para que a Câmara o renove em forma legal, mas o Judiciário nada poderá dizer se, atendidas todas as prescrições constitucionais, legais e regimentais, a votação não satisfizer os partidos, ou não consultar o interesse dos cidadãos ou a pretensão da minoria".[347]

Vale ressaltar que também podem ser incluídos na categoria de atos *interna corporis* os regimentos internos de tribunais, ou quaisquer outros atos internos do Judiciário e até mesmo do Executivo.

3.6.4 Lei em tese

Como dissemos anteriormente (item 3.4.4), com a introdução do instituto do mandado de segurança em nosso ordenamento jurídico, entendia-se que este era cabível unicamente contra atos da Administração, e nunca contra atos do Judiciário ou do Legislativo. Somente com a Lei 191/1936 passou-se a admitir o mandado de segurança contra juiz ou tribunal e contra autoridades legislativas.

Assim, a princípio, não há objeção contra impetração de mandado de segurança contra atos legislativos. Contudo, não há possibilidade jurídica quando se tratar de lei em tese.[348] Nesse sentido foi editada a Súmula 266 do STF. É que, nesse caso, haveria subversão do princípio da tripartição de poderes, consagrada constitucionalmente, já que o Poder Judiciário não pode controlar abstratamente as funções legislativas, salvo os específicos meios criados para esse fim. Nesse sentido está o entendimento de Eduardo Alvim.[349]

Na verdade, contra lei em tese, isto é, para o controle em abstrato da lei, existe o meio próprio de ataque que é a ação direta de inconstitucionalidade, pelo que não seria cabível o mandado de segurança.

cional dependente de regulamentação – O princípio *due process of law* estende-se à gênese da lei. Uma lei mal formada, vítima de defeitos no processo que a gerou, é ineficaz; a ninguém pode obrigar. Qualquer ato praticado à sombra dela, expor-se-á ao controle judicial – Não cabe Mandado de Segurança, para desconstituir dispositivo de constituição estadual, cuja eficácia depende de regulamentação".
347. *Direito Administrativo Brasileiro*, cit., p. 713.
348. Nesse sentido, ver o acórdão prolatado no MS 21.881-0-DF, rel. Min. Celso de Mello, inserto no *Repertório IOB de Jurisprudência* 10/179, 1994, que assim decidiu: "Normas em tese – que se qualificam como tais em função de seu tríplice atributo de generalidade, impessoalidade e abstração – não se submetem ao controle do Poder Judiciário em sede de processo mandamental".
349. *Mandado de Segurança...*, cit., p. 63.

É preciso, aliás, diferenciar leis em sentido formal e material. Algumas leis não têm conteúdo material, constituindo-se de simples atos administrativos, sendo leis em sentido formal apenas. Nesse caso, cabe o mandado de segurança porque o controle ainda é do ato administrativo, embora tenha sido praticado pelo Poder Legislativo.

Quando se tratar de lei em sentido formal e material não cabe mandado de segurança. No entanto, se esta contiver dispositivo tornando-a auto-executável, caberá mandado de segurança.

Dessa forma, para que o mandado de segurança seja cabível, é preciso que a lei que se quer atacar traga efeitos concretos à esfera do impetrante. Nesse caso, o mandado de segurança teria o caráter preventivo, podendo ser admitido. Entretanto, enquanto a norma for abstrata e geral não enseja mandado de segurança.[350]

Sobre a lei de efeitos concretos e o mandado de segurança preventivo falaremos adiante no tópico correspondente ao justo receio como condição específica para o cabimento do mandado de segurança preventivo.

3.7 Condições da ação específicas[351] para o mandado de segurança

Pode-se dizer que, no mandado de segurança, além dessas três condições analisadas, existem outras condições específicas, muito importantes, para esse tipo de tutela jurídica.

As condições da ação não correspondem a um *numerus clausus*. Na verdade, pode-se dizer que existem condições genéricas para o exercício da ação, essenciais a qualquer tipo de processo, e as condições específicas para determinadas ações.[352]

---

350. Nesse sentido os acórdãos prolatados pela 1ª Turma do STJ, no RMS 761-GO, cujo relator foi o Min. Pedro Acioli, j. 14.8.1991, *DJU* 16.8.1991, p. 12.620 e no MS 488-DF, rel. Min. Américo Luz, j. 25.6.1991 e *DJU* 19.8.1991, p. 10.971, ambos insertos no *CPC Comentado* de Nelson Nery Jr. e Rosa Nery, p. 2.202.

351. Teresa Arruda Alvim Wambier entende que existe uma categoria a que os autores costumam chamar de "condições específicas" de "determinadas" ações, as quais "não se confundem com as condições da ação que, tradicionalmente, têm sido estabelecidas pela doutrina, e a que alude de forma expressa a nossa lei, nem com os pressupostos processuais" (*Nulidades do Processo...*, cit., p. 50).

352. Nesse sentido está o entendimento de Hélcio Alves de Assumpção, no artigo intitulado "Mandado de segurança: a comprovação dos fatos como pressuposto processual específico de admissibilidade do *writ*", *RF* 331/113, embora não concordemos com os exemplos dados por ele de condições específicas para ação, por parecerem mais adequados aos pressupostos processuais.

Assim, as três referidas condições da ação foram concebidas para o contexto da ação de conhecimento. Entretanto, com relação à execução e à cautelar, além delas, também se pode vislumbrar a exigência de título executivo no primeiro e do *periculum in mora* e do *fumus boni iuris* no segundo.

O próprio Liebman enumera outras condições mais específicas, sem as quais ocorreria a carência do direito de ação, tais como ausência de jurisdição estatal em face de um processo envolvendo um réu estrangeiro, ausência de jurisdição em face da Administração Pública, a proibição do ajuizamento da ação reivindicatória enquanto pendente a possessória (art. 705 do CPC italiano, ao qual corresponde o art. 923 do vigente CPC brasileiro) e outras.[353]

Portanto, existem condições da ação genéricas e exigíveis em todos os tipos de processo e condições da ação específicas, necessárias a determinados tipos de processo.

353. *Apud* Donaldo Armelin, *Legitimidade...*, cit., p.38. Vale a pena aqui transcrever a valiosa lição de Donaldo Armelin sobre a não taxatividade das condições da ação: "Todavia, não se trata de *numerus clausus* o elenco de condições de admissibilidade da ação, considerada esta como um direito a uma decisão sobre o mérito, no processo de conhecimento. O próprio Liebman enumera outras condições mais específicas, sem o implemento das quais ocorre a carência do direito de ação, tais como ausência de jurisdição estatal face a um processo envolvendo um réu estrangeiro, ausência de jurisdição em face da Administração Pública, a proibição do ajuizamento da ação reivindicatória enquanto pendente a possessória (art. 705 do CPC italiano, ao qual corresponde o art. 923 do vigente CPC brasileiro) e outras. Aliás, Liebman excluiu das condições da ação a possibilidade jurídica do pedido, na terceira edição do seu *Manuale de Diritto Processuale Civile*. Recentemente, José Ignácio Botelho de Mesquita, em valiosa monografia, arrolou entre as condições de admissibilidade da ação, além da legitimidade das partes e do interesse para agir a existência, na lei processual, da espécie de atividade jurisdicional pretendida pelo autor, a notificação para a constituição do promitente comprador em mora, na ação de rescisão de compromisso de compra e venda, a existência de contrato de locação comercial com prazo não inferior a cinco anos na ação renovatória, a existência de título vencido e não pago, nas ações de execução, a existência de sentença condenatória executável nas mesmas ações. Os pensamentos de um jurista, defensor da concepção da ação a um pronunciamento favorável do Judiciário relativamente a seu pedido, e do autor da teoria da ação como direito abstrato a uma decisão qualquer sobre o mérito ora colacionados demonstram que existem indubitavelmente condições da ação genéricas a serem implementadas em todos os processos, a par de outras específicas só exigíveis em determinados processos e procedimentos. Isto muito embora várias das condições específicas *supra*-arroladas possam ser subsumidas no âmbito das condições genéricas que são indiscutivelmente a legitimidade das partes e o interesse para agir exigíveis não só para a propositura da ação, como também para a prática dos demais atos processuais".

Na verdade, o próprio texto do art. 267, VI, do CPC, no qual se determina como forma de extinção do processo, sem julgamento de mérito, "a ausência de quaisquer das condições da ação, como a possibilidade jurídica do pedido, a legitimidade das partes e o interesse processual", deixa claro que o rol das condições da ação é meramente exemplificativo.

Teresa Arruda Alvim Wambier afirma que eventual sentença de mérito que tenha sido proferida com ausência dessas condições específicas estaria eivada de nulidade insanável, que contaminaria todo o processo, inclusive a sentença, estando, pois, sujeita a ser vulnerada por meio de ação rescisória, com base no inc. V do art. 485, por ter havido violação de literal disposição de lei. Por isso, a referida processualista entende que essa categoria específica seria assimilável aos pressupostos processuais de validade e não às condições da ação.[354]

Entretanto, entendemos que esses requisitos são condições específicas para o exercício do direito de impetração do mandado de segurança, figurando ao lado das condições gerais da ação, quais sejam, a possibilidade jurídica do pedido, o interesse processual e a legitimidade de parte.

3.7.1 Direito líquido e certo como condição específica para a ação de mandado de segurança

No mandado de segurança, tanto tradicional como coletivo, além das condições gerais impostas para o cabimento de qualquer ação, há que estar presente uma condição específica, qual seja, a existência de direito líquido e certo.

O próprio texto constitucional, no inc. LXIX do art. 5º, nos dá os requisitos constitucionais do mandado de segurança, os quais são repetidos pelo art. 1º da Lei 1.533/1951: a existência de violação, ou ameaça de violação, de "direito líquido e certo", bem como que esse direito não seja passível de ser amparado por *habeas corpus* e *habeas data* e que o ato de autoridade tenha sido praticado com ilegalidade e abuso de poder.

Muito se discute na doutrina e jurisprudência sobre o conceito de direito líquido certo. Os doutrinadores se dividem em duas correntes quanto à natureza jurídica desse requisito. Esse conceito teria natureza de direito material ou de direito processual? Direito líquido e certo significa que o *direito* que se quer proteger é incontestável, não admitindo qualquer impugnação, ou apenas que deve haver prova documental capaz de provar, de antemão, os *fatos* embasadores do direito? A falta de direito líquido e

---

354. *Nulidades do Processo...*, cit., p. 51.

certo faria com que fosse proferida decisão de mérito, julgando improcedente o pedido do impetrante, ou apenas caracterizaria a carência do direito de ação do mandado de segurança, permanecendo intacto o direito material, que poderia ser, inclusive, objeto de ação própria? Essas são as indagações mais comuns na doutrina e jurisprudência.

Defensor da primeira corrente, pela qual o direito líquido e certo pertence à ordem jurídica material, Buzaid, amparando-se na definição que constava da Constituição Federal de 1934, afirma que o que esclarece o conceito de direito líquido e certo "é a idéia de sua incontestabilidade, isto é, uma afirmação jurídica que não pode ser séria e validamente impugnada pela autoridade pública, que pratica um ato ilegal ou de abuso de direito". E referido doutrinador explica: "A lei contém uma vontade abstrata. Não é o juiz que torna concreta, na sentença, a vontade abstrata da lei. No momento em que ocorreu a ameaça ou a violação da lei, esta incide imediata e diretamente sobre o fato. A função judicial é a de declarar e reconhecer a subsunção do fato à lei, dando lugar e nascimento ao remédio processual adequado. Como, pela índole do mandado de segurança, há sempre um ato de autoridade pública que ameaça ou lesa a esfera jurídica individual, a certeza do direito está intimamente relacionada à ilegalidade ou abuso de poder, formando uma unidade incindível. Não é lícito, pois, dissociar o direito e o fato para dizer que este deve estar comprovado nos autos documentalmente, e aquele, ainda quando comporte *quaestio iuris*, pode ser sempre resolvido. O fato e o direito, na ação do mandado de segurança, não podem ser separados, para o fim de permitir ao juiz que diga que o direito é certo e o fato duvidoso ou não provado cumpridamente".[355]

A segunda corrente representa o pensamento quase unânime da doutrina atual, que entende que o conceito de direito líquido e certo é estritamente processual, caracterizando-se pela possibilidade da comprovação documental, de plano, dos fatos narrados na inicial do mandado de segurança.

Nesse sentido, Celso Agrícola Barbi afirma que "o conceito de direito líquido e certo é tipicamente processual, pois atende ao modo de ser de um direito subjetivo no processo: a circunstância de um determinado direito subjetivo realmente existir não lhe dá a caracterização de liquidez e certeza; esta só lhe é atribuída se os fatos em que se fundar puderem ser provados de forma incontestável, certa, no processo. E isso normalmente

---

355. *Do Mandado de Segurança*, pp. 88 e 89. Esta também parece ser a opinião de Carlos Alberto Menezes Direito, *Manual do Mandado de Segurança*, pp. 61 e ss.

só se dá quando a prova for documental, pois esta é adequada a uma demonstração imediata e segura dos fatos".[356-357]

Arruda Alvim, da mesma forma, ensina que: "No mandado de segurança deverá o impetrante fazer a prova dos fatos originadores do seu direito liminarmente. Tais fatos, possibilitadores da obtenção da segurança, além de terem de ser provados, devem sê-lo incontroversamente, isto é, a prova documental não pode ensejar margem alguma de dúvida a respeito da existência dos fatos, ensejando perfeito conhecimento dos mesmos".[358]

Barbosa Moreira, por sua vez, afirma que "para fins de mandado de segurança, para a feição do cabimento desse remédio, trata-se de saber se os fatos, ou o fato de que se originou o alegado direito, comportam, ou não, a demonstração mediante apresentação apenas da prova documental pré-constituída. É esse o sentido último, é esse o resultado final a que se chega quando se analisa a exigência de que exista um direito líquido e certo. A exigência é, na verdade, um fato de que se afirma ter nascido esse direito, seja suscetível de comprovação mediante documento pré-constituído".[359]

Nelson Nery Jr., em parecer proferido no Mandado de Segurança 2.045/1978, do 2º Ofício Civil da Comarca de São Caetano do Sul, salientou: "com a peça inaugural, deveria a impetrante provar que não deixou de cumprir suas obrigações fiscais, ou que, se as descumpriu, não foi reiteradamente. Essa prova teria que emergir clara não deixando margem a dúvidas. Existindo dúvidas, ou havendo necessidade de se provar por outros meios que o impetrante tem descumprido suas obrigações fiscais, mas não reiteradamente, já não se pode permitir o uso da via extrema do mandado de segurança".[360]

José da Silva Pacheco, adotando a segunda corrente, que considera pacificada na doutrina e jurisprudência, traz esclarecedora lição, que vale a pena ser transcrita: "O comando emergente da norma jurídica é sempre objetivamente certo e determinado. A incerteza sobre o verdadeiro conteúdo da norma não é objetiva, mas simplesmente subjetiva, cabendo ao

356. *Do Mandado de Segurança*, p. 61.
357. Este também é o entendimento de Eduardo Arruda Alvim, *Mandado de Segurança...*, cit., p. 104.
358. "Mandado de segurança e sua aplicabilidade ao direito tributário", *RDP* 5/49.
359. "Mandado de Segurança, uma apresentação", cit., p. 81.
360. "Mandado de segurança – momento processual para a prova do direito líquido e certo", *RePro* 14-15/295.

órgão jurisdicional, diante do fato concreto, interpretar a vontade da lei, no sentido em que efetivamente dispõe. Não há dois comandos emanados da lei, concomitantemente: ainda que haja interpretação divergente, apenas uma delas é a correta e constitui o direito. O que pode ser incerta é a situação de fato, à qual deve aplicar-se o direito, podendo ter o juiz dúvida quanto àquela, jamais quanto a este. A doutrina moderna do mandado de segurança, acolhendo essas premissas, define o direito líquido e certo como a certeza quanto à situação de fato, porque o direito, por mais complexo que seja sua interpretação, tem na própria sentença o meio hábil para sua afirmação (TAMG, Ac. Unân. da 1ª Câm. Civil, 22.9.1986, MS 1.389, rel. Juiz Murilo Pereira, *ADV* 31.253)".[361]

Este também é o escólio de Carlos Mário da Silva Velloso: "incontroversos os fatos, ao juiz caberá resolver a questão de direito; se concluir que a regra jurídica, incidindo sobre aqueles fatos, configura um direito da parte, haverá direito líquido e certo".[362]

A dificuldade em se obter consenso quanto ao significado da expressão direito líquido e certo advém do fato de este ser tanto requisito para admissibilidade como para concessão da segurança. De fato, a cognição do juiz, no mandado de segurança, recai sobre as mesmas provas que serão analisadas para verificar tanto a admissibilidade como a procedência da ação. Mas é evidente que a expressão direito líquido e certo tem sentidos diferentes, conforme o ângulo de análise, pois, caso contrário, haveria sobreposição entre admissibilidade e mérito, o que não se poderia admitir.[363]

De fato, a análise do direito líquido e certo se prende a três planos de cognição judicial. A primeira ocorre quando do recebimento da inicial do mandado de segurança, pelo juiz, ocasião em que este fará exame dos requisitos de admissibilidade da ação. Veja-se que isso não quer dizer que o juiz não possa, em momentos posteriores, examinar tais requisitos. Apenas estabelecemos esse momento porque é a ordem natural em que o juiz realiza o juízo de admissibilidade.

Nesse plano de análise, o conceito de direito líquido e certo deve ser visto sob a ótica processual, sendo, pois, aquele que pode ser comprovado de plano, por meio de prova pré-constituída. Veja-se que isso não significa que o direito seja incontestável, pois, se o fosse, a utilidade do mandado de segurança ficaria consideravelmente reduzida, eis que a

---

361. *O Mandado de Segurança...*, cit., p. 226.
362. "Do mandado de segurança", *RePro* 18/167.
363. Teresa Arruda Alvim Wambier, *Medida Cautelar...*, cit., vol. 2, p. 21.

simples discussão sobre a existência do alegado direito, pela autoridade coatora, nas informações, com argumentos que não fossem totalmente vazios de sentido, faria com que já não se pudesse falar em direito líquido e certo.[364]

Portanto, direito líquido e certo, nesse ângulo de análise, significa não direito incontestável, direito que não mais pode estar sujeito à impugnação, mas, sim, que a prova do fato embasador do direito não pode exigir dilação probatória, mas deve ser feita de plano, por meio de prova documental pré-constituída, juntada à inicial do mandado de segurança.[365] Assim, a ação de mandado de segurança é cabível quando essa prova existe.

Em conclusão, é fácil perceber que o cabimento resulta do direito processual, já que ligado à questão da existência de determinado tipo de prova. Ainda que a existência do direito líquido e certo também seja fundamento para a concessão da segurança, já que, se está presente a certeza do direito, o pedido formulado pelo impetrante será procedente, não há como dissociá-lo do direito processual, porque o que se pede, para a ação ter cabimento, é um determinado tipo de prova. Ora, o direito do impetrante até poderia existir, mas se a sua comprovação somente for possível por meio de outros tipos de prova, como a testemunhal, a pericial etc., será carecedor da segurança pleiteada, devendo ser decretada a extinção do processo sem julgamento do mérito. Ao impetrante, no entanto, sempre haverá a possibilidade de procurar as vias ordinárias para fazer valer o seu direito.[366]

Enfim, direito líquido e certo, sob esse ângulo, significa aquele dependente apenas de prova documental pré-constituída. É preciso que seja

364. Barbosa Moreira, "Mandado de segurança, uma apresentação", cit., p. 80.

365. Conforme a posição de Ada Pellegrini Grinover, "Mandado de Segurança contra ato jurisdicional penal", cit., p. 32.

366. Por isso discordamos da opinião de Ernane Fidélis dos Santos, quando afirma que quando a decisão, no mandado de segurança, dá pela falta de liquidez e certeza da hipótese fática, há também julgamento de mérito, mas limitado ao procedimento especial, operando, inclusive, coisa julgada material, ficando restrita, porém, a impossibilidade de novo mandado de segurança (*Mandado de Segurança...*, cit., p. 29). Em primeiro lugar, o entendimento é contraditório porquanto referido processualista, no mesmo artigo, afirma que o sentido do conceito de direito líquido e certo é processual e não material, isto é, ligado apenas à não possibilidade de dilação probatória. Depois, se o mandado foi indeferido ante a falta de prova documental pré-constituída nada impede que o impetrante, obtendo tal prova, venha a propor novo mandado de segurança, com o mesmo objeto. Não há, portanto, julgamento de mérito, muito menos formação de coisa julgada material com a decisão que indefere o mandado de segurança por falta de direito líquido e certo.

assim para dar efetividade ao instituto do mandado de segurança. Sim, porque para que a garantia constitucional possa ser efetiva é necessário um processo rápido, célere, o que somente se conseguirá eliminando-se a fase probatória. É nesse sentido processual que a maioria de nossos doutrinadores tem entendido o conceito de direito líquido e certo.[367]

Resumindo o quanto se disse, o requisito do direito líquido e certo não significa que o direito seja incontestável, mas apenas direito que é passível de ser comprovado documentalmente e de plano.

Ora, se o direito líquido e certo tivesse o significado de ser incontestável, estaria relacionado somente ao mérito do *writ*, já que nesse caso o mandado de segurança teria que, necessariamente, ser julgado procedente. Entretanto, sabemos que no final do processo pode-se declarar a certeza do direito, mesmo tendo sido ele passível de contestação.[368]

Na verdade, sob esse ângulo de análise, direito líquido e certo deve ser entendido como aquele passível de ser comprovado, de plano, por prova documental, pelo que, nesse momento lógico, esse requisito se encaixa perfeitamente entre as condições de admissibilidade da ação, não se confundindo com o mérito.[369] Ora, o direito pode ser líquido e certo

---

367. Nesse sentido, José Carlos Barbosa Moreira adverte que o mandado de segurança exige processo segundo rito rápido, expedito, célere, que permita uma proteção segura e que não tarde a ser dispensada. Por essa razão é necessário excluir do processo de mandado de segurança as diligências probatórias. Diz ele: "À medida que tivéssemos de mandar realizar perícia, por exemplo, ou ouvir testemunhas, então evidentemente o procedimento se tornaria mais complexo e, por conseguinte, mais demorado. O que se quer é uma proteção imediata, fulminante, se possível; mas, para isso temos de limitar o campo da admissibilidade das provas. Não há outra maneira de conciliar esses objetivos. Temos, portanto, de restringir, no processo de mandado de segurança, toda a atividade probatória ao exame de documentos, e de documentos pré-constituídos. Eis aí, afinal, a que se reduz, no consenso hoje da doutrina e da jurisprudência, esta expressão, à primeira vista um pouco enigmática: 'direito líquido e certo'" ("Mandado de Segurança, uma apresentação", cit., p. 81).

368. Sobre o assunto ensina Teresa Alvim Wambier que: "quando se pensa no juízo de admissibilidade do mandado de segurança, a expressão direito líquido e certo significa direito (incidência do direito = fato + norma) provável de plano, documentalmente. Admitir o mandado de segurança não leva necessariamente à sua procedência, pois pode haver contraprova, e o direito líquido e certo, embora provado documentalmente é, nesta fase, ainda contestável. Entanto, quando se pensa na concessão da medida, se dá a constatação no sentido de que o direito é de fato incontestável, insuscetível de dúvida" (*Mandado de Segurança...*, cit., p. 19).

369. Ver as opiniões de Eduardo Arruda Alvim, *Mandado de Segurança...*, cit., p. 94; Carlos Mario da Silva Velloso, "Do Mandado de Segurança", *RePro* 18/167; Sálvio de Figueiredo Teixeira, "Mandado de Segurança – apontamentos", *RT* 624/11; Nelson Nery Jr., "Mandado de Segurança – momento processual...", *RePro*

porque os fatos foram comprovados documentalmente, mas o pedido ser improcedente porque não havia o direito. Seria o caso, por exemplo, de determinado indivíduo, participante de um concurso público, impetrar mandado de segurança visando a garantir sua classificação, sob a argumentação de que havia sido excluído imotivadamente, mas não juntar qualquer documento que comprovasse a realização do certame e as condições impostas para a habilitação, como o edital, por exemplo, bem como os documentos que comprovariam o cumprimento das exigências do edital. No caso, o interessado poderia até ter o direito pleiteado, mas se não o comprovou de plano, não possui condição específica para a ação de mandado de segurança.

Nesse momento lógico do juízo de admissibilidade da ação de mandado de segurança, portanto, a exigência de haver direito líquido e certo é condição para que a ação seja possível e não para que seja julgada procedente.

Pode-se dizer, inclusive, que o requisito da existência do direito líquido e certo é uma decorrência do interesse processual, que é uma das condições da ação.

De fato, a exigência da prova documental pré-constituída como condição da ação implica a restrição do interesse de agir. Isso porque a ação do mandado de segurança somente será útil se houver a existência de referido tipo de prova. Assim, somente se existir prova documental pré-constituída é que a via processual escolhida, qual seja, a ação do mandado de segurança, será adequada. Se o impetrante não possuir referida prova, deverá optar pela via da ação ordinária, na qual poderá realizar as provas necessárias. O mandado de segurança não comporta dilação probatória. É por isso que a via processual não será adequada se a parte tiver necessidade de produzir provas.

A jurisprudência de nossos tribunais [370] também é assente no sentido de que o conceito de direito líquido e certo está ligado à necessidade de

---

14-15/294; Donaldo Armelin, *Legitimidade...*, cit., p. 40; Cássio Scarpinella Bueno, "Jurisprudência comentada: coisa julgada e sentença denegatória em mandado de segurança", *RePro* 80/228; Celso Bastos, *Do Mandado de Segurança*, p. 15.

370. Conforme os julgados constantes da *RF* 164/122; *RTJ* 83/130; 83/855; 121/296; 124/948; 128/1.112; 128/1.129; 133/1.314; 134/681; 137/663; *RSTJ* 4/1.427; 27/140; 27/169; 55/325; 227/140; *RT* 446/213; 594/248; 619/250; 676/187; *RJTJESP* 112/225; *JSTF* 180/161. No *CPC...*, cit., de Theotonio Negrão, às pp. 1.577-1.578, notas 24 a 30 ao art. 1º da Lei 1.533/1951, podem ser encontradas as seguintes ementas com este teor: "com a inicial, deve o impetrante fazer prova indiscutível, completa e transparente de seu direito líquido e certo. Não é possível trabalhar à base de presunções" (STJ, 2ª Turma, RMS 929-SE, rel. Min. José de Jesus Filho, j. 20.5.1991,

prova documental pré-constituída,cuja falta causará a extinção do processo, por carência de ação.[371] Nesse sentido, vale a pena comentar o acórdão prolatado pela 4ª Turma do STJ no RMS 452-CE, j. 3.9.1991, em que foi relator o Min. Bueno de Souza,[372] o qual contém esclarecedora lição sobre o que se deve

negaram provimento, v.u., *DJU* 24.6.1991, p. 8.623); "Descabe conceder mandado de segurança, se o impetrante, de posse do documento comprobatório da existência do ato da autoridade coatora, ou dele tendo fácil acesso, face à sua publicação, não faz a sua juntada com a exordial" (STJ, 1ª Turma, RMS 3.150-0-TO, rel. Min. Demócrito Reinaldo, j. 2.5.1994, negaram provimento, v.u., *DJU* 23.5.94, p. 12.552); "Fundando-se o mandado de segurança em direito líquido e certo, que pressupõe incidência de regra jurídica sobre fatos incontroversos, a necessidade de dilação probatória para acertamento dos fatos sobre os quais se assenta a pretensão impõe a denegação da segurança" (STJ, 4ª Turma, RMS 3.529-8-PA, rel. min. Sálvio de Figueiredo, j. 3.5.1994, negaram provimento, v.u., *DJU* 30.5.1994, p. 13.484). Na coletânea de jurisprudência realizada por Hélio Apoliano Cardoso, na obra intitulada *O Mandado de Segurança nos Tribunais*, cit., pode-se verificar os seguintes acórdãos: TJSP, 18ª Cam. Civil, Ap 194.619-2/4. j. 28.9.1992, rel. Des. Aroldo Viotti, v.u.; TJCE, 2ª Câm. Cível, MS 2.758, j. 6.3.1991, rel. Des. José Ari Cisne, v.u.; STJ, 4ª Turma, RMS 452-CE, j. 3.9.1991, rel. Min. Bueno de Souza, v.u. Há ainda acórdãos da lavra do Min. Carlos Alberto Menezes Direito, os quais estão colacionados, na íntegra. No livro de sua autoria intitulado *Manual do Mandado de Segurança*, cit., pp. 171, 174, 180. Vale a pena, ainda, transcrever aqui trecho do acórdão inserto na *RTJ* 133/1.314, em que o Min. Sepúlveda Pertence assevera que o direito líquido e certo "é requisito de ordem processual, atinente à existência de prova inequívoca dos fatos em que se basear a pretensão do impetrante e não à procedência desta, matéria de mérito". No mesmo diapasão, estão os seguintes julgados: "Mandado de segurança – impetração objetivando a desconstituição de acordo judicial celebrado. Alegação de coação – dilação probatória – inadmissibilidade via inadequada. Inexiste direito líquido e certo em alegado vício de consentimento ocorrido em anterior acordo judicial homologado em face das partes. Alegação de coação que necessita de dilação probatória, incompatível com o mandado de segurança. Ordem denegada" (MS 596.404-00/1, 10ª Câm., rel. Juiz Soares Levada, j. 27.10.1999). "Mandado de segurança – requisito – direito líquido e certo – comprovação de plano – necessidade. O Mandado de Segurança destina-se, exclusivamente, a 'proteger direito líquido e certo', conforme o artigo 1º da Lei 1.533, de 31.12.1951. Havendo necessidade de produção de provas das alegações, carece o impetrante do Mandado de Segurança, que não admite dilação probatória" (MS 517.423, 10ª Câm., rel. Juiz Adail Moreira, j. 1.4.1998).

371. Nesse sentido estão os seguintes julgados insertos nas seguintes revistas: *RTJ* 53/167; *RSTJ* 1/1.439; 5/403; 55/325; *RT* 156/148; 697/79; 711/248; 760/321; e ainda o acórdão STJ, 4ª Turma, RMS 452-CE, j. 3.9.1991, rel. Min. Bueno de Souza, v.u., inserto na coletânea de jurisprudência realizada por Hélio Apoliano Cardoso, na obra intitulada *O Mandado de Segurança...*, cit.

372. Esse acórdão consta, na íntegra, da coletânea realizada por Hélio Apoliano Cardoso citada acima, pp. 51 e ss.

entender por direito líquido e certo, para efeito de admissibilidade do mandado de segurança. De fato, trata-se de mandado de segurança contra ato judicial que determinou a intimação do impetrante para desocupar o imóvel que ocupava na qualidade de sublocatário, por força da sentença proferida em ação de despejo com trânsito em julgado. Embora o que nos interesse aqui seja conceituar direito líquido e certo, é preciso esclarecer que o impetrante alegou que a mencionada coisa julgada não produziria efeitos contra ele porquanto não teria figurado no pólo passivo da ação de despejo, eis que não seria sublocatário do imóvel, mas sim locatário. Assim, abstraindo-se, por ora, se é admissível ou não mandado de segurança contra coisa julgada, o acórdão em tela indeferiu o *writ* à míngua de comprovação de direito líquido e certo. Entendeu o acórdão, acertadamente, que o impetrante não tinha direito líquido e certo porquanto não comprovou sua qualidade de locatário do imóvel em que reside. Pelo contrário, os documentos que instruíram a inicial do mandado de segurança indicavam apenas que o impetrante era sublocatário. Assim, decidiu o STJ que a falta de prova de locação entre o impetrante e o proprietário do imóvel torna líquido e incerto o alegado direito do impetrante de não ser atingido pela coisa julgada da referida ação de despejo. Entretanto, essa prova, que na visão do relator do acórdão era substancial e eminentemente documental, para os fins e restrições do mandado de segurança, não foi sequer ensaiada pelo impetrante. Portanto, agiu corretamente o relator do referido acórdão ao manter a decisão que havia indeferido o mandado de segurança. Veja-se que o fundamento utilizado pelo relator foi o da falta de prova documental pré-constituída, corroborando o entendimento de que, quanto à admissibilidade, é esse o enfoque que se deve dar ao conceito de direito líquido e certo.

Com esse entendimento, distingue-se facilmente o exame da presença de direito líquido e certo, com relação à admissibilidade e o mérito do mandado de segurança. Quanto à admissibilidade, há direito líquido e certo se o impetrante foi capaz de comprovar de plano, por meio de prova documental, na inicial, o direito que quer proteger. Assim, se o impetrante possui essa prova, também terá o direito líquido e certo capaz de possibilitar a admissão do mandado de segurança. Somente se essa prova estiver presente, é que o julgador poderá passar ao exame do mérito, analisando se o direito, que foi comprovado de plano, realmente existe ou não. Pode ser que o fato tenha sido comprovado pelo impetrante, pela prova documental juntada, mas essa prova venha apenas demonstrar que o impetrante não tinha o direito alegado. Portanto, os exames do direito líquido e certo, quanto à admissibilidade e mérito, são distintos.

A cognição judicial, quanto à existência de direito líquido e certo, também é distinta em cada momento de análise. Cognição judicial é ato de inteligência por meio do qual o juiz analisa e valora as alegações e provas trazidas pelas partes. Conforme lição de Kazuo Watanabe, a cognição realizada pelo juiz pode ser vista em dois planos distintos: horizontal, referente à extensão das matérias objeto da apreciação judicial, a qual se subdivide em plena ou limitada. Vertical, relativa à profundidade em que essas questões serão apreciadas pelo juiz. Poderá ser exauriente – completa – e sumária – incompleta.[373]

Pois bem, quanto à admissibilidade, o magistrado verifica se a parte fez a juntada dos documentos necessários, cumprindo a condição específica para a efetiva prestação da tutela jurisdicional, ou seja, o juiz analisa a existência dessa condição específica para a ação. Entretanto, nesse momento o juízo é de mera probabilidade. O juiz não certifica a existência do direito líquido e certo, o que somente será feito no final do processo. O magistrado baseia-se na mera aparência da existência do direito, que são demonstradas por meio da prova documental colhida. Com base nelas, o juiz sofre forte inclinação a entender que existe o direito, mas, de forma alguma, realiza juízo de certeza, pois do contrário eliminaríamos o contraditório do mandado de segurança.[374]

A cognição é, pois, sumária. Entretanto, como ensina Betina Rizzato Lara,[375] a cognição sumária comporta graus de superficialidade em ordem inversamente proporcional ao grau de probabilidade. Há a probabilidade máxima, que não se coaduna com a cognição sumária, a probabilidade média, que é a cognição extraída dos processos sumários, e a probabilidade mínima, em contrapartida a uma superficialidade máxima, que ocorre geralmente nas concessões de liminares. Na admissibilidade do mandado de segurança, como a cognição é baseada em documentos, podemos afirmar que, apesar de superficial, ela se compara àquela exercida nos processos sumários, pois a probabilidade é média. De fato, no mandado de segurança não haverá ensejo para dilação probatória, pelo que a cognição judicial, embora sumária, contém alto índice de probabilidade de que o direito alegado realmente exista.

Celso Pacheco Fiorillo, Marcelo Abelha e Rosa Nery nos dão interessante exemplo de mandado de segurança coletivo, referente ao meio

---

373. *Da Cognição...*, cit., pp. 111-112.
374. Nesse sentido, Teresa Arruda Alvim Wambier, *Medida Cautelar...*, cit., vol. 2, p. 22.
375. *Liminares...*, cit., p. 27.

ambiente, o qual demonstra bem o sentido de direito líquido e certo, no que diz respeito à admissibilidade: "Que todos temos direito líquido e certo a um meio ambiente nos moldes estabelecidos pela Constituição Federal de 1988 e pela Lei 6.938/1981, não nos resta a menor dúvida. Entretanto, quando se exerce o direito de ação de mandado de segurança ambiental, o que queremos é que fique provado que a nossa afirmação, nascida de uma dada situação fática, provada de plano com liquidez e certeza, possa subsumir-se ao direito a um meio ambiente sadio e equilibrado, abstratamente considerado. Dissemos, abstratamente não no sentido material, mas sim no sentido processual, qual seja, na necessidade de que o fato que embasa a minha afirmação de direito, possa encaixar-se na norma *abstratamente considerada*".[376]

O segundo plano de análise se dá quando do deferimento da liminar na ação de mandado de segurança. Embora, muitas vezes, o momento cronológico em que ocorre a apreciação judicial quanto à admissibilidade da ação coincida com aquele reservado à análise da concessão da liminar, verifica-se que a cognição judicial é distinta. Entretanto, o sentido de direito líquido e certo para fins de admissibilidade da ação, como para fins de concessão da liminar, é praticamente o mesmo. Em ambos os casos, o conceito é estritamente processual e desvinculado do exame de mérito.

Conforme o inc. II do art. 7º da Lei 1.533/1951, exige-se, para a concessão da liminar no mandado de segurança, que estejam presentes o relevante fundamento e o risco de ineficácia da medida.

O relevante fundamento não se equipara ao mero *fumus boni iuris* das cautelares. De fato, para a concessão da liminar em mandado de segurança não basta a mera probabilidade, a mera aparência de direito. Justamente em função da exigência de a impetração do *mandamus* ser admitida somente se estiver presente o direito líquido e certo, é preciso mais que mero *fumus*. Os fatos já estão certos. O juiz, então, perquire sobre a viabilidade aparente de que os fatos narrados possam acarretar a conseqüência pedida ao final da ação. No mandado de segurança a demonstração do *fumus* é mais contundente.[377]

Em função da exigência inafastável de estar presente o direito líquido e certo, ou seja, a indispensável comprovação de plano, o julgador, para conceder a liminar, não poderá se contentar com o mero *fumus boni iuris*, mas sim deverá constatar a efetiva possibilidade de que aquilo que

---

376. *Direito Processual Ambiental...*, cit., pp. 210-211.
377. Conforme Betina Rizzato Lara, *Liminares...*, cit., p. 27.

o impetrante alega e prova não poderá ser objeto de contestação pela autoridade coatora.[378]

Por outro lado, o impetrante, para a concessão da liminar, deve demonstrar que há risco de dano que poderá tornar a medida ineficaz quando de sua concessão. Esse requisito equipara-se ao *periculum in mora* das cautelares, mas isso não transforma a liminar do mandado de segurança em medida cautelar.

A liminar concedida no mandado de segurança tem características de antecipação de tutela prevista no art. 273 do CPC. Por isso é preciso que os requisitos necessários a antecipação de tutela, seja com base no inc. I (*periculum in mora*), seja com base no inc. II (manifesto propósito protelatório do réu), estejam presentes.

Assim, a liminar somente poderá ser concedida se a prova for inequívoca e constatar a verossimilhança da alegação.

É evidente que a antecipação de tutela, notadamente aquela baseada no inc. I do art. 273, tem por função inibir o *periculum in mora* e nesse sentido pode ter função idêntica à de uma cautelar, mas isso não a transforma em medida cautelar. A antecipação de tutela contém algo mais que a cautelar. Ela também antecipa os efeitos, o que a cautelar não faz. Poderíamos até admitir que a antecipação de tutela do art. 273, I, tem função cautelar, mas só isso não lhe dá natureza cautelar.

De fato, o *periculum in mora* autorizador da concessão de liminar no mandado de segurança não é idêntico ao *periculum in mora* autorizador da concessão de liminar na ação cautelar.

No processo cautelar, o perigo da demora significa o receio de inutilidade prática do provimento jurisdicional a ser pleiteado no processo principal. Já no mandado de segurança, o perigo da demora significa que, se não for concedida a liminar, a sentença a ser proferida na própria ação será incapaz de assegurar ao impetrante a garantia *in natura* do direito pleiteado e que se objetiva por meio do próprio mandado de segurança, já que o ato será executado e o dano terá ocorrido.[379] No mandado de segurança a sentença deve ser capaz de conceder o próprio direito pleiteado, ou seja, o impetrante não poderá se contentar com simples indenização pecuniária. Se fosse assim, não haveria necessidade do mandado de segurança, o que reduziria a garantia constitucional a nada.

---

378. Ver a lição de Luiz Guilherme Marinoni, *Tutela Cautelar e Tutela Antecipatória*, p. 26.

379. Nesse sentido, Eduardo Arruda Alvim, *Mandado de Segurança...*, cit., pp. 160-161.

A cognição judicial relativa à concessão da liminar no mandado de segurança não é superficial como ocorre na maioria dos processos em que há a possibilidade de concessão de liminares, notadamente na ação cautelar. Em função da necessidade de comprovação de plano, os fatos já estão certos, pelo que a probabilidade de o direito existir atinge grau maior que o obtido na concessão de liminar em ação cautelar, em que há possibilidade de dilação probatória.

No entanto, a cognição também não é exauriente. A concessão da liminar não prejudica o julgamento do mérito da segurança. O juiz, nesse momento, analisa, apenas, se há viabilidade aparente de que os fatos narrados possam acarretar a procedência da ação. A simples concessão da liminar não obriga o magistrado a conceder a segurança a final. O juiz pode entender, no final do processo, que, apesar de estarem presentes os requisitos da concessão da liminar, e ainda que o impetrante tenha produzido a prova documental, de plano, não tinha ele o direito pleiteado.

Portanto, o julgamento da viabilidade da concessão da liminar no mandado de segurança é totalmente desvinculado do mérito.

O terceiro plano de cognição é o da apreciação do mérito.

No mérito, o juiz voltará a apreciar o conteúdo da inicial, mas o fará levando em conta o teor das informações apresentadas pela autoridade coatora. Nesse momento, voltará a analisar as provas produzidas e constatará se as mesmas levam, ou não, a existência do direito pleiteado. Fará juízo de certeza e não mais de verossimilhança das alegações.

A cognição será plena e exauriente. É plena quanto à extensão do debate das partes e completa quanto à profundidade da cognição judicial. O juiz voltará a analisar a presença do requisito do direito líquido e certo, não mais para verificar apenas se a prova foi produzida ou não pelo interessado, mas para realizar juízo definitivo de certeza do próprio direito pleiteado e que está comprovado por meio dos documentos. Apenas a cognição recai sobre as mesmas provas.

Portanto, a posição do juiz, quando julga o mérito, não é a mesma que assume no momento em que aprecia a admissibilidade da ação, ou em que aprecia a possibilidade de concessão da liminar.

Fica claro, então, que o sentido da expressão direito líquido e certo é distinto conforme se refira à categoria da admissibilidade ou ao mérito da ação. Portanto, quando o órgão julgador constata a falta de direito líquido e certo no momento em que recebe a inicial para análise de seu deferimento, ou não, deverá afastar a admissibilidade da ação por meio de sentença julgando o autor carecedor da segurança, por falta de condição da ação.

De fato, se a constatação da falta de direito líquido e certo se deu *prima facie*, devido à não juntada de documentos pelo impetrante, o juiz deverá julgar o impetrante carecedor da ação, por falta de condição da ação. A questão se situa, pois, no plano da admissibilidade.

Se a prova tiver sido realizada pelo impetrante, mas o magistrado entender que a pretensão improcede, que o alegado direito não existe, deverá denegar a segurança pleiteada, julgando a questão pelo mérito.

No entanto, há alguns acórdãos que, ao verificar a inexistência de direito líquido e certo, "denegam"[380] a segurança pleiteada, por meio de decisão de mérito, quando deveriam, simplesmente, julgar o impetrante carecedor da ação e extinguir o feito, sem julgamento de mérito.[381]

A distinção entre os sentidos da expressão direito líquido e certo é relevante, pois, para pontificar se houve ou não julgamento de mérito da ação de mandado de segurança. É a relevância se constata pelo teor da Súmula 304 do STF, que reza: "decisão denegatória de mandado de segurança, não fazendo coisa julgada contra o impetrante não impede o uso da ação própria".

380. Hélcio Alves de Assumpção critica o costume "de deixar de empregar-se, no mandado de segurança, a terminologia técnica tradicional que se utiliza de um modo generalizado para as ações, e o hábito – que, sem nenhum prejuízo, se poderia banir da lei e da prática forense – de adotar-se, indistintamente para todos os casos em que o impetrante não logra obter bom êxito, a expressão 'denegação' da segurança". Ele diz que: "cuida-se de termo impreciso e ambíguo, que dá margem a dúvidas sobre o objeto da decisão, e, embora proporcione certa comodidade para o juiz, que, por meio dele, não precisa preocupar-se em dizer se está ou não julgando o pedido, cobra mais tarde o seu preço, ao exigir que, nem sempre com facilidade, se interpretem as sentenças, para todos os efeitos que tiverem por pressuposto determinar se se trata, ou não, de decisão de mérito" ("Mandado de segurança: a comprovação...", *RF* 331/113).

381. Nesse sentido, verificamos que se equivocou a primeira câmara cível do Tribunal do Alagoas, quando, na Apelação 10.155, em acórdão da lavra do relator Des. Paulo da Rocha Mendes, julgado em 23.5.1994, publicado na *RT* 715/224, houve por bem denegar a segurança por falta de direito líquido e certo. O Tribunal, acertadamente, entendeu inexistir direito líquido e certo porquanto o impetrante não teria juntado documento necessário para comprovar suas alegações, no caso o instrumento de procuração, que lhe outorgasse poderes para, em nome de seu cliente, ter acesso aos arquivos de determinada repartição, para proceder a um levantamento das folhas de pagamento efetuadas durante período que menciona. Na falta de referido documento, constatou-se a ausência de direito líquido e certo. No entanto, o Tribunal deveria ter julgado o impetrante carecedor da ação, extinguindo o processo sem julgamento do mérito e não proferir decisão de mérito denegatória da segurança. Da mesma forma, a Juíza da 14ª Vara da Fazenda Pública, Dra. Simone Gomes Rodrigues Casoretti, ao apreciar o Mandado de Segurança 564/99-0, reconhecendo a inexistência de direito líquido e certo, houve por bem, e, no nosso modo de ver, erroneamente, julgar a ação improcedente, nos termos do art. 269, I.

Ora, a coisa julgada material somente ocorre com o julgamento de mérito. Portanto, se o juiz não aprecia o mérito, mas apenas deixa de admitir a ação por falta de pressupostos processuais, condições da ação, entre elas, a falta de comprovação, de plano, do direito alegado, é certo que a decisão não será capaz de produzir coisa julgada material, ainda que o juiz utilize o termo *denegação da segurança*.

Portanto, o importante é verificar o teor da decisão. A coisa julgada material pode resultar da sentença concessiva ou denegatória da segurança, desde que o mérito tenha sido apreciado, mediante cognição exauriente e declaração de existência ou inexistência do direito pleiteado. Dessa forma, pouco importa se a sentença do mandado de segurança julgou a ação procedente ou improcedente, a coisa julgada se formará em ambos os casos. Entretanto, não haverá formação de coisa julgada material se o processo tiver sido extinto sem julgamento do mérito, tenha o julgador utilizado, ou não, o termo denegação da segurança.[382]

Ainda sobre a questão do direito líquido e certo, é preciso ressaltar que, excepcionalmente, a Lei de Mandado de Segurança (Lei 1.533/1951), em seu art. 6º, prevê a possibilidade de o mandado de segurança ser admitido sem que todos os documentos estejam juntados na inicial. Essa permissão haverá quando o documento necessário à prova do alegado se ache em repartição ou estabelecimento públicos, ou em poder de autoridade que esteja se recusando a fornecê-lo por certidão. Nesse caso, manda a lei que seja determinada a exibição desse documento, pela autoridade competente, em original ou em cópia autenticada, no prazo de dez dias.[383] Se essa autoridade for também a autoridade coatora, a ordem far-se-á no próprio instrumento da notificação.

Sérgio Ferraz aponta outras exceções, em que haverá a possibilidade de os documentos serem juntados aos autos, após a inicial, como ocorre, por exemplo, quando há a impetração por radiograma ou telegrama. Nesses casos, diz ele, será "impossível a concomitância entre petição inicial e documentação de apoio". Também, por exceção, poderão ser juntados, posteriormente, documentos para fazer contraprova dos fatos trazidos com as informações da autoridade coatora, quando esta oculta ou deforma a verdade.[384]

382. Conforme a opinião de José da Silva Pacheco, *O Mandado de Segurança...*, cit., p. 226.
383. Ver o acórdão inserto na *RSTJ* 30/22.
384. *Mandado de Segurança*, p. 48. Deve-se ressalvar, no entanto, como fez Carlos Mário da Silva Velloso, em conferência inserta na *RePro* 18/167 ("Do mandado de segurança"), que a possibilidade de juntada de documentos como contraprova

Eduardo Alvim, por sua vez, inclui entre as exceções a impetração por telefax. Além disso, salienta que, com relação à contraprova, a juntada de documentos, posteriormente, deve ser admitida sempre que seja necessária para evitar a violação dos princípios do contraditório e da ampla defesa, mas ressalva que a prova deverá ser sempre de natureza documental. Referido processualista inclui, também, entre as exceções a possibilidade de emenda da inicial, juntando a documentação necessária, em cumprimento ao art. 284 do CPC, no prazo de dez dias.[385]

Conforme já salientado anteriormente, reputamos acertada a adoção da regra contida no art. 284 do CPC, ao mandado de segurança, uma vez que esse instituto, como verdadeira ação que é, deve estar sujeito à permissão de regularização da inicial, como ocorre em qualquer ação. Entretanto, não concordamos com Eduardo Alvim no sentido de ser possível conceder, ao impetrante, o prazo do art. 284 do CPC, para a juntada da documentação necessária à propositura da ação. O conceito de direito líquido e certo é rígido, nesse sentido. A prova documental deve vir com a inicial, a não ser nas hipóteses excepcionais, acima verificadas. Trata-se de vício substancial, que não pode ser sanado posteriormente.[386]

3.7.2 Justo receio como condição da ação específica para o mandado de segurança preventivo

O mandado de segurança preventivo tem suporte no art. 5º, inc. XXXV, da Constituição Federal, que reza: "A lei não excluirá da apreciação do Poder Judiciário lesão *ou ameaça a direito*."

deve ser entendida como exceção, que se adota em face de certas peculiaridades, aferidas em cada caso concreto.

385. *Mandado de Segurança...*, cit., p. 95.

386. Nesse sentido, está o acórdão prolatado pelo TJSP no Mandado 203.641, publicado na *RT* 441/65, cuja ementa reza: "Mandado de Segurança – Documentos – Oferecimento no curso do processo. Inadmissibilidade – Inocorrência de exceção a essa regra. A prova no mandado de segurança deve ser produzida com a inicial. Apenas não são oferecidos inicialmente os documentos necessários que se achem em repartição ou estabelecimento público, ou em poder de autoridade que se recuse a fornecê-los por certidão". Da mesma forma, James Eduardo Oliveira, em artigo publicado na *RT* 688/38, intitulado "Juízo de admissibilidade da petição inicial", salienta que: "nem sempre é possível a concessão dos ensejos de emenda ou complementação. Há casos em que o indeferimento impõe-se no primeiro contato do juiz com a inicial, pois algumas falhas são insupríveis... Pode-se deduzir que existem duas ordens de deficiências da inicial a originar duas espécies de decisões. Há defeitos substanciais, que exigem pronto indeferimento, e defeitos não-substanciais, que importam em outorga de lance próprio de correção".

Além disso, a parte final do art. 1º da Lei 1.533/1951 dá suporte legal ao mandado de segurança preventivo quando dispõe que "conceder-se-á mandado de segurança para proteger direito líquido e certo, não amparado por *habeas corpus*, sempre que, ilegalmente ou com abuso de poder, alguém sofrer violação *ou houver justo receio de sofrê-la por parte de autoridade*".

Para se entender o justo receio como condição da ação é preciso saber o que é a preventividade. Esta consiste em evitar a lesão a um direito que se encontra ameaçado. Nesse caso, a lesão ainda não ocorreu, mas existe a ameaça, consubstanciada no justo receio de que venha a ocorrer.

A preventividade não se confunde com a cautelaridade. Esta consiste em garantir a eficácia mais perfeita possível e completa da tutela jurisdicional de conhecimento ou de execução.[387]

Portanto, enquanto na preventividade o que se quer é evitar que a lesão venha a ocorrer, pela cautelaridade se pretende fazer com que a lesão já ocorrida possa obter uma rápida e eficaz reparação.[388]

A noção de preventividade em oposição à cautelaridade torna clara a necessidade de admissão do mandado de segurança preventivo, para hipóteses de ameaça. De fato, pela própria natureza do remédio constitucional, mesmo quando não havia a previsão constitucional, o mandado de segurança preventivo deveria ser admitido para as hipóteses de ameaça.

Entretanto, hoje, não resta dúvida da necessidade de se admitir o mandado de segurança preventivo. De fato, o art. 5º, inc. XXXV, da Constituição Federal prevê expressamente que nenhuma lesão ou *ameaça de lesão* a direito poderá ser subtraída à possibilidade de apreciação por parte do Poder Judiciário, pelo que o mandado de segurança preventivo deve ser admitido para assegurar não o dano já consumado, mas o respeito ao direito em si. Nesse sentido, também é expresso o art. 1º da Lei 1.533/1951.[389]

387. Nelson Luiz Pinto, *Processo Cautelar, Repertório de Doutrina e Jurisprudência*, p. 9.
388. Conforme explana Celso Agrícola Barbi, não há que se confundir medidas preventivas com cautelares, pois: "Enquanto aquelas visam a evitar a lesão de um direito, estas objetivam garantir a efetiva restauração de um direito já lesado, e que a demora do processo poderia prejudicar. É o que se dá, por exemplo, nos seqüestros e arrestos, que encontram o direito já lesado, e que servem apenas para garantir efetivamente a execução da sentença que reconhecer a existência do direito lesado; a ação preventiva é autônoma, enquanto a ação cautelar existe em função de outra, na qual se debate o direito a ser acautelado", *Do Mandado de Segurança*, p. 80.
389. Teresa Arruda Alvim Wambier afirma que "o artigo 5º, XXXV, da Constituição Federal hoje garante de forma expressa e explícita que não poderá ser subtraída à possibilidade de apreciação por parte do Poder Judiciário qualquer lesão ou ameaça

Na verdade, o termo *ameaça* consta do texto constitucional atual e também da lei ordinária sobre mandado de segurança, como constava da norma anterior.

Portanto, tanto o dispositivo constitucional como o legal, ao garantir a tutela contra ameaça a direito, devem ser entendidos como a permissão de levar, ao Poder Judiciário, pretensão não só referente à violação consumada de um direito ou interesse jurídico, mas também em caso de ameaça objetiva e atual de violação desse direito, quando então se buscará prevenir tal violação. Esse é o entendimento constante da declaração aprovada no Congresso Internacional de Direito Comparado, realizado em Bruxelas em 1958.

Celso Agrícola Barbi entende que a expressão "justo receio", constante do art. 1º da Lei 1.533/1951, é inadequada por tratar-se de critério nitidamente subjetivo. Para ele o que deveria ser qualificado é a ameaça, por tratar-se de critério objetivo. Nesse sentido, ele afirma que o justo receio é apenas o reflexo subjetivo desta, e não o elemento para a sua definição.[390]

Buzaid, da mesma forma, entende que o art. 1º da Lei 1.533/1951 deve ser interpretado no sentido de admitir o mandado de segurança preventivo "sempre que o titular do direito líquido e certo tenha justo receio de sofrer ameaça por parte de autoridade, isto é, justo receio de que venha a ocorrer a violação de seu direito. 'O elemento objetivo (ameaça)', escreve Caio Tácito, 'deve ter intensidade bastante para gerar o elemento subjetivo (justo receio), um e outro sintomáticos da ilegalidade ou abuso de poder virtual ou potencial.' Não é suficiente o temor ou receio de que a autoridade exorbite de seus poderes. Para que esse receio se torne justo, é mister que a autoridade tenha manifestado objetivamente, por meio de atos preparatórios ou de indícios razoáveis, a tendência de praticar atos ou omitir-se a fazê-los, de tal forma que, a consumar-se este propósito, a lesão do direito se torne efetiva".[391]

Na verdade, é tradicional no nosso direito o uso da expressão "justo receio" para caracterizar a iminência de violação de um direito e justificar a ida do indivíduo ameaçado a juízo.[392]

de lesão a direito, preceito esse prenhe de conseqüências, dentre as quais está indubitavelmente a necessidade de se admitir o mandado de segurança preventivo, até porque a finalidade deste remédio não é a de reparar um dano já consumado, mas a de assegurar o respeito do direito, em si mesmo. Aliás, a esse respeito, é expresso o art. 1º da Lei 1.533/51" (*Medida Cautelar...*, cit., p. 13).

390. *Do Mandado de Segurança*, p. 80.
391. *Do Mandado de Segurança*, p. 203.
392. Celso Agrícola Barbi, *Do Mandado de Segurança*, p. 82.

Entretanto, como já foi dito, o conceito de "justo receio" analisado em função apenas dessa expressão é subjetivo, permanecendo sempre a dúvida de quando se considerar existente o interesse processual em levar a pretensão a juízo.

Por isso, concordamos com Celso Agrícola Barbi, quando ensina que o conceito de "justo receio", para fins de mandado de segurança, deve ser qualificado pela ameaça. Somente quando existir ameaça real, efetiva, ou seja, objetiva e atual, é que se terá justo receio para impetrar mandado de segurança.[393]

Portanto, a expressão justo receio deve ser analisada como sinônimo de ameaça. A ameaça é que deverá ser justificada de tal modo que dê causa ao justo receio.[394] E essa ameaça deve ser efetiva e real, ou seja, concreta, no sentido de que deve referir-se a uma situação cuja ocorrência hipoteticamente seja possível. Caso isso não ocorra, o mandado de segurança terá por objeto lei em tese e, portanto, deverá ser extinto, sem julgamento do mérito por falta de interesse processual.[395]

Nesse sentido, exigindo o atrelamento a uma situação concreta, está o entendimento da jurisprudência de nossos tribunais.[396]

393. Vejamos a lição do mestre: "A nosso ver, sem descumprir a lei, pode-se introduzir um critério objetivo na apreciação da ameaça: teremos então que o receio deve ser considerado justo quando a ameaça de lesão revestir-se de determinadas características. E estas são justamente as constantes da citada Declaração do Congresso Internacional, isto é, a ameaça deve ser objetiva e atual. Entendemos que a ameaça será *objetiva* real, traduzida por fatos e atos, e não por meras suposições; e será *atual* se existir no momento, não bastando que tenha existido em outros tempos e haja desaparecido. A 'ameaça' que tiver essas duas características, segundo o prudente arbítrio do juiz, será então capaz de produzir o 'justo receio' a que se refere a lei. Na falta de algum daqueles requisitos, a ameaça será inábil para causar a modalidade de receio que a legislação exige para justificar o ingresso em juízo" (*Do Mandado de Segurança*, p. 82).
394. Conforme Alberto Deodato Maia Barreto Filho, "Mandado de segurança preventivo e lei em tese", in Aroldo Plínio Gonçalves (Coord.), *Mandado de Segurança*, p. 40.
395. Sobre a necessidade de ameaça concreta, Eduardo Arruda Alvim ensina que "desse modo, a impetração, ainda que preventiva, deve referir-se a uma situação concreta, de ocorrência hipotética absolutamente aceitável, sob pena de o mandado de segurança estar voltado contra a lei em tese, o que deve, inexoravelmente, conduzir à sua extinção sem julgamento do mérito (Súmula 266 do STF). Com efeito, inexiste interesse processual na impetração de mandado de segurança contra a lei, sem que haja atrelamento a uma situação concreta" (*Mandado de Segurança...*, cit., p. 136).
396. Os seguintes julgados demonstram que a jurisprudência exige o atrelamento a uma situação concreta: "Para viabilizar o mandado de segurança preventivo, é necessária a ocorrência de situação concreta e objetiva indicativa de iminente lesão a direito líquido e certo (TFR, 5ª Turma, AMS 112.033-SP, rel. Min. Torreão Braz,

O justo receio é conceito vago porquanto indeterminado, cabendo ao juiz a interpretação de seu significado.

Entretanto, ao se entender o justo receio como ameaça objetiva e atual, este deixa de ser conceito indeterminado e subjetivo e passa a ter significado objetivo, podendo, a partir daí, constituir questão de fato, a ponto de não ensejar o cabimento do recurso especial.[397]

O justo receio caracterizado como ameaça efetiva e real, objetiva e atual não pode ser apenas inferido, pelo que deve ser comprovado documentalmente.

Nesse sentido, Celso Agrícola Barbi afirma que "a ameaça será 'objetiva' quando 'real', traduzida por fatos e atos e não mera suposição; e será 'atual' se existir no momento, não bastando que tenha existido em outros tempos, e haja desaparecido".[398]

A jurisprudência de nossos tribunais também tem entendido que "no mandado de segurança preventivo a grave ameaça tem que vir comprovada quando da impetração".[399]

---

j. 22.6.1988, v.u., *apud Boletim do TFR* 158/23)" (*CPC e Legislação Processual em Vigor*, Saraiva, 29ª ed., p. 1.171, Theotonio Negrão).

"O justo receio a que alude o art. 1º da Lei 1.533/51 para justificar a segurança há que revestir-se dos atributos da objetividade e da atualidade. Naquela, a ameaça deve ser traduzida por fatos e atos, e não por meras suposições, e nesta é preciso que exista no momento, não bastando tenha existido em outros tempos e desaparecido"(*RT* 158/23).

"Mesmo no mandado de segurança preventivo, não basta o simples risco de lesão a direito líquido e certo, com base o simples risco de lesão a direito líquido e certo, com base apenas no julgamento subjetivo do impetrante. Impõe-se que a ameaça a esse direito se caracterize por atos concretos ou preparatórios de parte da autoridade impetrada, ou ao menos indícios de que a ação ou omissão virá a atingir o patrimônio jurídico da parte (STJ, *RDA* 190/71, maioria)" (*CPC e Legislação Processual em Vigor*, Saraiva, 29ª ed., p. 1.171, Theotonio Negrão).

"É cabível o mandado de segurança se a lei gera situação específica e pessoal, sendo, por si só, causa de probabilidade de ofensa a direito individual" (STJ, 2ª Turma, REsp 1.482, rel. Min. Vicente Cernicchiaro, *DJU* 18.12.1989).

"Para viabilizar o mandado de segurança preventivo, é necessária a ocorrência de situação concreta e objetiva indicativa de iminente lesão a direito líquido e certo" (TFR, 5ª Turma, AMS 112.033-SP, rel. Min. Torreão Braz, j. 22.6.1988, v.u., *apud Bol. do TFR* 158/23). No mesmo sentido: *RSTJ* 109/37.

397. Nesse sentido está o acórdão do STJ, proferido no REsp 17.037-0-PE, tendo sido relator o Min. Demócrito Reinaldo, j. 1.6.1994, *DJU* 27.6.1994, p. 16.894, de cuja ementa constou que "'justo receio' é questão de fato. Não autoriza recurso especial".

398. *Do Mandado de Segurança*, p. 82.

399. É o que demonstra o julgado inserto na (*RSTJ* 46/525), cuja ementa reza: "No mandado de segurança preventivo a grave ameaça tem que vir comprovada quando da impetração".

O justo receio representa, no processo de mandado de segurança preventivo, o papel de caracterizar o interesse processual. De fato, inexistente ameaça concreta, é certo que também não haverá necessidade da providência pleiteada por meio do mandado de segurança.[400]

Inexistindo qualquer correlação entre o objeto da segurança e a particular situação do impetrante, inexiste necessidade da ordem, pelo que faltará interesse processual.

A falta de justo receio no mandado de segurança preventivo causa a extinção do processo, sem julgamento do mérito, por falta de condição da ação.

Por outro lado, o justo receio deve emergir da prova da certeza e não da mera probabilidade.

De fato, como já visto, mesmo nos casos de mandado de segurança contra lei, é preciso que exista um ato concreto praticado em obediência a essa lei, pela Administração, para que seja passível o mandado de segurança.[401]

Portanto, tendo em vista que o justo receio é caracterizado ante um ato injusto, do qual decorre o risco passível de dano, deve existir prova de certeza e não mera probabilidade.

Entendemos que não poderia ser admitido mandado de segurança preventivo contra o ajuizamento de ação executiva, com teor de ajuizamento de ação anulatória de título executivo. Isso porque o direito de ação é direito constitucionalmente assegurado que não pode ser retirado, nem mesmo da Administração, pelo mandado de segurança. Jamais se poderia conceber que o impetrante tivesse direito líquido e certo de impedir o ajuizamento de ação executiva por parte do fisco. De fato, não se pode presumir que a futura ação anulatória de título executivo terá resultado satisfatório. Ela poderá ser julgada improcedente. Da mesma forma, a só propositura da ação executiva não traria ao impetrante risco de lesão irreparável. Caberia na hipótese ao contribuinte se defender da

---

400. Nesse sentido, Teresa Arruda Alvim Wambier ensina que: "Esse caráter genérico (ou não) da lei, que faz com que os particulares possam socorrer-se do Judiciário antes mesmo da configuração da lesão (no caso de a lei ter um caráter específico), inclui-se na categoria processual do interesse de agir" (*Medida Cautelar...*, cit., p. 16).

401. Buzaid, sobre o assunto, afirma que: "Assim como na violência consumada, a que o juiz atende reparando o direito, também na ameaça ou expectativa de violência, ter-se-á sempre um dado objetivo que se caracteriza no ato ou omissão de autoridade" (*Do Mandado de Segurança*, p. 203).

ação executiva por meio da ação de embargos à execução, ou da exceção de pré-executividade.[402]

Quando se tratou do interesse processual, bem como da impossibilidade jurídica do pedido, com relação à impetração de mandado de segurança contra lei em tese, fez-se uma ressalva com relação à lei de efeitos concretos, a qual permitiria a impetração.

Lei de efeitos concretos são aquelas que não contêm apenas regras de conduta genéricas e abstratas, mas atuam concreta e imediatamente como qualquer ato administrativo.

Hely Lopes Meirelles exemplifica o que se deve entender por leis e decretos de efeitos concretos, como sendo "aqueles que trazem em si mesmos o resultado específico pretendido, tais como as leis que aprovam planos de urbanização, as que fixam limites territoriais, as que criam municípios ou desmembram distritos, as que concedem isenções fiscais; as que proíbem atividades ou condutas individuais; os decretos que desapropriam bens, os que fixam tarifas, os que fazem nomeações e outros dessa espécie".[403]

E referido Autor complementa seu raciocínio afirmando que as leis e os decretos de índole proibitiva são sempre de efeitos concretos.[404]

Entretanto, no mandado de segurança contra lei de efeitos concretos, o que se impugna não é a lei em si, mas sim o ato administrativo veiculado pela lei, o qual, no entanto, não se reveste do caráter de generalidade e abstração que caracteriza a lei, por isso de efeitos concretos.[405]

---

402. Nesse sentido está o entendimento da jurisprudência: "Impossibilidade de utilização da via mandamental como substituto de embargos do devedor ou de ação anulatória de débito fiscal. Inscrita a dívida e prestes a ser ajuizada a execução, incabível o mandado de segurança para desconstituí-la" (TFR-Pleno, MS 88.098-DF, rel. Min. Miguel Ferrante, j. 16.2.1989, denegaram a segurança, maioria, *DJU* 15.5.1989, p. 7.900, Theotonio Negrão, *CPC*..., 29ª ed., p. 1.172).

403. *Mandado de Segurança*..., cit., p. 41.

404. Idem, ibidem.

405. Conforme Eduardo Arruda Alvim, *Mandado de Segurança*..., cit., pp. 147-148. O Autor exemplifica esse raciocínio de forma clara: "É possível impetração de mandado de segurança para importarem-se veículos usados, mesmo que o fato apto a desencadear a incidência da norma proibitiva ainda não tenha ocorrido, pois em face de Portaria do Decex há justo receio de que se vá impedir a entrada do bem no País. Mesmo que o automóvel já esteja em trânsito, ainda que apenas uma simples guia de importação já tenha sido emitida, cabe a impetração preventiva... Mas se o impetrante quiser ajuizar mandado de segurança visando, indiscriminadamente, a importação de carros usados, o mandado de segurança será, evidentemente, normativo, não se podendo dizer que exista, da óptica do impetrante, justo receio, apto a viabilizar a impetração preventiva" (ibidem, p. 149).

Essa possibilidade de a lei ter efeitos concretos é que diferencia o mandado de segurança preventivo da simples impetração contra lei em tese, o que tornaria o pedido juridicamente impossível.[406]

No entanto, a questão referente ao cabimento do mandado de segurança contra lei em tese não é tão simples, justamente porque há leis de efeitos concretos, ou seja, leis que do ponto de vista substancial e materialmente são atos administrativos, como ocorre com o ato legislativo que declara ser determinado bem de utilidade pública para fins de desapropriação.

Nesses casos, é preciso saber se a lei pode ser objeto de mandado de segurança, ou se seria necessário que ela fosse concretamente aplicada, violando o direito, para que somente assim possa ser objeto de mandado de segurança.

Concordamos com Teresa Arruda Alvim Wambier, que entende cabível o mandado de segurança contra lei se esta produzir efeitos sem necessitar de um ato administrativo intermediário, como as normas proibitivas, citando como exemplo aquelas que proíbem o exercício de certa profissão, em que o interessado estará se insurgindo contra o seu direito de exercer a profissão e não contra a lei em tese (direito objetivo).[407]

---

406. Nesse sentido, o julgado inserto na *RSTJ* 69/105, cujo relator foi o Min. César Rocha, deixou assente que: "o mandado de segurança preventivo não se confunde com o mandado de segurança contra lei em tese. Neste, pede-se a segurança quando inexistente situação fática necessária à incidência da lei autorizadora da prática de ato tido por ilegal. Naquele evidencia-se a configuração da situação de fato ensejadora da prática do ato supostamente ilegal, dispondo o impetrante justo receio, autorizador do mandado de segurança preventivo, de que o ato venha a ser praticado".

407. Vale a pena transcrever a lúcida explicação de Teresa Arruda Alvim Wambier: "A nosso ver, pois, o que cumpre frisar é que a circunstância de o ato legislativo poder ser vulnerado, quando ofende direito líquido e certo do autor, pela via do mandado de segurança, depende não só de que a aplicação da lei esteja subordinada à prática de um outro ato (sendo que neste caso, é contra este ato que deve a parte insurgir-se por meio do Mandado de Segurança), mas principalmente porque a lei que se queira atacar tenha como destinatário alguém ou um grupo determinado, e que isto seja, também, provável de plano. Assim, um médico jamais poderia insurgir-se contra uma lei absurda que proibisse o exercício da advocacia, porque não teria nem mesmo justo receio de que seu direito fosse violado e, de outro lado, seria impossível que a concretização de lei viesse a influir em sua esfera jurídica. Esse caráter genérico (ou não) da lei, que faz com que particulares possam socorrer-se do Judiciário antes mesmo da configuração da lesão (no caso de a lei ter um caráter específico) influi na categoria processual do interesse de agir. Assim, se houvesse uma lei que, genericamente, proibisse as pessoas de expressarem suas idéias políticas em praças públicas, poder-se-ia pensar na hipótese de um político, às vésperas da eleição, valer-se do *writ*, para que esta lei não atrapalhasse sua campanha. É preciso, diz Celso Bastos,

Nessa mesma linha de raciocínio está o voto do Min. Moreira Alves, que vale a pena ser transcrito: "Improcede o inconformismo da agravante. Com efeito, na inicial, sustentou a ora agravante que 'é inegável o efeito concreto do decreto em questão, pois os administradores públicos devem negociar a conversão para URV, dos contratos, dentro de 15 dias (art. 1º, § 2º) e, se caso não for aceita a proposta pelo contratado, poderão rescindir os contratos vigentes (art. 9º)' (fl.). Por isso, no despacho agravado, salientei: Não tem razão a esse respeito a impetrante. Lei ou decreto de efeitos concretos são os que produzem efeitos imediatos, sem a necessidade da prática de qualquer ato administrativo específico, não contendo, portanto, mandamentos genéricos e, conseqüentemente, regras abstratas de comportamento, mas atuando concreta e diretamente como ato administrativo. Ora, no caso, o Decreto n. 1.110, de 13 de abril de 1994, estabelece normas genéricas sobre a conversão para a Unidade Real de Valor dos contratos para aquisição de bens e serviços em que forem contratantes órgãos e entidades da Administração Federal direta e indireta a serem observadas pelas autoridades competentes, mediante atos concretos a serem praticados por elas, com efeitos deles decorrentes e não do Decreto em causa, que por isso mesmo não é equiparável a ato administrativo concreto. Aplica-se, portanto, à espécie o princípio que resulta da Súmula 266: 'Não cabe mandado de segurança contra lei em tese'".[408]

Desses doutos entendimentos, conclui-se que para que o mandado de segurança seja cabível é preciso que a própria lei traga em seu bojo o ato violador de direito líquido e certo. Se a lei depender da prática de qualquer ato para efetivar a violação, não será considerada lei de efeitos concretos, sendo juridicamente impossível o mandado de segurança.

'demonstrar-se a especial incidência da norma sobre o requerente da medida (...) Para cabimento desta, há que se demonstrar que, embora o direito individual não tenha sido lesado, o impetrante já está sob o especial foco de uma ameaça aferida a partir de dados objetivos'. A mera promulgação da lei, pois, em certos casos, pode levar a que o particular tenha justo receio de ver ofendido seu direito líquido e certo. Entretanto, quão mais genérico seja o enunciado da lei correlatamente, de forma mais nítida surgirá a necessidade que da lei decorra um ato administrativo que ofenda direito líquido e certo, para que possa a parte a este ato e não à lei, propriamente dita, atacar pela via do Mandado de Segurança. Assim, se se tem uma lei, cujos destinatários sejam toda a população de um Estado, que proíba se manifestem opiniões políticas em público, não haverá justo receio por parte de uma pacata dona de casa, de ofensa a direito líquido e certo, passível de ser afastado pela via do mandado de segurança. Mas, em contrapartida, havendo uma lei que proíba aos artistas de contarem, em seus shows, piadas políticas, estes sim terão justo receio de que a lei lhes viole direito, podendo lançar mão do *writ*, antes mesmo que se consume a ofensa" (*Medida Cautelar:...*, cit., pp. 15-16).

408. Acórdão prolatado no AgRg em MS 22.035, inserto na *RTJ* 161/154.

A jurisprudência tem admitido o mandado de segurança quando há lei de efeitos concretos.[409]

É preciso salientar, ainda, que há casos em que, embora seja a lei inconstitucional, o administrador não deixará jamais de aplicá-la. Assim, nesses casos, surge o justo receio de sofrer lesão, o que possibilita a impetração do mandado de segurança preventivo.[410]

409. Ver, por exemplo, os arestos insertos na *RF* 194/118; *RDA* 55/174; 57/198; 61/214; *RT* 229/367; 243/114; 250/290; 271/497; 276/508; 306/308; 313/130; 319/93; julgado proferido nos EDclREsp 40.055-4-SP, pelo STJ, rel. Min. Antônio de Pádua Ribeiro, *DJU* 9.6.1997, p. 25.494.; *RSTJ* 2/170 e 21/202.

410. Nesse sentido decidiu o STJ no acórdão inserto na *RSTJ* 90/78, prolatado no REsp 72.751-SP (Reg 95.0042837-7), em que foi relator o Min. Milton Luiz Pereira, cuja ementa reza: "Mandado de segurança. Preventivo. Processual Civil Adequação. FINSOCIAL. Legislação tributária de efeitos objetivos. Lei n. 1.533/51 (art. 1º). CPC, art. 267, VI. Decreto-Lei 1.940/1982. Súmula 266/STF. A lei formal pode, em sentido material, ter efeitos concretos, evidenciando ameaça concreta a direito do contribuinte, criando situação de 'ameaça'. Nessa hipótese, o pedido não tem índole normativa ou declaratória. 1. O justo receio decorre da potencialidade dos efeitos da lei, que não pode ser ignorada ou descumprida pelo agente fiscal, que impõe a exação. 2. Adequada a impetração, o indeferimento liminar da petição constitui ilegalidade, *facies* viabilizados do Mandado de Segurança Preventivo. 3. Recurso improvido".

Vale a pena transcrever trechos do acórdão: "Sem enganos, cuida-se de *mandamus* preventivamente impetrado para impedir a incidência da contribuição para o FINSOCIAL (Decreto-Lei n. 1.940/82), como fundamento, alteando a inconstitucionalidade da exação. Sucedeu que, sob a afirmação de que a pretensão voltava-se para a interpretação e constitucionalidade de lei em tese, a inicial foi liminarmente indeferida (fl.), provocando a apelação provida cônsono sumariado na ementa do verrumado v. Acórdão, *verbis*: 'Constitucional. Processual Civil. Mandado de Segurança Preventivo. Cabimento. 1. Evidenciando-se ameaça concreta a direito do contribuinte da incidência do Decreto-Lei n. 1.940/82, contestada ante a Constituição Federal de 1988, cabível a impetração de mandado de segurança para afastar a ameaça de lesão. Sentença indeferitória da inicial: sua reforma para determinar-se o processamento regular do *writ*. 2. Apelação provida'.

"O recurso, sob as alvíssaras do art. 105, III, 'a', 'c', Constituição Federal, afirmando que foram contrariados o art. 1º, Lei n. 1.533/51, e o art. 267, VI, CPC, presentes os requisitos de admissibilidade, merece ser conhecido.

"Alumiada a via para o exame, de plano, parece-me incensurável a fundamentação do substancioso voto condutor, lavrado pelo eminente Juiz Fleury Pires, a dizer: 'A controvérsia posta nestes autos é passível de deslinde através de mandado de segurança, não se cuidando de postulação normativa ou de natureza declaratória, nem volta-se a impetração contra lei em tese, estando presente, outrossim, interesse legítimo da impetrante e pedido juridicamente possível. Pretende-se ordem mandamental que afaste os efeitos concretos, em relação a contribuinte especificado, das disposições do Decreto-lei n. 1.940/82, contestado em face da vigente ordem constitucional. Há, assim, perfeitamente individualizada, situação objetiva individual, circunscrevendo os limites da prestação jurisprudencial e, não, pedido de índole

Eduardo Alvim, sobre o assunto, assevera que: "Não vimos nas pesquisas por nós realizadas uma única decisão administrativa, sequer, que tivesse deixado de aplicar a lei, por considerá-la contrária à Constituição,

normativa ou declaratória. Ainda que o pedido inclua prestações ou parcelas futuras, ainda não individualizadas, poderia a pretensão ser restringida à parcela ou parcelas com vencimento imediato. Mas não justificaria o indeferimento, de plano, da inicial, à luz do art. 8º da Lei n. 1.533/51. O fato de o contribuinte não ter sido ainda autuado ou, ainda, de lhe ser facultado o recurso administrativo, não retira o direito à utilização do mandado de segurança preventivo. É que o receio justo de sofrer lesão de direito decorre inquestionavelmente da aplicação do Decreto-lei n. 1.940/82 e legislação posterior, de incidência imediata. Logo, a pretensão de não recolher a contribuição para o FINSOCIAL com base na legislação vigente, consubstancia postulação contra execução de normas jurídicas relativamente a fatos certos e determinados, preventivamente. Tal pedido é juridicamente possível à luz do art. 5º, LXIX, da Constituição e art. 1º, *caput*, da Lei 1.533/51. Não se há exigir prévia autuação fiscal para legitimar a impetração da segurança preventiva, como é curial. De outra parte, a circunstância de o pedido inicial conter, incidentalmente, declaração de inconstitucionalidade de norma jurídica, não significa que se trate de impetração contra lei em tese, em ordem a afastar o cabimento do *writ*, ante o enunciado da Súmula 266 do Excelso Pretório. É que, como salientado, a impetração não objetiva pura e simplesmente a declaração de inconstitucionalidade ou ilegitimidade de norma jurídica. Assim fosse, estaria atacando norma em tese. A impetração, entretanto, tem por objetivo situação individual, objetiva e concreta, qual seja, de não recolher a contribuição para o FINSOCIAL, relativa a período ou períodos que podem ser individualizados. Reclama a inicial, portanto, controle da constitucionalidade de normas pela via de exceção ou de defesa e, não, por via de ação direta. Preleciona Celso Bastos que 'na via de exceção ou de defesa, o que é outorgado ao interessado é obter a declaração de inconstitucionalidade somente para efeito de eximi-lo do cumprimento da lei ou ato, produzidos em desacordo com Lei Maior. Entretanto, este ato ou lei permanecem válidos no que se refere à sua forma obrigatória com relação a terceiros' e, mais adiante, pondera que 'a via de defesa é instrumento de garantia dos direito subjetivos' (*Curso de Direito Constitucional*, ed. Saraiva, 1979, p. 59). Assim, não há cogitar de impetração contra lei em tese, sendo adequada a ação mandamental para os fins colimados na inicial. Receio justo de violação de direito, capaz de autorizar a impetração do mandado se segurança preventivo, é aquele que tem por pressuposto uma ameaça, objetiva e atual, a direito, apoiada em fatos e atos e não em meras suposições, fatos e atos esses atuais, ficando a cargo do prudente critério do Juiz a verificação da ocorrência desses requisitos. É a lição de Celso Barbi (*Do Mandado de Segurança*, 1976, pp. 106-108). No caso dos autos, como salientado, tais requisitos estão presentes, não se justificando possa prosperar a decisão recorrida' (fls.). Com efeito, a impetração confrontou lei de efeito objetivo e não ato normativo de efeitos reflexíveis ou gerais, de modo a provocar julgamento de perfil concreto. A pretensão, pois, não fustigou lei em tese (Súmula 266/STF), mas, isto sim, ameaça ao direito da parte impetrante. Enfim, o elemento objetivo (ameaça) tem suficiente intensidade para gerar o elemento subjetivo (justo receio). Afinal, a autoridade administrativa fiscal não pode ignorar ou descumprir a lei, por isso, dispondo de poder potencial para impor a exação, criando o receio de exigência acoimada de inconstitucional, com virtual lesão ao direito do contribuinte."

ou ainda, que tivesse deixado de aplicar diploma normativo infra-legal, por considerá-lo contrário à lei ou à Constituição".[411]

É preciso ressalvar, inclusive, que o mandado de segurança preventivo tem especial aplicação em matéria tributária, tendo em vista as peculiaridades que cercam o ato administrativo do lançamento tributário.[412]

3.8 Ilegalidade e abuso de poder: questão de mérito

Tanto o inc. LXIX do art. 5º da Constituição Federal quanto a Lei 1.533/1951 exigem a presença de ilegalidade e abuso de poder, para a concessão do mandado de segurança. Alguns doutrinadores, por isso, encartam esses requisitos como pressupostos de admissibilidade do mandado de segurança, como é o caso de Alfredo Buzaid[413] e Celso Agrícola Barbi.[414]

Entretanto, tendo em vista as considerações já feitas, quando se tratou da causa de pedir do mandado de segurança, não há como dissociar a ilegalidade ou abuso de poder do mérito,[415] pelo que não podem esses requisitos ser encartados na categoria das condições da ação, mas sim de mérito. Ora, se inexistir prática de ato (incluindo-se aqui a omissão), ou pelo menos a ameaça de prática de ato, eivado de ilegalidade ou abuso de poder, pelo Poder Público, a ação de mandado de segurança deverá ser julgada improcedente. É evidente que, somente quando da prolação da sentença, se poderá dizer se o ato da autoridade foi praticado com ilegalidade ou abuso de poder, sendo, pois, matéria de mérito do mandado de segurança.

Ressalte-se, no entanto, que, se o juiz, no exame final, de cognição completa, verificar que nem a plausibilidade da ocorrência da ilegalidade e abuso de poder chegou a existir, ele deverá extinguir o processo sem julgamento do mérito, por falta de condição da ação, qual seja, interesse processual. Mas, se, ao final, depois de analisados os argumentos das informações, verificar que, mesmo sendo plausíveis as alegações do impetrante, não houve por parte da autoridade qualquer lesão a direito, ou ameaça de lesão, praticadas com ilegalidade ou abuso de poder, deverá negar a segurança, julgando a questão pelo mérito.

411. *Mandado de Segurança...*, cit., p. 142.
412. Idem, ibidem, p. 135.
413. *Do Mandado de Segurança*, p. 107.
414. *Do Mandado de Segurança*, p. 62.
415. Nesse sentido está a opinião de Vicente Greco Filho, *Tutela Constitucional...*, cit., p. 165.

Capítulo III
NOTAS CONCLUSIVAS

Nesta monografia objetivamos estudar os aspectos processuais relativos à admissibilidade do mandado de segurança. Para tanto, partimos da premissa básica, norteadora de todo o desenvolvimento do trabalho, de que o mandado de segurança é verdadeira ação. A partir daí, com apoio na análise das diversas posições adotadas pela doutrina e jurisprudência, chegamos às seguintes conclusões, as quais transcrevemos à guisa de resumo:

1. O mandado de segurança é garantia constitucional, mas não pode ser visto unicamente sob esse aspecto. É certo que o mandado de segurança está previsto na Constituição Federal como instrumento de efetividade das garantias fundamentais ali inseridas. Entretanto, por se caracterizar como exercício de prestação da tutela jurisdicional, é ação, pelo que deve ser estudado dentro da Teoria Geral do Processo.

2. O mandado de segurança é ação de conhecimento, de procedimento especial. O rito não é apenas sumário, como uma ação comum de procedimento sumário. O procedimento do mandado de segurança é bem mais célere, não se admitindo fase de dilação probatória. A prova deve ter sido pré-constituída, pelo que deve ser somente a documental. Entretanto, a cognição é exauriente, porquanto a dilação probatória somente não ocorre porque o direito já deve estar provado por meio de documentos.

3. A natureza jurídica da ação de mandado de segurança é mandamental porque a sentença proferida nessa ação é uma ordem a ser observada pela autoridade coatora. O juiz, no mandado de segurança, ordena, manda, não se limitando a condenar. Além disso, não se poderá converter o não cumprimento da ordem em perdas e danos. Isso porque a ação de mandado de segurança veicula garantia *in natura*, ou seja, objetiva-se conceder o próprio pedido, a própria obrigação. Essa característica é que leva à conclusão de se tratar de ação mandamental e não de ação executiva *lato sensu*. Ademais, caso a autoridade coatora não cumpra a ordem determinada pelo juiz, poderá incorrer no crime de desobediência ou até em crime de responsabilidade. Por isso, o não cumprimento da ordem não tem o condão de possibilitar a não satisfação do direito em conversão em perdas e danos. Isso, porém, não significa que não se possa utilizar, na execução do mandado, de medidas sub-rogatórias, próprias da execução de obrigações de fazer e não fazer, previstas no art. 461 do CPC, como são a cominação de multa e a busca e apreensão. Por isso, no mandado de segurança não existe a necessidade de um processo de execução, bastando ao juiz oficiar a autoridade impetrada, transmitindo-lhe a ordem de fazer ou não fazer. Caso a autoridade impetrada descumpra tal ordem, cometerá crime de desobediência.

4. A sentença, no mandado de segurança, tem carga preponderantemente mandamental. Porém, a ação de mandado de segurança poderá veicular, embora com eficácia reduzida, pedidos declaratórios, constitutivos ou condenatórios, conforme o tipo de providência pleiteada. Há, inclusive, pequena carga *executiva lato sensu*.

5. Conseqüentemente, no mandado de segurança estão presentes os elementos da ação, quais sejam, partes, pedido e causa de pedir. Partes são o impetrante e o Poder Público. Quanto ao objeto imediato, podem-se veicular pedidos declaratórios, condenatórios e constitutivo. No que se refere ao objeto mediato, o pedido é a eliminação do chamado ato coator, incluindo-se nesse conceito tanto os atos da Administração como os do Legislativo e do Judiciário. Os atos políticos podem ser objeto do mandado de segurança, se forem lesivos ao direito subjetivo de alguém, se ferirem a Constituição Federal ou se tiverem transposto os limites legais. Os comportamentos administrativos, tanto omissivos como comissivos, materiais ou jurídicos, também são passíveis de mandado de segurança. Não se incluem os atos disciplinares e a lei em tese. Quanto à causa de pedir do mandado de segurança, consubstancia-se na ilegalidade e no abuso de poder praticados pelo Poder Público.

6. O Código de Processo Civil tem aplicação subsidiária ao instituto do mandado de segurança, no que não for incompatível com o rito estabelecido pela Lei 1.533/1951. Portanto, conclui-se que:

a) A apelação ofertada contra sentença que indeferir liminarmente a inicial do mandado de segurança possibilita o juízo de retratação previsto no art. 296 do CPC.

b) Aplicam-se as regras gerais dos prazos e sua contagem.

c) As informações da autoridade coatora têm natureza jurídica de defesa, a qual não se prende somente aos fatos, mas também ao direito. Não podem veicular confissão nem reconhecimento da procedência do pedido. Também não ocorrem os efeitos da revelia.

d) Aplicam-se as regras do litisconsórcio. Entretanto, quanto ao pólo ativo, a formação somente pode se dar com a inicial. No pólo passivo não se aplica o art. 191 do CPC.

e) Cabe assistência, mas não as demais modalidades de intervenção de terceiros.

f) A prova no mandado de segurança se circunscreve à *documental lato sensu*. A autoridade coatora pode juntar documentos com as informações, mas deve-se dar ciência ao impetrante para manifestação.

g) Não há oportunidade para o impetrante manifestar-se sobre questões preliminares ou fatos extintivos, modificativos ou impeditivos argüidos nas informações.

h) Não são cabíveis os incidentes de falsidade, declaratória incidental e atentado. Cabe exceção de incompetência relativa, mas de forma diferenciada. As hipóteses de suspensão do processo são aplicadas na medida em que não retirem a característica da celeridade, essencial ao mandado de segurança.

i) A liminar concedida em mandado de segurança tem natureza jurídica de antecipação de tutela, prevista no art. 273 do CPC, e não natureza cautelar.

j) É permitida a cumulação de ações no mandado de segurança, desde que compatíveis entre si, atendendo aos requisitos impostos pelo art. 292, § 1º, do CPC.

k) No caso de a ação ser julgada procedente é cabível a condenação em honorários advocatícios no mandado de segurança. Se improcedente, deverá haver condenação apenas quando for comprovada a má-fé. As custas também são devidas pelo vencido.

l) O estabelecimento do prazo de 120 dias para impetração é constitucional porque não retira o direito subjetivo eventualmente amparável pelo remédio. Esse prazo é de decadência.

m) Os recursos previstos no Código de Processo Civil são perfeitamente aplicáveis ao instituto do mandado de segurança. Assim, cabe apelação, agravo, embargos infringentes, embargos de declaração e demais recursos no mandado de segurança.

n) O art. 558 do CPC pode ser aplicado ao mandado de segurança para possibilitar a concessão de efeito suspensivo ao recurso de apelação. Essa norma não é incompatível com o art. 4º da Lei 4.348/1964, mas apenas a complementa.

o) Incide o art. 475 do CPC no mandado de segurança.

7. O mandado de segurança, seja individual ou coletivo, se classifica como tutela diferenciada, porquanto se trata de um procedimento célere, que dispensa dilação probatória, em que se pode obter antecipação da tutela, permitindo alcançar de forma satisfatória a sua efetividade.

8. Nosso entendimento é o de que, no processo civil, há a incidência da teoria do trinômio. Os pressupostos processuais e as condições da ação constituem o juízo de admissibilidade da ação e do processo e devem ser analisados antes do julgamento de mérito, justamente porque são requisitos mínimos, necessários e essenciais, para possibilitar o exame de fundo sobre o direito pleiteado.

9. A ação de mandado de segurança é instrumentalizada por meio de um processo, ou seja, de uma relação jurídica processual, a qual, para existir e se constituir validamente, necessita de determinados requisitos formais, quais sejam, os pressupostos processuais.

10. O mandado de segurança, como qualquer ação, deve ser iniciado por meio de uma petição inicial, pois o Poder Judiciário, em decorrência do princípio da demanda, não age sem provocação do interessado.

11. A citação do réu da ação de mandado de segurança, qual seja, a pessoa jurídica de direito público, é realizada por meio de notificação feita à autoridade coatora, na qualidade de presentante. O escopo do legislador de assim determinar foi apenas de simplificar o processo. A notificação produz todos os efeitos do art. 219 do CPC.

12. A petição inicial da ação de mandado de segurança deve ser encaminhada a órgão investido de jurisdição.

13. O requisito da imparcialidade deve ser exigido do juiz no mandado de segurança, sob pena de ferir o princípio do devido processo legal. É possível ao órgão julgador manter sua isenção porque, em primeiro lugar, trata-se de outro órgão do Poder Público. Ao depois, porque existem mecanismos na lei para controlar e manter a isenção do juiz.

14. A capacidade postulatória é exigida do impetrante do mandado de segurança, ao contrário do que ocorre com o instituto do *habeas corpus*.

15. Os requisitos da inicial, no mandado de segurança, são os mesmos estabelecidos pelos arts. 282 e 283 do CPC. O único requisito da inicial que não precisa constar no mandado de segurança é aquele referente às provas, uma vez que o mandado de segurança deve ser comprovado de plano, não havendo dilação probatória. A prova é só documental, e deve ser juntada com a inicial. Entretanto, na hipótese de os documentos necessários à comprovação do direito líquido e certo se encontrarem em poder de autoridade, estabelecimento ou de repartição pública, é necessário constar, na inicial, o requerimento para expedição de ofício requisitando a referida documentação, no prazo de dez dias, nos termos do art. 6º, parágrafo único, da Lei 1.533/1951.

16. O valor da causa, no mandado de segurança, é determinado de acordo com as regras dispostas no Código de Processo Civil. Tendo em vista que o mandado de segurança visa à concessão da prestação *in natura* do direito pleiteado, incapaz de ser convertida em valor pecuniário, é causa de valor inestimável, que será impossível de ser quantificado. Entretanto, é certo que, conforme o art. 258 do CPC, deve-se atribuir valor à causa, mesmo nesses casos. Assim, no mandado de segurança, o valor da causa deverá ser aquele que for estimado pelo impetrante e que represente, aproximadamente, o valor do dano cuja reparação se requer.

17. É possível a impugnação ao valor da causa no mandado de segurança já que não há nada no sistema que impeça a utilização dessa defesa indireta contra o processo, inclusive porque a impugnação ao valor da causa não suspende o processo, pelo que, a rigor, inexistiriam prejuízos para a celeridade que este deve ter. No entanto, nas causas de valor inestimável, como ocorre no mandado de segurança, deve-se aceitar o valor que for estimado pelo autor, somente havendo necessidade de impugnação quando este for exorbitante ou abusivo. É certo que, no mandado de segurança, a não ser para fixação de custas processuais, o valor da causa não possui qualquer efeito prático.

18. Por outro lado, também no mandado de segurança, se estiverem presentes algumas das hipóteses de indeferimento da inicial, dispostas no art. 295 do CPC, notadamente no seu parágrafo único, o processo não terá condições de seguir seu curso.

19. No mandado de segurança, como em qualquer processo, deve-se admitir a concessão do prazo previsto no art. 284 do CPC, para regularizar a inicial. De fato, o autor deve ter direito a regularizar a inicial a fim de obter a segurança. A demora que tal benefício venha a causar ao processo somente prejudicará o próprio impetrante. Entretanto, tal prazo não poderá ser concedido com o objetivo de juntar os documentos necessários para obter a comprovação do direito líquido e certo, uma vez que o mesmo deve ser comprovado de plano, ou seja, com a própria inicial.

20. Como em qualquer outra ação, para que o processo seja válido, é preciso que a citação seja válida. No caso do mandado de segurança, por força do art. 222, letra "d", do CPC, temos que a citação não poderá ser feita pelo correio.

21. Os critérios de fixação de competência vigoram também para o mandado de segurança. Assim, a competência absoluta será sempre verificada em função da pessoa jurídica de direito público a que se liga a autoridade coatora. Por exemplo, se for Federal, a Justiça competente será a Federal; se for Estadual ou Municipal, a Justiça competente será a Estadual, sendo Vara da Fazenda Pública Estadual ou Municipal, respectivamente.

Portanto, para o mandado de segurança a competência está assentada em dois elementos: a qualificação da autoridade coatora, como federal ou local, e a hierarquia da autoridade.

22. Muitas vezes, a sentença a ser proferida no mandado de segurança pode afetar a esfera jurídica de terceiros, pelo que este está legitimado a integrar o pólo passivo da relação processual. O litisconsórcio no caso será necessário unitário, porque a sentença há de ser uniforme para todos os litisconsortes. O reconhecimento jurídico do pedido pela autoridade coatora afetará todos os integrantes do litisconsórcio, já que não se pode reconhecer para um e para outro, não. O Poder Público tem direito de ação regressiva contra o agente que praticou o ato.

23. Com relação à perempção no mandado de segurança, por ser um procedimento célere, não daria margem para muitas hipóteses em que esse pressuposto processual negativo pudesse ocorrer. Entretanto, teoricamente, nada impede a ocorrência de hipótese em que o impetrante seja intimado a cumprir alguma diligência no mandado de segurança. Assim, nesse caso, se o impetrante, devidamente intimado, não o fizer, deixando o processo ser extinto por esse motivo e, se resolver impetrar novamente o mesmo mandado de segurança, deixando o processo ser também extinto, por mais duas vezes, sempre pelo mesmo motivo de não cumprir diligências no mandado de segurança, entendemos que o instituto da perempção é perfeitamente adequado ao mandado de segurança.

24. É perfeitamente cabível, no mandado de segurança, o pressuposto processual negativo referente à litispendência, ou seja, se já tiver sido impetrado um mandado de segurança contra determinado ato coator lesivo ao direito do impetrante, este não poderá impetrar outro, se, por exemplo, o juiz tiver negado a liminar pleiteada. Se o fizer, será caso de litispendência.

25. A litispendência não ocorrerá na hipótese de denegação da segurança por inexistência de direito líquido e certo e o impetrante, ao mesmo tempo em que recorrer da decisão, propuser uma ação de conhecimento pelo rito ordinário, por exemplo, visando a obter o direito discutido no mandado de segurança. É que nesse caso o pedido não seria o mesmo.

26. Não se configura litispendência entre uma ação de mandado de segurança coletivo e outra de mandado de segurança individual, não só pela diversidade de tipo de tutela jurisdicional pleiteada, mas também porque o mandado de segurança coletivo não pode tolher garantia constitucionalmente assegurada ao indivíduo para proteção de direito individual.

27. Entendemos inexistir litispendência entre uma ação de mandado de segurança e uma ação de procedimento comum ordinário. Ocorre que para verificação da litispendência, o tipo de tutela jurídica integra o objeto litigioso. Eventual ação declaratória negativa movida pelo devedor contra o credor não inibe a propositura de ação condenatória para cobrança do mesmo crédito, contra o mesmo devedor, porque o objeto litigioso é diverso. Contudo, se o credor promover antes ação condenatória contra o devedor, a mesma produz litispendência em relação a eventual ação declaratória negativa que o devedor quisesse propor porque o objeto da condenatória é mais amplo, pois contém não só a declaração de certeza do direito, como o pedido de sanção contra o réu. O pedido de simples declaração será satisfeito na primeira ação.

Portanto, o tipo de ação, de providência jurisdicional pleiteada, é relevante para a identificação das ações, a qual, conforme o caso, poderá ou não produzir litispendência.

28. Inexiste interesse processual para a impetração do mandado de segurança para atacar decisão transitada em julgado, porque, hoje, há a possibilidade de se obter antecipação da tutela na ação rescisória, evitando-se os efeitos da decisão teratológica.

No entanto, a ação rescisória, mesmo com a possibilidade de concessão de antecipação de tutela em seu bojo, muitas vezes não tem o condão de evitar o risco de prejuízo irreparável trazido pela execução de uma decisão teratológica transitada em julgado. É o que ocorre, por exemplo, na hipótese em que o órgão julgador da rescisória venha a indeferir o pedido de antecipação de tutela, por entender que esse instituto é incabível no bojo de referida ação. Dessa decisão poderia ser interposto o recurso de agravo "interno". Nesse caso, como o agravo não tem efeito suspensivo, não restará ao interessado outra alternativa que não a impetração de mandado de segurança.

Assim, havendo falhas no sistema, surgindo hipóteses em que não se poderá evitar o prejuízo irreparável, surgirá, incontinenti, o direito de impetrar mandado de segurança para proteger direito líquido e certo, mesmo contra decisão transitada em julgado, desde que estejam presentes as circunstâncias exigidas para seu cabimento.

29. Se a coisa julgada tiver se formado em ação de mandado de segurança, não será possível a impetração de outro mandado de segurança entre as mesmas partes, com mesmo objeto e causa de pedir. Nesse caso, o mandado encontraria o óbice da coisa julgada, como pressuposto processual negativo.

No entanto, é preciso diferenciar as coisas julgadas que se formam quando o mandado de segurança tenha sido denegado, sem o mérito ter sido examinado (como ocorre, por exemplo, nos casos de ausência de pressupostos processuais ou condições da ação, inclusive por falta de direito líquido e certo), e aquela em que houve julgamento do mérito, em que se entendeu que o impetrante não tinha direito à segurança por lhe faltar o próprio direito pleiteado. É possível dizer que: a) sempre que a sentença no mandado de segurança seja de índole terminativa, não haverá incidência da coisa julgada, inexistindo qualquer óbice ao uso de ação própria; b) por outro lado, se a sentença proferida no mandado de segurança julgar o mérito, concedendo ou denegando a segurança, fará coisa julgada material, não havendo possibilidade de impetração de novo mandado de segurança para discussão do mesmo pedido; c) com relação ao acesso às vias ordinárias, será preciso analisar cada caso concreto para saber se o caminho estará aberto ou não. Se o pedido formulado, nessa nova ação, tanto do ponto de vista do objeto mediato como também do objeto imediato, for diferente daquele constante do mandado de segurança, não haverá qualquer impedimento ao uso da ação própria. Sendo idêntico, o acesso estará trancado.

30. Quanto à intervenção do Ministério Público, embora não esteja arrolada como pressuposto processual de forma genérica, a falta dessa intervenção causaria a nulidade do processo. Por isso essa exigência deveria constar do rol dos pressupostos processuais específicos do Mandado de Segurança.

31. Existe o direito constitucional de ação que decorre do próprio texto constitucional, que, no seu art. 5º, inc. XXXV, permite o livre acesso ao Poder Judiciário, por qualquer cidadão, estabelecendo que "nenhuma lesão (ou ameaça) de direito individual será subtraída à apreciação do Poder Judiciário". Entretanto, esse é um direito genérico, que todos possuem ampla e irrestritamente, o qual não se confunde com o direito processual de ação. Na verdade, o direito processual de ação é originário do direito constitucional de ação, mas este não é objeto do direito processual civil. De fato, o direito processual de ação, objeto do direito processual civil, não é amplo e irrestrito, como o assegurado pela Constituição Federal, mas depende do implemento das condições da ação.

32. No nosso entender, condições da ação são requisitos mínimos para que se possa chegar a obter, por intermédio do meio processual adequado, a regular instauração do processo e a efetiva entrega da prestação jurisdicional requerida. Ausentes as condições da ação, o caminho para se conseguir a prestação jurisdicional será bloqueado. No nosso sistema, as condições da ação são: a legitimidade *ad causam*, o interesse processual e a possibilidade jurídica do pedido. Nosso sistema processual adotou, portanto, a teoria abstrata da ação, conforme se verifica em seus arts. 3º, 267, V, e 295 do CPC.

33. A doutrina moderna tende a não considerar a possibilidade jurídica do pedido como condição da ação. Na verdade, parece correta a posição de que a possibilidade jurídica do pedido pode ser abarcada pelo interesse processual, na idéia de adequação. Contudo, a possibilidade jurídica do pedido foi acolhida pelo nosso sistema processual como condição da ação e está arrolada no art. 267, VI, do CPC de forma taxativa.

34. As condições da ação não têm relação com o direito material, pertencendo exclusivamente ao direito processual. Ora, quando se trata da legitimidade *ad causam*, do interesse processual e até mesmo da possibilidade jurídica do pedido, não se afere se o direito material existe, mas sim se a parte que o está pleiteando possui condições de vir a obtê-lo por meio daquela ação.

Assim, quando se infere a existência da legitimidade de parte, o que se verifica é se o autor é o possível titular do direito pretendido naquela ação, e se o réu é o possível responsável pela obrigação pleiteada, devendo figurar no pólo passivo. Nesse momento, não se verifica se o autor realmente possui o direito pleiteado e se o réu está realmente obrigado a cumprir a obrigação. Por isso é que a legitimidade é figura de natureza processual, devendo ser apurada, de acordo com a afirmação das partes, no processo, e de acordo com a lide retratada nos autos. A legitimidade independe da existência do direito material.

Da mesma forma, quando o órgão julgador aprecia a existência do interesse processual, não avalia, nesse primeiro momento, a procedência do direito material, mas apenas se o autor tem necessidade da ação proposta, se esta será útil ao fim almejado, bem como se o autor está utilizando o meio processual adequado para tanto.

Até mesmo quando aferimos a possibilidade jurídica do pedido, não verificamos a efetiva existência do direito material. Esse é um requisito exclusivamente processual, pois exige apenas a previsão abstrata no sistema ou sua não proibição. Ainda que a previsão hipotética seja procurada no âmbito do direito material, isso não transforma essa condição da ação em instituto de direito material.

35. A legitimidade *ad causam* se traduz na coincidência entre a titularidade do direito material e titularidade da relação jurídica afirmada em juízo. Assim, são partes legítimas os titulares ou possíveis reais titulares da relação jurídica de direito material que é afirmada em juízo. O art. 3º, combinado com o art. 267, inc. VI, ambos do CPC, colocou a legitimidade *ad causam* como verdadeira condição da ação. No processo civil, a ilegitimidade não está sob o pálio do princípio dispositivo, pelo que pode ser conhecida pelo juiz por dever de ofício, em qualquer tempo e grau de jurisdição (art. 267, § 3º, e 301, § 4º). A decisão que reconhece a ilegitimidade extingue o processo sem julgamento do mérito.

36. Sobre a legitimidade conclui-se que:

a) A parte pode estar em juízo em nome próprio, hipótese em que ou estará revestida de legitimidade *ad causam* ordinária, porque é titular do direito discutido em juízo ou, não sendo titular do direito disputado, tem apenas a legitimação extraordinária, comumente chamada de substituição processual.

b) A parte pode estar em juízo em nome alheio, em face do fenômeno da representação, legal ou judicial (na hipótese de o titular do direito ser incapaz) ou convencional (via mandato ou autorização).

37. A legitimidade *ad causam* não se confunde com a capacidade processual nem com a legitimidade *ad processum*, ambas pressupostos processuais.

38. No mandado de segurança, com relação ao pólo ativo, pode figurar qualquer pessoa, física ou jurídica, pública ou particular, que tenha sofrido, ou tenha sido ameaçada de sofrer, lesão a direito líquido e certo. Pode-se incluir no pólo ativo, inclusive, o espólio, a massa falida, sociedades sem personalidade jurídica, condomínio, assembléias, tribunais, câmaras.

39. Os entes públicos estão legitimados ao uso do mandado de segurança nas hipóteses em que tivessem seus direitos violados por atos abusivos ou ilegais praticados por outros entes públicos. Não há qualquer desvirtuamento da finalidade do mandado de segurança, já que a pessoa jurídica de direito público também estaria utilizando o mandado de segurança para proteger direito líquido e certo violado ou ameaçado por ato de autoridade, praticado com ilegalidade e abuso de poder.

40. Com relação ao mandado de segurança contra ato judicial, embora a questão seja um pouco intrincada, continuamos entendendo que não há qualquer restrição ao uso pela própria pessoa jurídica de direito público. A argumentação de que o particular ficaria esquecido, sem ter direito ao contraditório, e as informações não teriam natureza de defesa porque nelas o juiz limitar-se-ia a confirmar a prática do ato não colhe porque, hoje, na quase totalidade das ações de mandado de segurança contra atos judiciais, impetradas pelo próprio Poder Público ou, até mesmo, pelo particular, há a determinação de citação da outra parte (do processo originário) para participar do pólo passivo do *mandamus*, a qual terá oportunidade de apresentar a defesa que entender devida. Além disso, não é verdade que os juízes, nas informações, se limitem a confirmar a prática do ato. A prática forense demonstra que os juízes costumam fazer mais do que isso, esclarecendo e justificando, nas informações, os motivos que o levaram a praticar o ato. Há, portanto, perfeito estabelecimento do contraditório no mandado de segurança contra ato judicial. Por fim, entendemos não ocorrer confusão entre autor e réu, no mesmo pólo do processo, ainda que se trate de mandado de segurança contra ato judicial. Ocorre que, embora se trate de pessoas jurídicas de direito público, entes do mesmo Poder Público, na verdade são órgãos diferenciados, que têm interesses também diversos a defender.

41. Esse direito pode ser estendido aos entes despersonalizados, como Câmaras Municipais e Mesas de Assembléia, como órgãos públicos com prerrogativas próprias, porquanto, embora não tenham personalidade jurídica, têm personalidade judiciária e podem estar defendendo direitos em juízo.

42. O Ministério Público tem legitimidade para impetrar mandado de segurança, na área de suas atribuições funcionais, conforme dispõem os arts. 39, V, da Lei Complementar Estadual 304/1982, e 32, I, da Lei 8.625/1993. O art. 127, combinado com o 129, ambos da Constituição Federal, também confere esse direito ao Ministério Público, na defesa da ordem jurídica, do regime democrático e dos interesses sociais e individuais indisponíveis. Portanto, à primeira vista poder-se-ia pensar que o Ministério Público somente estivesse legitimado a impetrar mandado de segurança coletivo. Mas isso não é verdade. Desde que se trate de direito atinente à própria instituição ou direito indisponível, não há motivo para impedir o Ministério Público de fazer uso do mandado de segurança.

43. No mandado de segurança individual normalmente ocorrerá legitimação ordinária, ou seja, o impetrante deve alegar e invocar direito próprio. No mandado de segurança coletivo podem ocorrer os dois tipos de legitimidade de acordo com o direito envolvido, seja ele difuso, coletivo e individual homogêneo. Entretanto, no mandado de segurança individual, apesar de a regra geral ser a ocorrência de legitimação ordinária, é claro que há, também, hipóteses de substituição processual.

A primeira hipótese é a do litisconsórcio ativo facultativo, prevista no § 2º do art. 1º da Lei 1.533/1951. Assim, sempre que o ato de autoridade violar direito líquido e certo, pertencente a mais de uma pessoa, qualquer uma delas pode, individualmente, impetrar o mandado de segurança. Portanto, podem ir a juízo todas juntas ou somente uma delas, isoladamente. Mesmo nesse caso, o requisito da legitimidade estará adimplido. Todos são partes legítimas e continuam sendo mesmo no caso de somente um deles ir a juízo. Aquele que foi a juízo sozinho será substituto processual dos demais. A decisão valerá para todos.

Outra hipótese é a do art. 3º da Lei 1.533/1951. Nesse caso, também se trata de legitimação extraordinária, eis que o impetrante será substituto processual daquele que possui o direito líquido e certo a ser amparado. É o caso, por exemplo, de o locatário impetrar mandado de segurança para não pagar o IPTU. Nesse caso, sempre será necessário notificar o titular do direito, qual seja o locador, antes de impetrar a segurança, porquanto é este último que, pelo art. 34 do CTN, está obrigado ao recolhimento do imposto. Caso seja impetrado o mandado de segurança pelo terceiro, sem a anterior notificação, será caso de carência de ação por ilegitimidade de parte.

Justamente porque é obrigatória a notificação do titular do direito antes da impetração, a coisa julgada que se forma nesse mandado de segurança atinge também o referido titular do direito, já que o mesmo terá consentido com a impetração.

44. O inc. XXI do art. 5º da Constituição Federal também alberga a legitimação extraordinária, consubstanciada na substituição processual. A autorização tratada nesse dispositivo deve ser expressa, podendo constar da própria lei, dos estatutos, das assembléias ou ser dada pelos associados individualmente. Essa autorização não é necessária no mandado de segurança coletivo.

45. Todos os prejudicados pela concessão do mandado de segurança devem ser citados como litisconsortes, tendo em vista o princípio do contraditório, por meio do qual deve haver o direito de defesa por parte de todos os interessados. É evidente, entretanto, que o interesse que torna necessária a formação do litisconsórcio deve ser jurídico e não apenas de fato, como seria o interesse de todos os candidatos que participaram do concurso que se pretende anular. O litisconsórcio é necessário e unitário.

46. Entretanto, se o interessado não for chamado a integrar o litisconsórcio, no mandado de segurança não perderá o direito de discutir, por meio de ação própria, os fatos e o direito objeto do mandado de segurança, podendo, inclusive, cobrar perdas e danos do impetrante que tenha obtido decisão que reputa injusta.

47. O mandado de segurança coletivo apenas se diferencia do individual em razão da legitimidade ativa para sua impetração e, conseqüentemente, da coisa julgada que se forma nesses processos, ou seja, o mandado de segurança tradicional previsto no art. 5º, inc. LXIX, também poderá veicular defesa de direito individual, coletivo ou difuso, mas o legitimado dessa ação é um sujeito individual. O mandado de segurança coletivo, por sua vez, poderá veicular também direito individual, coletivo ou difuso, mas os legitimados serão aqueles previstos no inc. LXX do mesmo dispositivo constitucional. Em conseqüência, as condições básicas para o mandado de segurança coletivo são as mesmas do mandado de segurança individual. Dessa forma, as normas disciplinadoras do mandado de segurança individual, notadamente a Lei 1.533/1951, se aplicam ao mandado de segurança coletivo, mas, evidentemente, não de forma irrestrita. Com relação à legitimidade, que é assunto que nos interessa aqui, o art. 5º, inc. LXX, da Constituição Federal conferiu legitimidade para impetração dos mandados de segurança coletivos, na alínea "a" aos partidos políticos e na alínea "b" aos sindicatos, entidades de classe e associações.

48. Os partidos políticos têm legitimidade para impetração de mandado de segurança coletivo (CF, art. 5º, inc. LXX) desde que tenham representação no Congresso Nacional, já que a Constituição não impõe nenhuma limitação à atuação deles. Não concordamos que os partidos políticos somente teriam atuação supletiva em relação às entidades de classe. Ora, os partidos, ainda que por meros interesses eleitorais, agem na defesa dos cidadãos, não havendo motivo para restringir o direito de requerer mandado de segurança.

49. Quanto aos legitimados da letra "b" do inc. LXX do art. 5º da Constituição Federal, quais sejam sindicatos, associações civis ou entidades de classe, também não deve existir qualquer restrição com relação à defesa dos direitos difusos, sob pena de se esvaziar o objeto do instituto, ao qual se deve dar a maior amplitude possível. Além disso, é certo que se não fosse assim, a norma seria supérflua e limitar-se-ia a repetir o que já consta do art. 8º, inc. III, e art. 5º, inc. XXI, da Constituição Federal, os quais prevêem a possibilidade tanto do sindicato como da associação de representarem seus associados em juízo. É evidente, pois, que o objetivo do disposto no art. 5º, inc. LXX, deve possuir algum fator diferenciador, qual seja, justamente esse de se possibilitar a discussão de direitos difusos, coletivos e individuais homogêneos, sem restrição.

50. A legitimidade dos partidos políticos, dos sindicatos e das associações para impetrarem mandado de segurança coletivo, conforme disposto no inc. LXX do art. 5º da Constituição Federal é extraordinária porque estas entidades estarão em juízo, em nome próprio, defendendo direito pertencente aos indivíduos que representam. Ora, a legitimação somente seria ordinária se estas entidades estivessem, em juízo, defendendo direitos delas, exclusivamente, e não dos indivíduos. Entretanto, se isso ocorresse, o mandado de segurança não seria coletivo. Na verdade, estas entidades possuem legitimidade para condução do processo.

51. Não há necessidade de ser dada autorização pelos associados ou filiados, para que a entidade tenha legitimidade para a impetração do mandado de segurança coletivo. Apesar de existirem acórdãos entendendo que os sindicatos somente poderão agir em juízo como substituto processual de seus associados se demonstrarem, de modo inequívoco, essa condição, ou seja, que se encontram autorizados, expressamente, a demandar em nome dos associados, entendemos que não podem sofrer restrição na defesa de direitos fundamentais previstos na Constituição.

52. A legitimidade dos partidos políticos e associações para impetrar mandado de segurança coletivo é concorrente, porquanto a legitimidade de uns não exclui a dos outros legitimados. A legitimação dos partidos políticos e associações, referidas no art. 5º, inc. LXX, da Constituição Federal é também disjuntiva, ou seja o interesse ou a legitimidade de uma entidade não exclui a da outra, as quais poderão agir autonomamente, não havendo necessidade de formação de litisconsórcio.

53. O rol dos legitimados ativos, constante do inc. LXX do art. 5º da Constituição Federal, não é taxativo. Em primeiro lugar, como já se disse, referida norma possui apenas caráter processual e não de direito material, pelo que poderia ser ampliada sem que houvesse qualquer violação à garantia constitucional expressa. Ao depois, o próprio legislador constituinte utilizou a expressa "pode" no texto do inc. LXX, permitindo que se pudesse dar ao dispositivo uma interpretação extensiva. Portanto, a tutela de direitos por via do mandado de segurança coletivo será possível pelos legitimados elencados no art. 82 do CDC, inclusive pelo Ministério Público. A legitimidade do Ministério Público deflui da própria Constituição Federal, que nos arts. 127, *caput*, e 129, IX, determina a função institucional do MP de defender o interesse social, como é o caso das ações coletivas.

54. A parte passiva legítima para a ação de mandado de segurança é a pessoa jurídica de direito público e não a autoridade coatora.

Isso porque a pessoa jurídica de direito público é que será responsável pelo ato praticado por um de seus prepostos, com ilegalidade ou abuso de poder, ferindo direito de um particular. É ela que responderá, patrimonialmente, pelos danos causados e pela sucumbência no processo. É a esfera jurídica, portanto, da pessoa jurídica de direito público que será afetada pela sentença concessiva do mandado de segurança, e não a da autoridade coatora.

O fato de a lei determinar que a autoridade coatora fosse citada para apresentar informações teve o único objetivo de simplificar o procedimento, tornando o processo mais eficaz e efetivo.

55. Entendemos que não há litisconsórcio entre a autoridade coatora e a pessoa jurídica, nem substituição processual e muito menos representação nos termos do art. 8º do CPC. De fato, a autoridade coatora é *presentante* do Poder Público porque quando age em juízo, apresentando informações, o faz enquanto órgão do próprio Poder Público, ou seja, enquanto fragmento, parte, pedaço do Poder Público. A autoridade coatora não participou da relação de direito material controvertida, em nome próprio, mas apenas como órgão da pessoa jurídica de direito público. O conflito de interesses, caracterizador da lide, dá-se entre o particular e o Poder Público, do qual a autoridade coatora faz parte. As decisões e atos da autoridade, no exercício de suas funções, não são dela próprios, mas sempre da pessoa jurídica de direito público.

56. Dessa forma, como a pessoa jurídica de direito público é a parte passiva legítima, a apresentação de defesa por ela, e não pela autoridade coatora, jamais poderá significar caracterização de ilegitimidade de parte. O Poder Público tem todo o direito de apresentar defesa.

57. Em conseqüência, são incorretas as decisões judiciais que dão pela ilegitimidade passiva *ad causam* quando o impetrante indica incorretamente a autoridade coatora, ou mesmo quando indica a pessoa jurídica de direito público. A autoridade coatora age apenas como presentante do Poder Público. O vício existente, então, jamais levaria à hipótese de carência de ação. Na verdade, o que ocorre, nesse caso, é falta de um pressuposto processual, qual seja, a *legitimatio ad processum*, que é a capacidade de estar em juízo especificamente para determinada lide, ou seja, o processo somente será válido se aquele determinado sujeito estiver em juízo agindo. Somente ele tem capacidade de agir em juízo e não outro. Portanto, diferentemente da legitimidade *ad causam*, a *legitimatio ad processum* não se refere à titularidade da relação jurídica de direito material que está sendo discutida em juízo.

58. No entanto, a indicação incorreta da autoridade coatora pode levar, algumas vezes, à ilegitimidade *ad causam*. Se o erro quanto à autoridade coatora levar, em conseqüência, a equívoco com relação à entidade que o agente representa, será caso, sim, de ilegitimidade *ad causam*, havendo carência de ação. Mas se o engano apenas for quanto à própria autoridade coatora, indicada erroneamente, o erro será de legitimidade *ad processum* e não se poderá falar em carência da ação.

59. O juiz pode, em qualquer caso, conhecer de ofício do vício respeitante à indicação errônea da autoridade coatora, como permitem os arts. 267, § 3º, e 301, § 4º. Entretanto, o órgão julgador deve, sempre, conceder a oportunidade do art. 284 do CPC para regularização e, somente depois, extinguir o processo, se o impetrante não atender à determinação.

60. Quando o ato coator for baseado em lei ou em instruções normativas, será coatora a autoridade que tiver praticado o ato e não o órgão que elaborou a lei. Quando há delegação de competência, deve-se impetrar a segurança contra a autoridade que exerce a competência delegada e que praticou o ato, conforme Súmula 510 do STF. Nesse caso, a autoridade coatora é o agente que está no exercício da função pública delegada, por exemplo, o diretor de faculdade privada. No caso de ato complexo, devem ser citadas todas as autoridades que participam da formação do ato, sendo que a autoridade de mais alta hierarquia definirá a competência. Nos atos compostos a autoridade coatora é aquela da qual emanou o ato aprovado. Quando o ato coator tiver sido praticado em função de ordem recebida de superior hierárquico, é a autoridade superior que deve ser apontada como coatora. No entanto, somente será considerado coator aquele que praticou ou ordenou concreta e especificamente a execução ou inexecução e que se responsabiliza pelas conseqüências administrativas do ato. Contudo, se a autoridade inferior pratica o ato por simples recomendação da autoridade superior, é ela, e não o superior, que deverá ser indicada como autoridade coatora. Em procedimentos administrativos, há uma seqüência de atos intermediários tendentes à obtenção de um ato final. Cada um desses atos intermediários é suscetível de ser impugnado, o qual contamina os demais a ele posteriores ou que dele dependam, ao contrário do que ocorre com os atos complexos, que somente depois de aperfeiçoados é que poderão ser impugnados. Nesse caso, a autoridade coatora será aquela que tiver praticado o ato impugnado, e somente ela. Por outro lado, será considerado coator o presidente de órgão colegiado que subscreveu e irá responder pelo ato impugnado.

61. Com relação ao mandado de segurança contra ato judicial, o que se visa a atacar é o ato eivado de ilegalidade ou abuso de poder. Assim, não há razão para se analisar a questão da legitimidade passiva de forma diferente dos mandados de segurança em geral. O instituto é o mesmo e deve ser estudado da mesma forma. Em conseqüência, o Poder Público é a parte passiva legítima também no mandado de segurança contra ato judicial, porque é ele que responderá pelo ato e assumirá as custas do processo. Portanto, o juiz não é sujeito passivo do mandado de segurança contra ato judicial, devendo apenas figurar como autoridade coatora.

62. Ocorre litisconsórcio necessário entre o Poder Público e a parte adversa do impetrante porque o adversário do impetrante, na verdade, suportará os efeitos da decisão, pois a ordem a ser concedida no mandado de segurança atingirá sua esfera jurídica.

63. A legitimidade passiva no mandado de segurança coletivo é idêntica àquela vista para o mandado de segurança individual. A única ressalva a ser feita é a de que a autoridade coatora não pode ser aferida em função do caso concreto, já que o sujeito ativo, na inicial, é indeterminado, embora passível de determinação. A autoridade coatora será aquela que tiver atribuições sobre todos os beneficiários da ordem, mesmo que não pratique em concreto o ato coator e mesmo que esses beneficiários estejam sob área de atuação de autoridades diferentes.

64. O interesse processual repousa no trinômio necessidade + utilidade + adequação, já que, para ter interesse processual, a parte deve necessitar da ação como único meio de conseguir a satisfação de seu direito; deve também obter com a ação alguma vantagem do ponto de vista prático, além de ter que utilizar o meio processual adequado para obter a satisfação do direito.

65. As questões que redundariam em impossibilidade jurídica do pedido poderiam ser enquadradas na falta de interesse processual. Assim, nas hipóteses em que o pedido seria juridicamente impossível por estar proibido no sistema, surgindo o interesse processual, a fim de evitar dano irreparável, o mandado de segurança passa a ser cabível.

66. O ato coator é a ação ou omissão praticada pelo Poder Público, com ilegalidade ou abuso de poder. Pode ser ato da Administração, do Poder Judiciário e também do Legislativo. Na verdade, o art. 1º da Lei

1.533/1951 não fala em ato. Apenas se refere à violação ou ao justo receio de sofrê-la, por parte da autoridade. Desse modo, tanto pode causar lesão ou ameaça de lesão uma vontade manifestada por meio de ato escrito, como a omissão, o silêncio da Administração.

67. O sentido do art. 5º, inc. I, da Lei 1.533/1951 é o de que o ato administrativo, para ser passível de mandado de segurança, deve ser operante e exeqüível. Ora, se o interessado apresenta recurso administrativo que tenha efeito suspensivo, não haverá interesse na interposição do mandado de segurança. Assim, o dispositivo não obriga a parte a exaurir a via administrativa, mas impede o mandado de segurança enquanto existir recurso, com efeito suspensivo. Entretanto, o impetrante terá sempre garantido o seu direito de ir ao Judiciário por meio do mandado de segurança, quando desistir do recurso administrativo ou renunciar a ele, ou quando o julgamento do mesmo for proferido na Administração. Se o recurso administrativo não tiver efeito suspensivo, ou se for exigida caução para o seu exercício, ou ainda quando se tratar de omissão, também seu direito ao mandado de segurança estará garantido.

68. O art. 5º, inc. II, da Lei 1.533/1951 prevê não ser cabível mandado de segurança contra atos judiciais pendentes de recurso ou correição. Precisou-se conceber uma qualidade específica de que deveria estar revestida a ofensa ao direito do lesado, para que tais decisões judiciais pudessem ser atacadas por mandado de segurança. Essa qualidade específica é o risco, a potencialidade de dano irreparável. Assim, os atos sujeitos à interposição de recurso, com ou sem efeito suspensivo, tornam-se passíveis de impetração de mandado de segurança sempre que existir risco de prejuízo irreparável.

69. Com a edição da Lei 9.139/1995, que modificou a sistemática do recurso de agravo, estabelecendo no art. 558, *caput* e parágrafo único, a possibilidade de concessão de efeito suspensivo ao recurso, bem como com a previsão, trazida pela reforma, da possibilidade de concessão de tutela antecipada, os casos de cabimento do mandado de segurança contra ato judicial ficaram bastante reduzidos. Entretanto, com a edição da Lei 11.187/2005, que estabeleceu o agravo retido como regra, a necessidade do mandado de segurança contra ato judicial voltou a existir, como única forma de proteger o direito da parte, pela ofensa a direito líquido e certo violado pelo juiz durante o trâmite processual. Assim, é certo que o mandado de segurança continuará sendo admitido sempre que, pelas vias ordinárias, não se possa evitar, de forma eficaz, a ocorrência de dano irreparável ao direito da parte. De tal modo, para ser cabível o mandado de segurança é necessário que o ato judicial a ser atacado não seja passível de recurso, ou, se o for, que os efeitos desse recurso não evitem a ocorrência do dano.

70. Com o advento da Lei 11.187/2005, verifica-se a necessidade do mandado de segurança contra ato judicial, nas seguintes hipóteses:

a) Contra decisão do relator que converte o agravo de instrumento interposto pela parte, em retido, como permite a atual redação do art. 527, inc. II, nas hipóteses em que esteja presente o perigo de lesão grave e de difícil reparação. Nesse caso, o mandado de segurança contra ato judicial é a única possibilidade de evitar a lesão, tendo em vista que a redação dada ao parágrafo único do art. 527 retirou a possibilidade de interposição do chamado agravo interno. Há a previsão de reforma da decisão do relator no momento do julgamento do agravo, mas essa solução não seria capaz de evitar a lesão, principalmente porque o agravo retido seria julgado somente por ocasião do recurso de apelação, ou seja, muito tempo depois.

b) Nos casos em que o relator negar, ou conceder, o efeito suspensivo ou a antecipação da tutela recursal (o chamado efeito suspensivo ativo) previstos no art. 527, III, do CPC. Da mesma forma que na hipótese anterior, a Lei 11.187/2005 retirou a possibilidade de interposição de agravo interno, pelo quê o mandado de segurança contra ato judicial será o único meio de se evitar a lesão irreparável.

c) Nos casos em que o relator negar o efeito suspensivo às apelações não encartadas no art. 520 do CPC, já que se deve dar interpretação extensiva ao disposto no art. 558 do CPC para abranger, também, todas as apelações, dispostas em leis esparsas, desprovidas desse efeito.

d) Nos casos de interposição de agravo retido, oral e imediato, nas decisões proferidas em audiência, que causem prejuízo irreparável. Nesse caso, entendemos que a parte deve interpor o agravo retido, para evitar a preclusão do direito e, posteriormente, impetrar mandado de segurança justamente para dar efeito suspensivo (ou suspensivo ativo) a esse recurso, que dele é desprovido.

e) Nos casos de indeferimento da inicial do mandado de segurança, de cautelares ou de ações com pedido de tutela antecipada. Nesses casos, ainda que se interponha apelação, é evidente que a tramitação do processo até chegar ao tribunal será demorada, sendo, talvez, incapaz de evitar o dano irreparável. Outra hipótese de cabimento do mandado de segurança se dá quando o pedido de antecipação de tutela é deferido com a própria sentença. Nesse caso, ainda que o art. 520 preveja o recebimento do recurso de apelação, sem efeito suspensivo, a morosidade na tramitação do feito pode levar à necessidade de mandado de segurança. Esse interesse processual também pode surgir se o juiz houver por bem receber, erroneamente, o recurso de apelação, no efeito suspensivo.

f) Hipótese de decisão que indefere liminar em mandado de segurança. O mandado de segurança contra ato judicial será cabível caso não se admita o agravo de instrumento contra decisão que indefere liminar.

g) Sentença denegatória de mandado de segurança, que conseqüentemente também acarretará a cassação da medida liminar concedida no bojo do processo. Nesse caso, a apelação, ainda que recebida com efeito suspensivo, não teria o condão de manter os efeitos da liminar cassada.

h) Contra omissão do juiz.

i) Agravo interno (art. 557, § 1º, do CPC). Não há previsão de concessão de efeito suspensivo. Desta forma, a única forma de evitar a ocorrência de dano irreparável é a interposição de mandado de segurança, visando a dar efeito suspensivo a referido recurso.

j) Decisões interlocutórias na Justiça do Trabalho. Nessa esfera, o recurso de agravo somente é cabível contra decisões que indeferem o processamento de recursos.

71. Tanto a antecipação de tutela como a liminar em mandado de segurança têm a mesma natureza de antecipação dos efeitos da sentença proferida a final. No entanto, mesmo que esteja pendente pedido de antecipação de tutela em ação de procedimento comum ordinário, subsiste interesse processual para a impetração do mandado de segurança, objetivando exclusivamente essa mesma antecipação, tendo em vista o caráter imperativo do mandado de segurança. A ordem concedida no mandado de segurança não poderá ser recusada pela autoridade, o que poderá deixar de ocorrer na antecipação de tutela a ser concedida em uma simples ação condenatória.

72. São intercambiáveis mandado de segurança e ação cautelar com o mesmo objetivo; mas, embora ambos tenham por escopo impedir a ocorrência de dano irreparável, se este for praticado, ou se existir ameaça por parte de autoridade, a cautelar somente deverá ser utilizada quando não for possível ao particular obter a prova documental de que necessita para impetrar mandado de segurança. Assim, sempre que for necessária a dilação probatória, será cabível a medida cautelar e não o mandado de segurança.

73. Se a causa de pedir estiver em conflito com o ordenamento jurídico, embora o pedido esteja previsto em lei, também estará caracterizada a impossibilidade jurídica do pedido. Essa é a hipótese típica do mandado

de segurança. Ora, essa ação está prevista em lei, inclusive na própria Constituição Federal, sendo plenamente admissível o pedido de concessão da segurança no nosso ordenamento jurídico. Entretanto, se a causa de pedir para a concessão da segurança estiver proibida, não haverá, em conseqüência, possibilidade jurídica do pedido.

74. Entendemos perfeitamente possível separar o exame da possibilidade jurídica do pedido do mérito da ação. Ora, o juiz, quando analisa se esta condição da ação está presente, verifica apenas se há previsão no sistema daquele tipo de providência jurisdicional que está sendo pleiteada, ou se ela não está proibida. Apenas isso. O juiz, nesse momento, não irá analisar se o autor da ação tem razão no seu pleito.

75. Do próprio texto da Constituição Federal, qual seja, o art. 5º, inc. LXIX, infere-se que somente haverá possibilidade jurídica do pedido de mandado de segurança quando o mesmo tiver sido impetrado contra ato de autoridade pública. Assim, o ato praticado por pessoa, física ou jurídica, que não seja prestadora de serviço público, ainda que acometido de ilegalidade ou abuso de poder, não poderá ser objeto do mandado de segurança, sendo juridicamente impossível o pedido formulado por determinado impetrante contra ato de pessoa física ou jurídica que não esteja incluída na definição de autoridade pública. É a própria Carta Magna que estabelece a exclusão.

76. Os atos dos sindicatos não estão sujeitos ao mandado de segurança, por não terem conotação de natureza pública. Já as instituições financeiras poderão estar sujeitas ao mandado de segurança se estiverem enquadradas na definição do art. 192 da Constituição Federal como instituições oficiais ou públicas. É o caso da Caixa Econômica Federal. As Caixas Econômicas Estaduais se equiparam à Caixa Econômica Federal, conforme o art. 24, parágrafo único, da Lei 4.595/1964. Por outro lado, o Banco Central é autarquia federal, pelo que seus atos estarão sempre sujeitos ao mandado de segurança. O mesmo se dá com o Conselho Monetário Nacional.

77. Haverá impossibilidade jurídica do pedido sempre que o direito que se pretenda tutelar por meio do mandado de segurança seja passível de amparo por *habeas corpus* e *habeas data*.

78. O art. 5º da Lei 1.533/1951 traz algumas exclusões que caracterizam a impossibilidade jurídica do pedido de mandado de segurança:

a) Ato de que caiba recurso administrativo com efeito suspensivo e sem exigência de caução. Se o recurso administrativo não tiver efeito suspensivo, a via para o mandado de segurança estará aberta, ainda que não se tenham esgotado as instâncias administrativas. Por outro lado, o art. 217, §§ 1º e 2º, da Constituição Federal, determina que o Poder Judiciário somente admitirá ações relativas à disciplina e às competições desportivas após se esgotarem as instâncias relativas à justiça desportiva. Somente se o ato que se queira impugnar não for relativo a competições desportivas ou não se trate de ato disciplinar é que caberá mandado de segurança independentemente da prévia exaustão das instâncias desportivas. Entretanto, é preciso ressalvar que, se o ato que se quer impugnar não tiver efeito suspensivo, não poderá ser impedido o uso do mandado de segurança.

b) Despacho ou decisão judicial pendente de recurso ou correição. Entretanto, havendo risco de dano irreparável ou decisão proferida com erro manifesto, ilegalidade, abuso ou configuração de casos conhecidos como teratológicos, há possibilidade jurídica do pedido de mandado de segurança contra ato judicial. Assim, exceto nessas hipóteses, haverá impossibilidade jurídica do pedido de mandado de segurança para impugnar decisões judiciais.

c) Ato disciplinar/ato discricionário. O art. 5º, inc. III, da Lei 1.533/1951 dispõe que não se dará mandado de segurança quando se tratar de "ato disciplinar, salvo quando praticado por autoridade incompetente ou com inobservância de formalidade essencial". Com relação aos atos discricionários, há possibilidade jurídica e também interesse processual para a impetração do mandado de segurança quando o administrador desbordar os limites traçados pela lei. Nas hipóteses que a doutrina convencionou chamar de discricionariedade judicial – por exemplo, o art. 558 do CPC –, seria cabível o mandado de segurança. Em caso de denegação de efeito suspensivo, não mais é possível a interposição de agravo interno e o mandado de segurança deverá ser impetrado como única forma de proteger o direito da parte na obtenção do efeito suspensivo. Pelos mesmos motivos cabe mandado de segurança contra ato decorrente do poder de polícia que tenha desbordado os limites traçados para a Administração ou que tenha sido realizado com desapego à competência, finalidade e forma. O mesmo se dá com relação aos atos *interna corporis* do Legislativo. Esses casos, que se incluem na exclusiva competência discricionária do Plenário, da Mesa ou da Presidência, não admitem revisão pelo Poder Judiciário, razão pela qual também, nesses casos, não se admitirá a impetração de mandado de segurança para discussão das mesmas. No entanto, sempre haverá a possibilidade de o Poder Judiciário perquirir se o ato praticado obedeceu às prescrições constitucionais, legais ou regimentais, atendendo às condições, formas ou ritos estabelecidos para a prática do mesmo. Também podem ser incluídos na categoria de atos *interna corporis* os regimentos internos de Tribunais, ou quaisquer outros atos internos do Judiciário, e até mesmo do Executivo.

79. A princípio não há objeção contra impetração de mandado de segurança contra atos legislativos. Contudo, a Súmula 266 do STF veda o seu cabimento contra lei em tese. É que, nesse caso, haveria subversão do princípio da tripartição de poderes, consagrada constitucionalmente, já que o Poder Judiciário não pode controlar abstratamente as funções legislativas, salvo os específicos meios criados para esse fim. Na verdade, contra lei em tese existe o meio próprio de ataque, que é a ação direta de inconstitucionalidade, pelo quê não seria cabível o mandado de segurança. Dessa forma, para que o mandado de segurança seja cabível, é preciso que a lei que se quer atacar traga efeitos concretos à esfera do impetrante. Nesse sentido, o mandado de segurança teria o caráter preventivo, podendo ser admitido.

80. O atrelamento a uma situação concreta traz como conseqüência o surgimento de interesse processual na impetração do mandado de segurança, sendo justamente por isso que a impetração contra lei de efeitos concretos se torna possível. Ora, se a lei o está atingindo, há utilidade na impetração do mandado de segurança.

81. É preciso diferenciar leis em sentido formal e material. Algumas leis não têm conteúdo material, constituindo-se de simples atos administrativos, sendo leis em sentido formal apenas. Nesse caso cabe o mandado de segurança porque o controle ainda é do ato administrativo, embora tenha sido praticado pelo Poder Legislativo.

82. Quando se tratar de lei em sentido formal e material não cabe mandado de segurança. No entanto, se esta contiver dispositivo tornando-a auto-executável, caberá mandado de segurança. É preciso que a lei que se quer atacar traga efeitos concretos à esfera do impetrante. Nesse caso, o mandado de segurança teria o caráter preventivo, podendo ser admitido.

83. As condições da ação não correspondem a um *numerus clausus*. Na verdade, pode-se dizer que existem condições genéricas para o exercício da ação, essenciais a qualquer tipo de processo e condições específicas para determinadas ações. Assim, no mandado de segurança existem outras condições específicas, muito importantes para esse tipo de tutela jurídica. A primeira é a existência de direito líquido e certo. Outra é o justo receio para impetração de mandado de segurança preventivo.

84. A expressão *direito líquido e certo* tem sentidos diferentes, conforme o ângulo de análise. De fato, a análise do direito líquido e certo prende-se a três planos de cognição judicial.

a) A primeira ocorre quando do recebimento da inicial do mandado de segurança pelo juiz, ocasião em que este fará exame dos requisitos de admissibilidade da ação. Nesse plano de análise, o conceito de direito líquido e certo deve ser visto sob a ótica processual, caracterizando-se pela possibilidade da comprovação documental, de plano, dos fatos narrados na inicial do mandado de segurança. Isso não significa que o direito seja incontestável, mas apenas que a prova documental deve ser pré-constituída, não se admitindo dilação probatória. No final do processo pode-se declarar a certeza do direito, mesmo tendo sido passível de contestação.

Em conclusão, é fácil perceber que o cabimento resulta do direito processual, já que ligado à questão da existência de determinado tipo de prova. Assim, ainda que a existência do direito líquido e certo também seja fundamento para a concessão da segurança, uma vez que, se está presente a certeza do direito, o pedido formulado pelo impetrante será procedente, não há como dissociá-lo do direito processual, porque o que se pede para a ação ter cabimento é um determinado tipo de prova. Nesse momento o juiz analisa a existência dessa condição específica para a ação, mas o juízo é de mera probabilidade. O juiz não certifica a existência do direito líquido e certo, o que somente será feito no final do processo. Portanto, a cognição é sumária, mas contém alto índice de probabilidade de existência do direito reclamado.

b) O segundo momento de análise se dá quando do deferimento da liminar na ação de mandado de segurança. O sentido de *direito líquido e certo* para fins de admissibilidade da ação, como para fins de concessão da liminar, é praticamente o mesmo. Em ambos os casos, o conceito é estritamente processual e desvinculado do exame de mérito.

O relevante fundamento, exigido para concessão de liminar em mandado de segurança, não se equipara ao mero *fumus boni iuris* das cautelares. De fato, para a concessão da liminar em mandado de segurança não basta a mera probabilidade, a mera aparência de direito. Justamente em função da exigência de a impetração do *mandamus* ser admitida somente se estiver presente o direito líquido e certo, é preciso mais que mero *fumus*. Os fatos já estão certos. O juiz, então, perquire sobre a viabilidade aparente de que os fatos narrados possam acarretar a conseqüência pedida ao final da ação. No mandado de segurança a demonstração do *fumus* é mais contundente.

O impetrante, porém, para a concessão da liminar, deve demonstrar que há risco de dano que poderá tornar a medida ineficaz quando de sua concessão. Esse requisito equipara-se ao *periculum in mora* das cautelares, mas isso não transforma a liminar do mandado de segurança em medida cautelar. A liminar concedida no mandado de segurança tem características de antecipação de tutela prevista no art. 273 do CPC.

É evidente que a antecipação de tutela, notadamente aquela baseada no inc. I do art. 273, tem por função inibir o *periculum in mora* e nesse sentido pode ter função idêntica à de uma cautelar, mas isso não a transforma em medida cautelar. A antecipação de tutela contém algo mais que a cautelar. Ela também antecipa os efeitos, o que a cautelar não faz. Poderíamos até admitir que a antecipação de tutela do art. 273, I, tem função cautelar, mas só isso não lhe dá natureza cautelar.

No processo cautelar o perigo da demora significa o receio de inutilidade prática do provimento jurisdicional a ser pleiteado no processo principal. Já no mandado de segurança o perigo da demora significa que, se não for concedida a liminar, a sentença a ser proferida na própria ação será incapaz de assegurar ao impetrante a garantia *in natura* do direito pleiteado, e que se objetiva por meio do próprio mandado de segurança, já que o ato será executado e o dano terá ocorrido. No mandado de segurança a sentença deve ser capaz de conceder o próprio direito pleiteado, ou seja, o impetrante não poderá se contentar com simples indenização pecuniária. Se fosse assim, não haveria necessidade do mandado de segurança, o que reduziria a garantia constitucional a nada.

A cognição judicial relativa à concessão da liminar no mandado de segurança não é superficial como ocorre na maioria dos processos em que há a possibilidade de concessão de liminares, notadamente na ação cautelar. Em função da necessidade de comprovação de plano, os fatos já estão certos, pelo quê a probabilidade de o direito existir atinge grau maior que o obtido na concessão de liminar em ação cautelar, em que há possibilidade de dilação probatória. No entanto, a cognição também não é exauriente. A concessão da liminar não prejudica o julgamento do mérito da segurança. O juiz, nesse momento, analisa, apenas, se há viabilidade aparente de que os fatos narrados possam acarretar a procedência da ação. A simples concessão da liminar não obriga o magistrado a conceder a segurança a final.

Portanto, o julgamento da viabilidade da concessão da liminar no mandado de segurança é totalmente desvinculado do mérito.

c) O terceiro plano de cognição é o da apreciação do mérito. Nesse momento, o juiz voltará a apreciar o conteúdo da inicial, mas o fará levando em conta o teor das informações apresentadas pela autoridade coatora. Fará juízo de certeza e não mais de verossimilhança das alegações. A cognição será plena e exauriente. É plena quanto à extensão do debate das partes e completa quanto à profundidade da cognição judicial. O juiz voltará a analisar a presença do requisito do direito líquido e certo, não mais para verificar apenas se a prova foi produzida ou não pelo interessado, mas para realizar juízo definitivo de certeza do próprio direito pleiteado e que está comprovado por meio dos documentos. Apenas a cognição recai sobre as mesmas provas.

85. Excepcionalmente, há a possibilidade de o mandado de segurança ser admitido sem que todos os documentos estejam juntados na inicial, quando o documento necessário à prova do alegado se ache em repartição ou estabelecimento público, ou em poder de autoridade que esteja se recusando a fornecê-lo por certidão. Nesse caso, manda a lei que seja determinada a exibição desse documento, pela autoridade competente, em original ou em cópia autenticada, no prazo de dez dias. Pode-se incluir nas exceções os casos de impetração por radiograma, telegrama e fax, ou juntada de documentos para fazer contraprova dos fatos trazidos nas informações, quando a autoridade coatora oculta ou deforma a verdade.

86. Não se deve conceder o prazo do art. 284 do CPC para juntada da documentação faltante. O conceito de direito líquido e certo é rígido. A prova documental deve vir com a inicial, a não ser nas hipóteses excepcionais, acima verificadas. Trata-se de vício substancial, que não pode ser sanado posteriormente.

87. O mandado de segurança preventivo tem suporte no art. 5º, inc. XXXV, da Constituição Federal e na parte final do art. 1º da Lei 1.533/1951. Para tanto, há que se cumprir uma condição específica para a ação, que é a existência de justo receio.

88. Tanto o dispositivo constitucional como o legal, ao garantir a tutela contra ameaça a direito, devem ser entendidos como a permissão de levar, ao Poder Judiciário, pretensão não só referente à violação consumada de um direito ou interesse jurídico, mas também em caso de ameaça objetiva e atual de violação desse direito, quando então se buscará prevenir tal violação.

89. O conceito de *justo receio*, para fins de mandado de segurança, deve ser qualificado pela ameaça. Somente quando existir ameaça real, concreta, efetiva, ou seja, objetiva e atual, é que se terá justo receio para impetrar mandado de segurança. O justo receio não pode ser apenas inferido, pelo quê deve ser comprovado documentalmente.

90. A falta de justo receio no mandado de segurança preventivo causa a extinção do processo, sem julgamento do mérito, por falta de condição da ação. A falta de justo receio poderia redundar na falta de interesse processual.

91. Não poderia ser admitido mandado de segurança preventivo contra o ajuizamento de ação executiva, com teor de ajuizamento de ação anulatória de título executivo. Isso porque o direito de ação é direito constitucionalmente assegurado, que não pode ser retirado, nem mesmo da Administração, pelo mandado de segurança. Jamais se poderia conceber que o impetrante tivesse direito líquido e certo de impedir o ajuizamento de ação executiva por parte do fisco. De fato, não se pode presumir que a futura ação anulatória de título executivo terá resultado satisfatório. Ela poderá ser julgada improcedente. Da mesma forma, a só propositura da ação executiva não traria ao impetrante risco de lesão irreparável. Caberia na hipótese ao contribuinte se defender da ação executiva por meio da ação de embargos à execução, ou da exceção de pré-executividade.

92. A possibilidade de a lei ter efeitos concretos é que diferencia o mandado de segurança preventivo da simples impetração contra lei em tese, o que tornaria o pedido juridicamente impossível. Para que o mandado de segurança seja cabível, é preciso que a própria lei traga em seu bojo o ato violador de direito líquido e certo. Se a lei depender da prática de qualquer ato para efetivar a violação, não será considerada lei de efeitos concretos, sendo juridicamente impossível o mandado de segurança.

93. Há casos em que, embora seja a lei inconstitucional, o administrador não deixará jamais de aplicá-la. Assim, nesses casos, surge o justo receio de sofrer lesão, o que possibilita a impetração do mandado de segurança preventivo.

94. Não há como dissociar a ilegalidade ou abuso de poder do mérito, razão pela qual não podem esses requisitos ser encartados na categoria da admissibilidade da ação de mandado de segurança, mas sim de mérito. Ora, se inexistir prática de ato (incluindo-se aqui a omissão), ou pelo menos a ameaça de prática de ato, eivado de ilegalidade ou abuso de poder pelo Poder Público, a ação de mandado de segurança deverá ser julgada improcedente. É evidente que somente quando da prolação da sentença se poderá dizer se o ato da autoridade foi praticado com ilegalidade ou abuso de poder, sendo, pois, matéria de mérito do mandado de segurança.

95. Se o juiz, no exame final de cognição completa, verificar que nem a plausibilidade da ocorrência da ilegalidade e abuso de poder chegou a existir, ele deverá extinguir o processo sem julgamento do mérito, por falta de condição da ação, qual seja, interesse processual. Mas se, ao final, depois de analisados os argumentos das informações, verificar que, mesmo sendo plausíveis as alegações do impetrante, não houve por parte da autoridade qualquer lesão a direito, ou ameaça de lesão, praticadas com ilegalidade ou abuso de poder, deverá negar a segurança, julgando a questão pelo mérito.

BIBLIOGRAFIA

ABELHA RODRIGUES, Marcelo; FIORILLO, Celso Pacheco; NERY, Rosa M. B. de A. *Direito Processual Ambiental Brasileiro*. Belo Horizonte, Del Rey, 1996.

ABELHA RODRIGUES, Marcelo. *Elementos de Direito Processual Civil*, vol. 1. 2ª ed., São Paulo, Ed. RT, 2000.

_____. "Mandado de segurança – liminar – recorribilidade", *RePro* 78/251.

AFONSO DA SILVA, José. *Curso de Direito Constitucional Positivo*. 27ª ed., rev. e atual. (até a Emenda Constitucional n. 52, de 8.3.2006), São Paulo, Malheiros Editores, 2006.

ALLA, Valentina Jungmann Cintra. *O Recurso de Agravo e a Lei 9.139, de 30.11.95*. São Paulo, Ed. RT, 1998.

_____. "O recurso de agravo: perspectiva de novas alterações". In WAMBIER, Teresa Arruda Alvim (Coord.). *Aspectos Polêmicos e Atuais dos Recursos Cíveis de Acordo com a Lei 9.756/1998*. São Paulo, Ed. RT, 1999.

ALMEIDA, Flávio R. Correia de; WAMBIER, Luiz Rodrigues; TALAMINI, Eduardo. *Curso Avançado de Processo Civil*, vol. 1. São Paulo, Ed. RT, 1998.

ALVIM, Thereza. *O Direito Processual de Estar em Juízo*. São Paulo, Ed. RT, 1996.

_____. *Questões Prévias e Limites Objetivos da Coisa Julgada*. São Paulo, Ed. RT, 1977.

_____. "A tutela específica do art. 461, do Código de Processo Civil", *RePro* 80/103.

AMARAL SANTOS, Moacyr. "Natureza jurídica do Mandado de Segurança", *RDP* 17/9.

_____. *Primeiras Linhas de Direito Processual Civil*. São Paulo, Saraiva, 1995 e 1998.

ARAGÃO, Egas Dirceu Moniz de. *Comentários ao Código de Processo Civil*. Rio de Janeiro, Forense, 1995.

ARAÚJO CINTRA, Antonio Carlos; GRINOVER, Ada Pellegrini; DINAMARCO, Cândido Rangel. *Teoria Geral do Processo.* 22ª ed., rev. e atual., São Paulo, Malheiros Editores, 2006.

ARMELIN, Donaldo. *Legitimidade para Agir no Direito Processual Civil.* São Paulo, Ed. RT, 1979.

_____. *Embargos de Terceiro.* Tese de doutorado defendida perante a Pontifícia Universidade Católica em 1981.

_____. "Tutela jurisdicional diferenciada", *RePro* 65/45.

ARMELIN, Roberto. "Notas sobre a antecipação de tutela em 2º grau de jurisdição". In WAMBIER, Teresa Arruda Alvim (Coord.). *Aspectos Polêmicos da Antecipação de Tutela.* São Paulo, Ed. RT, 1997.

ARRUDA ALVIM, Eduardo. *Curso de Direito Processual Civil,* vol. 1. São Paulo, Ed. RT, 1999.

_____. *Mandado de Segurança no Direito Tributário.* São Paulo, Ed. RT, 1998.

ARRUDA ALVIM, José Manoel de. "Anotações sobre a medida liminar em mandado de segurança", *RePro* 39/16.

_____. *Código de Defesa do Consumidor Comentado.* 2ª ed., São Paulo, Ed. RT, 1991.

_____. "Mandado de Segurança", *RePro* 6/152.

_____. "Mandado de segurança e sua aplicabilidade ao direito tributário", *RDP* 5/49.

_____. *Manual de Direito Processual Civil.* 6ª ed., São Paulo, Ed. RT, (1994) 1997.

_____. *Tratado de Direito Processual Civil,* vol. 1. São Paulo, Ed. RT, 1990.

ASSIS, Araken de. "Teoria geral do processo de execução". In WAMBIER, Teresa Arruda Alvim (Coord.). *Processo de Execução e Assuntos Afins.* São Paulo, Ed. RT, 1998.

ASSIS, Carlos Augusto de. *Sujeito Passivo no Mandado de Segurança.* São Paulo, Malheiros Editores, 1997.

ASSUMPÇÃO, Hélcio Alves de. "Mandado de segurança: a comprovação dos fatos como pressuposto processual específico de admissibilidade do *writ*", *RF* 331/113.

BANDEIRA DE MELLO, Celso Antônio. *Curso de Direito Administrativo.* 21ª ed., rev. e atual. até a Emenda Constitucional 52, de 8.3.2006, São Paulo, Malheiros Editores, 2006.

_____. "Desvio de poder", *RDP* 89/24.

BAPTISTA DA SILVA, Ovídio A. *Comentários ao Código de Processo Civil. Processo Cautelar.* Porto Alegre, Fabris, 1976.

_____. *Curso de Processo Civil,* vols. 1 e 2. 3ª ed., São Paulo, Ed. RT.

BARBI, Celso Agrícola. *Comentários ao Código de Processo Civil,* vol. 1. Rio de Janeiro, Forense, 1995.

_____. *Do Mandado de Segurança*. 8ª ed., Rio de Janeiro, Forense, 1998.

_____. "Mandado de segurança coletivo". In GONÇALVES, Aroldo Plínio (Coord.). *Mandado de Segurança*. Belo Horizonte, Del Rey, 1996.

_____. "Mandado de segurança contra ato judicial", *RePro* 36/24.

_____. "Mandado de Segurança na Constituição de 1988". In TEIXEIRA, Sálvio de Figueiredo (Coord.). *Mandados de Segurança e de Injunção*. São Paulo, Saraiva, 1990.

_____. "Sujeito passivo no mandado de segurança", *RT* 589/36.

_____. "Voto-vista do Ministro Sepúlveda Pertence no MS 21.425-2", publicado no *Boletim de Jurisprudência Adcoas – Mandado de Segurança*, 1995.

BARBOSA MOREIRA, José Carlos. "Apontamentos para um estudo sistemático da legitimação extraordinária". *Direito Processual Civil – Ensaios e Pareceres*. Rio de Janeiro, Borsoi, 1971.

_____. *Comentários ao Código de Processo Civil*, vol. V, Rio de Janeiro, Forense, 1981.

_____. "Do mandado de segurança e do efeito suspensivo do recurso ordinário", *RT* 661/51.

_____. "Mandado de Segurança, uma apresentação". In GONÇALVES, Aroldo Plínio (Coord.). *Mandado de Segurança*. Belo Horizonte, Del Rey, 1996.

BARRETO FILHO, Alberto Deodato Maia. "Mandado de segurança preventivo e lei em tese". In GONÇALVES, Aroldo Plínio (Coord.). *Mandado de Segurança*. Belo Horizonte, Del Rey, 1996.

BASTOS, Celso Ribeiro e MARTINS, Ives Gandra. *Comentários à Constituição do Brasil*. São Paulo, Saraiva, 1989.

_____. *Do Mandado de Segurança*. São Paulo, Saraiva, 1978.

BEDAQUE, José Roberto dos Santos. *Direito e Processo*. 4ª ed., rev. e atual., São Paulo, Malheiros Editores, 2006.

BONFIN MARINS, Victor A. "Antecipação da tutela e tutela cautelar". In WAMBIER, Teresa Arruda Alvim (Coord). *Aspectos Polêmicos da Antecipação de tutela*. São Paulo, Ed. RT, 1997.

BOTELHO DE MESQUITA, José Ignácio. "Do mandado de segurança", *Revista do Advogado* 7/81-87, ano II.

_____. "O mandado de segurança", *RePro* 66/125.

BÜLOW, Oskar von. *La Teoría de las Excepciones Procesales y los Presupuestos Procesales*. Traduzido por Miguel Angel Rosas Lichtschein. Buenos Aires, Ejea, 1964.

BUZAID, Alfredo. *Do Agravo de Petição no Sistema do Código de Processo Civil*. 2ª ed., São Paulo, Saraiva, 1956.

_____. *Do Mandado de Segurança*, vol. 1. São Paulo, Saraiva, 1989.

CALMON DE PASSOS, J. J. *Comentários ao Código de Processo Civil*, vol. III. Rio de Janeiro, Forense, 1994.

_____. "O mandado de segurança contra atos jurisdicionais". In GONÇALVES, Aroldo Plínio (Coord.). *Mandado de Segurança*. Belo Horizonte, Del Rey, 1996.

_____. *Mandado de Segurança Coletivo, Mandado de Injunção, Habeas Data, Constituição e Processo*. Rio de Janeiro, Forense, 1989.

CARDOSO, Hélio Apoliano. *O Mandado de Segurança nos Tribunais*. São Paulo, Iglu Editora, 1999.

CARNEIRO, Athos Gusmão. "Aspectos do mandado de segurança coletivo", *Direito & Justiça*. Brasília, Correio Brasiliense, 1992.

_____. *Da Antecipação da Tutela no Processo Civil*. 2ª ed., Rio de Janeiro, Forense, 2000.

_____. *O Novo Recurso do Agravo e Outros Estudos*. Rio de Janeiro, Forense, 1996.

CARNELUTTI. *Sistema di Diritto Processuale Civile*, vol. 1/345. Padova, Cedam, 1936.

CHIOVENDA, Giuseppe. *Istituzione de Diritto Processuale Civile*, vol. 2. Ed. rev. e ampl., Napoli, 1936.

COUTURE, Eduardo. *Fundamentos del Derecho Procesal Civil*. 3ª ed., Buenos Aires, 1993.

CRUZ E TUCCI, José Rogério. *"Class Action" e mandado de segurança coletivo*. São Paulo, Saraiva, 1990.

DANTAS, Marcelo Navarro Ribeiro. "Admissibilidade e mérito na execução", *RePro* 47/25.

_____. *Mandado de Segurança Coletivo – Legitimação Ativa*. São Paulo, Saraiva, 2000.

DI PIETRO, Maria Sylvia. "Mandado de segurança: ato coator e autoridade coatora". In GONÇALVES, Aroldo Plínio (Coord.). *Mandado de Segurança*. Belo Horizonte, Del Rey, 1996.

DINAMARCO, Cândido Rangel; ARAÚJO CINTRA, Antonio Carlos; GRINOVER, Ada Pellegrini. *Teoria Geral do Processo*. 22ª ed., rev. e atual., São Paulo, Malheiros Editores, 2006.

DINAMARCO, Cândido Rangel. "As partes no mandado de segurança", *RePro* 19/210.

_____. *Execução Civil*. 8ª ed., rev. e atual., São Paulo, Malheiros Editores, 2001.

_____. *A Instrumentalidade do Processo*. 12ª ed., rev. e atual., São Paulo, Malheiros Editores, 2005.

_____. *A Reforma da Reforma*. 6ª ed., rev. e atual., São Paulo, Malheiros Editores, 2003.

DINIZ, Maria Helena. *Conflitos de Normas*. São Paulo, Saraiva, 1987.

_____. *Norma Constitucional e seus Efeitos*. São Paulo, Saraiva, 1989.

DIREITO, Carlos Alberto Menezes. *Manual do Mandado de Segurança*. Rio de Janeiro, Renovar, 1999.

FAGUNDES, Seabra. *O Controle dos Atos Administrativos pelo Poder Judiciário*. Rio de Janeiro, José Konfino, 1950.
FERNANDES, Antonio Scarance; GRINOVER, Ada Pellegrini; GOMES FILHO, Antonio Magalhães. *As Nulidades no Processo Penal*. 5ª ed., rev. e ampl., São Paulo, Malheiros Editores, 1996.
FERRAZ, Sérgio. "Da liminar em mandado de segurança", *RDP* 74/157.
_____. *Mandado de Segurança*. 4ª ed., São Paulo, Malheiros Editores, 2006.
FERREIRA FILHO, Manoel Gonçalves. *Comentários à Constituição Brasileira de 1988*. São Paulo, Saraiva, 1990.
FERREIRA, William Santos. *Tutela Antecipada no Âmbito Recursal*. São Paulo, Ed. RT, 2000.
FIDÉLIS DOS SANTOS, Ernane. *Manual de Direito Processual Civil*. São Paulo, Saraiva, 2000.
_____. *Mandado de Segurança Individual e Coletivo – Legitimação e Interesse*
FIGUEIREDO, Lúcia Valle. *Mandado de Segurança*. 5ª ed., rev. atual. e aum., São Paulo, Malheiros Editores, 2004.
_____. "Mandado de segurança individual", *RDP* 96/207.
_____. *Perfil do Mandado de Segurança Coletivo*. São Paulo, Ed. RT, 1989.
_____. "Perfil do mandado de segurança coletivo", *RDP* 90/20.
_____. "Partidos políticos e mandado de segurança coletivo", *RDP* 95/39.
FIORILLO, Celso Pacheco; ABELHA, Marcelo; NERY, Rosa M. B. de A. *Direito Processual Ambiental Brasileiro*. Belo Horizonte, Del Rey, 1996.
FREIRE, Rodrigo da Cunha Lima. *Condições da Ação – Enfoque sobre o Interesse de Agir no Direito Processual Civil Brasileiro*. São Paulo, Ed. RT, 2000.

GIDI, Antônio. "Legitimidade para agir nas ações coletivas", *Revista do Direito do Consumidor* 14/55.
GOLDSCHMIDT, James. *Derecho Procesal Civil*. 1936.
GOMES FILHO, Antonio Magalhães; FERNANDES, Antonio Scarance; GRINOVER, Ada Pellegrini. *As Nulidades no Processo Penal*. 5ª ed., rev. e ampl., São Paulo, Malheiros Editores, 1996.
GOMES, Fábio e BAPTISTA DA SILVA, Ovídio. *Teoria Geral do Processo Civil*. São Paulo, Ed. RT, 1997.
GRECO FILHO, Vicente. *Direito Processual Civil Brasileiro*, vol. 2. São Paulo, Saraiva, 1995.
_____. *Tutela Constitucional das Liberdades*. São Paulo, Saraiva, 1989.
GRINOVER, Ada Pellegrini; DINAMARCO, Cândido Rangel; ARAÚJO CINTRA. *Teoria Geral do Processo*. 22ª ed., rev. e atual., São Paulo, Malheiros Editores, 2006.
GRINOVER, Ada Pellegrini; FERNANDES, Antonio Scarance; GOMES FILHO, Antonio Magalhães. *As Nulidades no Processo Penal*. 5ª ed., rev. e ampl., São Paulo, Malheiros Editores, 1996.

GRINOVER, Ada Pellegrini. *As Condições da Ação Penal (uma Tentativa de Revisão)*. São Paulo, José Bushatsky, 1977.

_____. "Mandado de segurança contra ato jurisdicional penal". In GONÇALVES, Aroldo Plínio (Coord.). *Mandado de Segurança*. Belo Horizonte, Del Rey, 1996.

_____. "Mandado de segurança coletivo: legitimação e objeto", *RDP* 93/21.

GUASP, Jaime. *Derecho Procesal Civil*. 2ª ed., Madrid, Instituto de Estudios Políticos, 1961.

LACERDA, Galeno. *Despacho Saneador*. Porto Alegre, Livraria Sulina, 1953.

LARA, Betina Rizzato. *Liminares no Processo Civil*. São Paulo, Ed. RT, 1994.

LEYSER, Maria de Fátima V. Ramalho. "Mandado de segurança coletivo", *RePro* 86/363.

_____. "O sistema recursal no mandado de segurança". In WAMBIER, Teresa Arruda Alvim; ARRUDA ALVIM, Eduardo; e NERY JR., Nelson (Coord.). *Aspectos Polêmicos e Atuais dos Recursos*. São Paulo, Ed. RT, 2000.

LIEBMAN, Enrico Tulio. *Manual de Direito Processual Civil*, vol. I. Tradução e notas de Cândido Rangel Dinamarco. 3ª ed., São Paulo, Malheiros Editores, 2006.

MACHADO, Hugo de Brito. "Impetração de mandado de segurança pelo Estado", *RT* 706/42.

_____. *Mandado de Segurança em Matéria Tributária*. São Paulo, Ed. RT, 1994.

MANCUSO, Rodolfo de Camargo. "Sobre a identificação da autoridade coatora e a impetração contra lei em tese no mandado de segurança", *RePro* 44/174.

MANDRIOLI, Crisanto. *Corso di Diritto Processuale Civile*, vol. 1. Torino, Giappichelli, 1981.

MARCATO, Antônio Carlos. *Procedimentos Especiais*. São Paulo, Ed. RT, 1991.

MARINONI, Luiz Guilherme. *Novas Linhas de Processo Civil*. 4ª ed., rev. e ampl., São Paulo, Malheiros Editores, 2000.

_____. *Tutela Cautelar e Tutela Antecipatória*. São Paulo, Ed. RT, 1992.

MARQUES, José Frederico. *Manual de Direito Processual Civil*, vol. 2. São Paulo, Saraiva, 1977.

MEDINA, José Miguel Garcia. "Antecipação de tutela recursal e efeito suspensivo – análise de alguns problemas decorrentes da aplicação do art. 558 do CPC". In WAMBIER, Teresa Arruda Alvim e NERY JR., Nelson (Coord.). *Aspectos Polêmicos e Atuais dos Recursos Cíveis de Acordo com a Lei 9756/1998*. São Paulo, Ed. RT, 1999.

_____. "Jurisprudência comentada: possibilidade jurídica do pedido e mérito", *RePro* 93/371.

MEIRELLES, Hely Lopes. *Direito Administrativo Brasileiro*. 32ª ed., atualizada até a Emenda Constitucional 51, de 14.2.2006, por Eurico de Andrade Azevedo, Délcio Balestero Aleixo e José Emmanuel Burle Filho. São Paulo, Malheiros Editores, 2006.

_____. *Mandado de segurança, Ação Popular, Ação Civil Pública, Mandado de Injunção, Habeas Data*. 29ª ed. atualizada por Arnoldo Wald e Gilmar Ferreira Mendes, com a colaboração de Rodrigo Garcia da Fonseca. São Paulo, Malheiros Editores, 2006.

MELLO, Rubens Camargo. "Mandado de segurança contra indeferimento de liminar em mandado de segurança anterior", *RePro* 58/232.

MIRANDA, Gilson Delgado. *Procedimento Sumário*. São Paulo, Ed. RT, 2000.

NEGRÃO, Theotonio. *CPC e Legislação Processual em Vigor*. 30ª ed., São Paulo, Saraiva, 1999 e 2000.

NERY JR., Nelson. *Atualidades sobre o Processo Civil*. São Paulo, Ed. RT, 1996.

_____. "Condições da ação", *RePro* 64/37.

_____. "Mandado de segurança coletivo", *RePro* 57/154.

_____. "Mandado de segurança – momento processual para a prova do direito líquido e certo", *RePro* 14-15/295.

_____. *Princípios do Processo Civil na Constituição Federal*. São Paulo, Ed. RT, 1992.

_____. *Princípios Fundamentais – Teoria Geral dos Recursos*. 4ª ed., São Paulo, Ed. RT, 1997.

NERY JR., Nelson; NERY, Rosa M. B. de A. *CPC Comentado*. 3ª ed. São Paulo, Ed. RT.

NERY JR., Nelson; NERY, Rosa M. B. de A.; FIORILLO, Celso Pacheco; ABELHA, Marcelo. *Direito Processual Ambiental Brasileiro*. Belo Horizonte, Del Rey, 1996.

NEVES, Celso. "Binômio, trinômio ou quadrinômio?", *RT* 517/11.

NUNES, Castro. *Do Mandado de Segurança*. Rio de Janeiro, Forense, 1954.

OLIVEIRA, James Eduardo. "Juízo de admissibilidade da petição inicial", *RT* 688/38.

PACHECO, José da Silva. *O Mandado de Segurança e outras Ações Constitucionais Típicas*. 3ª ed., São Paulo, Ed. RT, 1998.

PÁDUA RIBEIRO, Antônio. "Mandado de segurança: alguns aspectos atuais", *RDP* 38/39.

PERRONE DA SILVA, Ariovaldo. "A posição da pessoa jurídica de direito público na ação de mandado de segurança e a necessidade de sua citação", *RT* 682/261.

PINTO, Nelson Luiz. *Processo Cautelar, Repertório de Doutrina e Jurisprudência*. São Paulo, Ed. RT, 1991.

PONTES DE MIRANDA, Francisco Cavalcanti. *Comentários ao Código de Processo Civil*, t. I (1974); t. V (1974); t. VIII (1975). Rio de Janeiro, Forense.

REIS, José Alberto dos. *Comentários ao Código de Processo Civil Português*, vol. I/123. 1944.

RIBEIRO, Eduardo. "Recursos em mandado de segurança – Algumas questões controvertidas". In TEIXEIRA, Min. Sálvio de Figueiredo (Coord.). *Mandado de Segurança e de Injunção*. São Paulo, Saraiva, 1990.

ROCHA, José de Moura. *Mandado de Segurança – A Defesa dos Direitos Individuais*. Rio de Janeiro, Aidê, 1987.

SATTA, Salvatore. *Direito Processual Civil*, vol. 1. Trad. de Luiz Autuori. 7ª ed., Rio de Janeiro, Borsói, 1973.

SCARPINELLA BUENO, Cássio. "Jurisprudência comentada: Coisa julgada e sentença denegatória em mandado de segurança", *RePro* 80/228.

_____. *Liminar em Mandado de Segurança – Um Tema com Variações*. São Paulo, Ed. RT, 1999.

_____. "Novas perspectivas do recurso de agravo". In WAMBIER, Teresa Arruda Alvim e Nery Jr. e Nelson (Coord.). *Aspectos Polêmicos e Atuais do Recursos Cíveis de Acordo com a Lei 9756/98*. São Paulo, Ed. RT, 1999.

SHIMURA, Sérgio. *Título Executivo*. São Paulo, Saraiva, 1997.

SIDOU, Othon. *Mandado de Injunção, Habeas Corpus, Mandado de Segurança, Ação Popular; as Garantias Ativas dos Direitos Coletivos segundo a Nova Constituição*. 3ª ed., Rio de Janeiro, Forense, 1989.

SIMARDI, Cláudia. "Execução de sentença proferida em ação possessória". In WAMBIER, Teresa Arruda Alvim (Coord.). *Processo de Execução e assuntos afins*. São Paulo, Ed. RT, 1998.

TALAMINI, Eduardo; ALMEIDA, Flávio R. Correia de; WAMBIER, Luiz Rodrigues. *Curso Avançado de Processo Civil*, vol. 1. São Paulo, Ed. RT, 1998.

TALAMINI, Eduardo. "A nova disciplina do agravo e os princípios constitucionais do processo", *RePro* 80/133.

TEIXEIRA, Sálvio de Figueiredo. "Mandado de segurança – apontamentos", *RT* 624/13.

_____. "Mandado de segurança: uma visão de conjunto". In TEIXEIRA, Sálvio de Figueiredo (Coord.). *Mandados de Segurança e de Injunção*. São Paulo, Saraiva, 1990.

TEMER, Michel. *Elementos de Direito Constitucional*. 21ª ed., rev. e atual., São Paulo, Malheiros Editores, 2006.

THEODORO JR., Humberto. *Curso de Direito Processual Civil*, vol. 1. 22ª ed., Rio de Janeiro, Forense.

_____. *O Processo Civil Brasileiro no Limiar do Novo Século*. Rio de Janeiro, Forense, 1999.

VASCONCELLOS, Antonio Vital Ramos de. "Mandado de segurança e valor da causa", *RF* 303/91.

VELLOSO, Carlos Mário da Silva. "Do mandado de segurança", *RePro* 18/174.

_____. "Mandado de segurança", *RDP* 55-56/333.

_____. *Temas de Direito Público*. Belo Horizonte, Del Rey, 1994.

_____. "Voto proferido no acórdão prolatado no MS 21.425-2", publicado na *RT* 706/227.

VÉSCOVI, Enrique. *Teoría General del Proceso*. Bogotá, Temis, 1984.

VIGLIAR, José Marcelo Menezes. *Tutela Jurisdicional Coletiva*. São Paulo, Atlas, 1998.

WAMBIER, Luiz Rodrigues; ALMEIDA, Flávio R. Correia de; TALAMINI, Eduardo. *Curso Avançado de Direito Processual Civil*, vol. 1. São Paulo, Ed. RT, 1998.

WAMBIER, Teresa Arruda Alvim. *Os Agravos no CPC Brasileiro*. São Paulo, Ed. RT, 2000.

_____. "Efeito suspensivo do agravo e recorribilidade da decisão que o concede (ou não concede) e outros assuntos". In WAMBIER, Teresa Arruda Alvim; ARRUDA ALVIM, Eduardo Pellegrini de; e NERY JR., Nelson (Coord.). *Aspectos Polêmicos e Atuais dos Recursos*. São Paulo, Ed. RT, 2000.

_____. "Da liberdade do juiz na concessão de liminares e a tutela antecipatória". In WAMBIER, Teresa Arruda Alvim (Coord.). *Aspectos Polêmicos da Antecipação de Tutela*. São Paulo, Ed. RT, 1997.

_____. *Medida Cautelar, Mandado de Segurança e Ato Judicial*. 3ª ed., São Paulo, Ed. RT, 1994.

_____. *O Novo Regime do Agravo*. 2ª ed., São Paulo, Ed. RT.

_____. *Nulidades do Processo e da Sentença*. 4ª ed., São Paulo, Ed. RT.

WATANABE, Kazuo. *Código de Defesa do Consumidor*. Rio de Janeiro, Forense Universitária, 1995.

_____. *Da Cognição no Processo Civil*. Campinas, Bookseller, 2000.

_____. "Mandado de segurança contra atos judiciais", *RT* 498/19.

_____. "Tutela antecipatória e tutela específica das obrigações de fazer e não fazer". In TEIXEIRA, Min. Sálvio de Figueiredo (Coord.). *Reforma do Código de Processo Civil*. São Paulo, Saraiva, 1996.

YARSHELL, Flávio Luiz. *Tutela Jurisdicional Específica nas Obrigações de Declaração de Vontade*. São Paulo, Malheiros Editores, 1993.

_____. *Tutela Jurisdicional*. São Paulo, Atlas, 1999.

_____. "Breve 'revisita' ao tema da ação rescisória", *RePro* 79/241.

ZAVASCKI, Teori Albino. *Antecipação de Tutela*. São Paulo, Saraiva, 1997.

GRÁFICA PAYM
Tel. (011) 4392-3344
paym@terra.com.br